关系、权力与市场
中国房地产业的社会学研究

Guanxi Intensive Market
A Study on the Micro-Social Dynamics
of Real Estate Market in China

李林艳 著

社会科学文献出版社
SOCIAL SCIENCES ACADEMIC PRESS (CHINA)

本书受到东南大学科技出版基金资助

摘 要

本书是一项有关中国房地产市场运行机制的社会学研究。具体而言,作者围绕着房地产市场中的"关系"现象,对这一市场的实际运行秩序进行了深入的调查和分析。研究发现,"关系"作为一种微观的社会结构生成原则,在房地产市场与外部制度环境的关系上,充当一种正式规则的转换机制;在房地产市场内部,则发挥一种经济资源的配置功能,从而深刻地塑造了中国房地产市场的形态。作者指出,在中国房地产市场发育初期资金短缺的特殊历史条件下,"关系"这一微观社会动力因素,构成了促进房地产市场发育与发展的一种重要驱动力量。当然,从围绕着房地产市场展开的利益角逐中,我们也不难看出当今中国社会分化的若干趋势和机制。

本书沿三条主轴,建构出一个"关系"的理论分析框架。第一,把"关系"阐释为一种强化弱关系的文化传统,并强调这一文化传统对于中国社会的本体论意义。第二,把市场中的"关系"现象,纳入到一个市场的构成理论中去思考。把市场中的社会关系区分为内生性和外源性两种类型,指出市场本身的特性和制度环境的因素都有可能是社会关系在市场中生长的土壤。这是作者观察和解释房地产市场中"关系"的不同性质与作用的理论前提。第三,在转型经济的历史语境中探讨"关系",揭示这一微观现象对于诊断中国转型经济之未来走向的特殊寓意。

作为具体研究场景,房地产市场被刻画为一种特殊的市场类型,它对制度环境具有高度的依赖性。鉴于制度环境对于房地产市场的影响力,作者回顾了中国官本位的制度遗产及其对市场经济的调适和影响,之后又对中国房地产市场制度的演进脉络及其制度环境特征进行梳理。经过上述的理论视角澄清和社会背景铺垫，就正式进入房地产市场的"田野"。在描述了房地产企业的关系实践之后，就关系的类型、内涵和经营策略进行了深入的分析和讨论，并认为情感主导型关系，亦即中国本土意义上的"关系"，才是房地产市场社会关系实践的典型模式。作者也尝试着分析了房地产市场之所以成为关系密集型市场的根源。在经验资料的基础上，作者还提出了一种"关系"的分化论观点，以回应当前学界有关"关系"之变动趋势的争论。另外，作者提出"关系"黑洞的概念，用于揭示中国转型经济所面临的困境。

目 录

引 言 …………………………………………………………… 1

第一章 "关系"研究的进路 …………………………………… 5
  一 "关系"的三种论题 ……………………………………… 5
  二 重回"关系"的文化论题 ……………………………… 16
  三 "关系"的界定 ………………………………………… 20
  四 小结 ……………………………………………………… 29

第二章 市场中的社会关系：一种解释方案 ………………… 30
  一 重思市场 ………………………………………………… 30
  二 市场中的社会关系及其理论化方向 …………………… 39
  三 制度基础与交易安排 …………………………………… 45
  四 市场中社会关系的不同来源 …………………………… 48

第三章 转型经济的历史语境 ………………………………… 51
  一 转型经济：理论与视角 ………………………………… 52
  二 "关系"对于中国转型经济的认识意义 ……………… 57
  三 制度遗产：中国官本位制度的谱系 …………………… 64

第四章 房地产市场的迷思 …………………………………… 77
  一 城市生长隐喻与房地产市场 …………………………… 77
  二 中国房地产市场发育的制度背景 ……………………… 81
  三 研究策略（research strategy） ………………………… 90

第五章 房地产市场中的"关系"（上篇） ………………… 98
  一 "关系"的意义 ………………………………………… 103

二　前期：一百多个公章 ……………………… 113
　　三　中期：政府权力的渗透 …………………… 119
　　四　后期：回避"关系"的艺术 ………………… 133
　　五　与城市政府官员的"关系" ………………… 136
　　六　小结 …………………………………………… 140

第六章　房地产市场中的"关系"（下篇） ……… 141
　　一　"关系"的类型 ………………………………… 141
　　二　"关系"的内涵 ………………………………… 148
　　三　"关系"经营策略 ……………………………… 165
　　四　"关系"与正式规则 …………………………… 178
　　五　小结 …………………………………………… 181

第七章　关系密集型市场的成因与后果 ………… 183
　　一　社会关系与资金运用 ………………………… 184
　　二　制度基础与微观环境 ………………………… 188
　　三　文化特质与利益组合 ………………………… 191
　　四　关系密集的后果 ……………………………… 193

第八章　结语 ……………………………………… 195
　　一　"关系"的分化论 ……………………………… 196
　　二　市场中"关系"的不同根源 …………………… 199
　　三　超越强—弱关系的二元对立 ………………… 200
　　四　"关系"黑洞与经济转型 ……………………… 201
　　五　本研究的局限 ………………………………… 202

附　录　主要访谈对象简介 ……………………… 204

参考文献 …………………………………………… 205

后　记 ……………………………………………… 224

引 言

一

房地产市场在中国是一个年轻的市场。如果从土地使用权可以协议转让、土地资源开始实行市场配置算起，它存在的历史还不到20年。就是这样一个年轻产业，1996年被政府确立为国民经济的支柱产业。作为一种产业形态，房地产业是各类利益集团竞相角逐的舞台，它不仅彻底改变了中国城市的版图（Wu，1998），以惊人的速度催生了富豪榜上的地产大亨，也重构着社会的阶层结构和财富分配格局，甚至由于被指认"要挟"整个经济，已然成为一个政治议题。在当代中国，或许没有哪一个行业比房地产业更能反映当前的社会结构和社会状况，也没有哪一个行业比房地产业更直观地显现中国社会独特的运行机制。

如果市场仅意味着买卖双方的平等交易与产品价格跨地区的共同走势，那么从中国房地产市场拥有越来越多的生产主体和大量的实际或潜在的购买主体，以及在不同城市、不同地区商品房价格在起伏波动上的"共振"来看，它无疑是一个标准的市场。但由于发育于特殊的制度背景下，中国房地产市场的实际运行又远远偏离了完美市场的运行轨道。不仅如此，在很多人眼中，它简直是一朵充斥贪欲、欺诈和腐败的"恶之花"。它所具有的复杂性，超出了经济学的市场理论所能涵盖的范围，极需其他学科的有益补充。

中国的房地产市场，在何种意义上成为社会学的研究对象？作为一个经济实体，房地产市场是怎样运作的？对此，社会学能够提供怎样的图解？

二

首先，我们得承认，市场秩序混乱并不等于毫无秩序可言。从经济社会学的角度看，市场从来都不是以新古典经济学所描绘的纯粹样式运转。就动态而言，由于一个市场的产生和发展受到其所在历史、制度和文化脉络（context）的制约，从而在其发展路径的演进上对这些因素产生依赖性（path-dependency）；就静态而论，不同的市场由于各自特点的不同，在其嵌入性程度上亦存在很大的差异。而根据笔者的判断，房地产市场的某些特质，决定了它属于高度嵌入性的市场类型。就目前中国的房地产市场而言，它的运行深深扎根在中国转型时期特有的政治、文化和社会结构当中，众多外部因素的干扰使它根本不可能完全依照市场信号的指引来运作。因此，如果像通行的做法那样，把它当成一个纯粹意义上的市场，运用经济学有关市场的形式概念和理论来进行分析，无异于自欺欺人。科斯曾经指出，对于市场秩序的分析者来说，首要的不是像"黑板"经济学家那样，先描述一个理想的市场体系应该是什么样子，然后指出现实的市场在哪些方面偏离了这一个模式（Coase, 1988: 28），而是要考察现实中市场的实际运作模式，然后再在理论层面上阐发其运作原理。有鉴于此，本研究的出发点，就是把正在形成和改变中的房地产市场秩序看成是"未知的领域"，力图从房地产市场的现实出发，从侧面揭示房地产市场的运作机制，并探讨这种运作机制的根源和后果。

具体来说，本研究选择以"关系"为切入点，解析中国房地产市场的交易秩序。有迹象表明，在中国的房地产市场中，"关系"实践呈现出两种截然相反的发展态势。一方面，如一些学者所预见的那样，企业开始有意识地借助一定的制度安排，来摆脱"关系"对商业利益可能造成的侵蚀。在房地产业，有被访者暗示，销售代理机构一定程度上充当了开发商利益的保护性装置（device）。确实，借助一些制度化的手段，开发商对那些不重要的"关系"进行标准化、中性化（neutralization）、程序化处理，开发商在保全请托者"面子"的同时，也保护了自身的商业利益。这说明，随着市场经济的发展和管理制度的日益完善，"关系"的"区隔化"（compartmentalization strategy）或者"关系"重要性下降的趋势确实存在（King, 1991; Guthrie, 1998）。然而，在房地产市场中，"关系"的适应力（resilience）也得到了充分展现（Yang, 2002）。本研究的调查资料显示，房地产企业家在"关系"网络的经营方面投入了异乎寻常的人力和物力，这些努力有时甚至超过了对完善内部经营管理的追求。有被访者指出，对于房地产经营者来说，"70%的精力用于经营关系，30%用于处理工作"是个合适的比例。这意味着，"关系"对房地产企业的生存和发展具有相当重要的意义，同时也说明，对于"关系"在中国转型经济中的发展趋势来说，不可一概而论，必须对不同社会现实领域（domains）之间的"断裂"有清醒的认识。在笔者看来，房地产市场构成了转型经济的一个特定领域，"关系"的重要性或许与这一特殊领域的某些特质有关。

如果说新古典经济学探讨的是在完美市场情形下理性选择的后果，社会学则增进我们对那些令市场不那么完美的结构和社会—文化力量的理解（Powers, 1996）。在笔者眼中，"关系"正是一种令房地产市场不那么完美的一种社会—文化力量。因此，笔者以房地产企业广泛采取的"关系"策略，作为本研究的切入点，从中透视整个房地产市场的运行模式。在本书中，笔者将着力展现在特定的制度背景之下，"关系"作为一种正式规则的转换机制，如何在市场中配置资源，从而构建出一种独特的房地产市场秩序。当然，笔者将剖析造成这一独特秩序的根源，并指出其经济与社会后果。

在本书中，"关系"作为一个社会—文化概念，被阐释为社会成员共享的一种文化传统，它拥有特定的文化意含。本研究不仅试图从房地产企业的"关系"实践中去检视和深化这一认识，还努力去发现房地产市场中这一文化传统的变动趋势，并从关系文化与官本位制度、市场之间的关联出发，对当今学者有关"关系"之趋势的争论有所回应。

三

透过"关系"探讨中国房地产市场的协调机制，有助于我们回答一些理论与现实问题。首先，就理论方面而言，针对一个特殊而又具体的市场类型，来分析市场协调机制与制度基础之间的关系，对于市场理论的拓展来说，是一种有益的尝试。其次，探索中国房地产市场的运作模式，作为一种知识积累，可以提升对房地产市场的一般运作机制的理解。最后，在更为现实的层面上，通过对中国房地产市场运行机制的把握，可以澄清制度基础和市场机制各自在什么意义上参与了中国城市土地增值的过程，又怎样影响了城市土地增值收益的分配，从而透视出中国社会当前的阶层结构和分化机制。

作为一项市场社会学研究，本书不以正式的组织和制度，而是以一种结网实践为研究对象，对于作者而言，还具有特殊的意义：它能够满足作者解读中国经济转型过程的"野心"。目前有关转型经济的研究，普遍存在一种结构决定论倾向，即把微观描述成"被决定的，或者是结构、政策、意识形态等宏观特征的一种表达"（Burawoy and Verdery, 1999）。但众所周知，中国采取了渐进和部分改革的特殊转型路径，在这样一种情况下，正式的组织制度、宏观政策等结构性特征，常常产生非意向性后果（unintended consequences）。因此，实践所特有的结构生成机制，对于认识中国的经济转型过程具有无可比拟的重要性（孙立平，2002）。本研究在房地产市场这样一个局部性的场景当中，透视"关系"这一微观现象的结构性意义，正是为了揭示中国发展市场经济所面对的特殊问题。在这一意义上，借助"关系"所呈现的房地产市场的图景，未尝不是中国经济与社会转型过程的缩影。

第一章
"关系"研究的进路

对于"关系",学术界存在多种不同的界定和言说。"关系"成为研究对象,既源于回应历史与时代问题的必需,同时也不可避免地与学术界的理论旨趣有关。我们看到,在现代化的宏大历史叙事当中,"关系"代表着传统社会的残余,被认为行将退出历史舞台。进入20世纪70年代以来,"关系"在中国社会中逐渐成为日常流行用语,但同时也日益成为一个贬义词,至少在主流的政治话语中是如此。有趣的是,随着80年代以来西方社会网络和社会资本研究的兴起,"关系"一词在学术界又具有某种积极的意含了。不过,无论怎样,"关系"既没有因为理论的预言而"合乎逻辑"地退场,也没有因为舆论的贬斥而知趣地远离社会生活,种种迹象表明,"关系"继续在中国社会生活中存在并发挥作用,因此,"关系"所具有的学术研究价值是不言而喻的。

一 "关系"的三种论题

从社会学的角度看,但凡论及"关系",皆需就以下辩题做出取舍:"关系"主要是一种文化现象,还是特定社会结构的产物,抑或是一种策略性工具行为?根据对"关系"这三个不同侧面的强调,基本上可以把现有的"关系"文献归入三个相互竞争的论题当中:文化论题、结构论题和工具论题。其中,文化论题强调"关系"是中国独特文化的体现,不仅社会结构受到关系文化的塑造,而且个体的日常实践也受到"关系"图式的引导,因此关系文化塑造了中国社会的独特景观。结构论题认为"关系"依随于特定的社会结构,"关系"实践是特定社会结构形态的衍生物，而不是一种由文化所引导乃至决定的行为方式，因此，有关"关系"的解释必须到相应的社会结构中去寻找。工具论题则主张"关系"是增进个人利益的实用性手段，作为一种策略性行动，"关系"既非文化所决定，也非由社会结构所引起，它最终受到个体利益的驱动。显然，这三种观点并不绝对地相互排斥，但由于出发点和着眼点不同，最终也就对"关系"现象给出了不同的解读，特别是对中国社会中"关系"的命运作出了不同的预测。

1. 文化论题

从时间顺序上看，文化论题是出现最早的一种"关系"理解方案。"关系"的文化论者把"关系"视为中国社会的一种独特的规范性秩序，并着重从文化尤其是儒家伦理的角度对"关系"加以诠释。不仅如此，这一论题还力图表明，中国有着与其他社会不同的社会关系逻辑和社会生活的构成方式，从而把"关系"提升到一种根植于文化的社会本体论特征的高度，把中国社会界定为"关系取向"（guanxi-oriented）的社会。具体来说，在文化论者关于"关系"的论述当中，隐含着一种将其视为中国社会政治和经济生活的根基的思想。对这些研究者来说，"关系"是中国社会结构的组织和构成逻辑（King，1991：79），或者说"关系"充当了中国社会特有的组织原则（organizing principle），如同语法对于一种语言的重要性一样，这些组织原则提供了社会行为的结构框架。

"关系"作为一种文化特质，其社会结构上的基础首推家庭。梁漱溟认为，中国文化原本就起源于家庭，比照家庭中的"孝悌慈和"，中国形成了一套关于如何处理人与人之间关系的文化（梁漱溟，2005：21～22）。因为人一生下来就在与父母兄弟姐妹之间的亲情关系中生活，随着年龄的增长和生活的展开，渐渐被数不清的关系所包围。"如此则知，人生实存在于各种关系之上。此种种关系，即是种种伦理。伦者，伦偶；正指人们彼此之相与。相与之间，关系遂生。家人之子，是其天然基本关系；故伦理首重家庭。"（梁漱溟，1987：79）

然而,"关系和伦理始于家庭,但又不止于家庭"(梁漱溟,2005:79)。梁漱溟认为,中国人将家庭关系推而广之,以关系来组织社会。"中国文化的特色就是重视人与人的关系,它把家庭关系推广到家庭以外去,比如说他管老师叫师父,管同学叫师兄弟……它总是把家庭那种彼此亲密的味道,应用到社会上去,好像把那个离得很远的人也要拉近,把外边的人归到里头来,这个就是中国的特色,中国特色的文化。这个特色一句话说,它跟那个'个人本位,自我中心'相反……它是互以对方为重,互相以对方为重。"(梁漱溟,2005:24)所谓互以对方为重,换一个角度说,就是他早年所指的关系本位。"这就是,不把重点放在任何一方,而从乎其关系,彼此相交换;其重点实放在关系上了。伦理本位者,关系本位也。"(梁漱溟,1987:93)在关系的基础上,"全社会之人,不期而辗转互相连锁起来,无形中成为一种组织。"(梁漱溟,2005:80)

在梁氏眼中,中国社会中的关系虽由家庭而生发出来,却未沿着狭隘的家族本位和宗法制度而展开。"它没有边界,不形成对抗。恰相反,它由近以及远,更引远而入近。泯忘彼此,尚何有于界划?自古相传的是'天下一家','四海兄弟'。试问何处宗法社会有此超旷意识?——宗法社会排他性最强。如只是家族本位、宗法制度,怎配把中国民族在空间上恢拓这样大,在时间上绵延这样久?要知家族宗法之依稀犹存,正为其有远超过这些者,而非就是这些。"(梁漱溟,2005:80)不过,梁氏对于这种超旷意识的来源,并未作出明确的解答。或许我们可以从包括梁氏在内的很多学者对中国社会中关系所具有的伸缩性、传递性、差别性的强调中推知一二。显然,中国社会虽以家庭为重,但文化并未把家庭建构成一个排他性和封闭性的群体,作为社会的一个基本结构单位,家庭是包括父子、夫妇、兄弟等关系在内的网络系统,从而顺理成章地,它仍然可以借助其网络触角而与整个社会融为一体。

在将家庭关系加以界定、拓展和发挥方面,儒家思想功莫大焉。正如金耀基所言,"关系作为一个社会—文化概念,深深嵌入儒家的社会理论当中。"(King，1991：79）儒家社会理论试图解答什么是理想的社会以及如何才能实现理想的社会。"儒家的目的，是建立和宇宙的自然和谐有序相一致的人类社会的和谐与有序。他们要建立的社会，是一个充满伦常和人情味的社会，人而不是没有生命的政治制度，才是最重要的因素。"（福尔索姆，2002：5）

> 儒家思想，以"圣人参于天地，并于鬼神"并以"天地为本"（《礼运》）的精神，得到人与自然界的平衡，以伦理的人伦之正，得到社会内部的平衡；再以真心诚意的工夫，得到人心内部的平衡……（李安宅，2005：74~75）

在人类文明的轴心时期，由于在价值判断上把软性关系的和谐，置于硬性的制度框架的完善之上，儒家学说使中国社会朝着与西方社会不同的方向演进。儒家为中华文明所奠定的这一基调，确立了关系之于中国社会生活独特面貌的重要解释意义。显然，在儒家看来，总体社会的和谐，是以社会成员对角色关系的恰当处理为基础的（张德胜，1989）。其中，对于关系的处理准则，儒家的灵感主要来自于家庭，他们以家庭关系为原型，把一套家庭伦理外推至"天下"。不过，儒家并没有充分论证若干个别关系的和谐，加总起来是否一定能带来总体社会的和谐。梁漱溟就曾指出，把整个社会建基于一个关系体系之上，存在一个显见的缺陷，"只看见此一人与彼一人之相互关系，而忽视社会与个人相互间的关系"，令抽象社会无创造和存立的空间（梁漱溟，1987）。这一问题到了现代社会之后，似乎日益突出。时至今日，试问中国社会重大问题的处理，又有几次是依照明确的制度框架，而非在关系的脉络当中，参照相关行动者的影响力，加以协调和平衡的结果呢？对关系和谐在价值层面的极度肯定，或许是中国当前被指制度不够完善的一个文化根源。

儒家最讲究的是人伦。按照费孝通的观点，儒家的"伦"是有等差的次序（费孝通，1998：28），即强调鬼神、君臣、父子、贵贱、亲疏、夫妇、长幼、上下、内外等固有的次序和差别。在作出如上区分之后，对于儒家的社会秩序框架来说，如何使贵贱、尊卑、长幼各有其特定行为规范又成为十分紧要的问题。而这就不能不谈到儒家的另一个重要概念"礼"。瞿同祖把"礼"解释为维持上述差别的工具。他指出，"严格说来，礼本身并不是目的，只是用以达到'有别'的手段。"（瞿同祖，1981：273）这与儒家的一位代表人物董仲舒的阐释正相符合。礼者，"序尊卑贵贱大小之位，而差内外远近新旧之级也。"（董仲舒，1989：58）用社会学的语言来说，礼在中国维持了根据贵贱、尊卑、长幼、亲疏来区分的社会地位的分化（social differentiation）（瞿同祖，1981：272~273）。

进一步说，在一个关系的架构当中，儒家安置了个体，并赋予个体的存在以意义。许烺光指出，儒家的"仁"要求个人在"一个矩阵或一个架构定位，在其中每个个体都尝试要将其心灵与人际关系维持在一个令人满意的程度之上"；并把这种状态命名为"心理群性内衡"（Hsu, 1985）。在许氏看来，对中国人而言，人之所以为"人"的关键，在于伦常关系的处理，而不在于性格，"性格"一词是可以置于脑后的（黄光国，2000）。的确，儒家眼中的个性和"自我实现"都是与为人处世方面的成就相关联的。"我"存在于与他人的关系当中，"你中有我，我中有你"，而不是"我就是我，你就是你"。总的说来，儒家指引个体建构稳定的社会关系，从而将自己安置和整合于社会世界当中（郝大为、安乐哲，1999：175~176）。于是，不仅整个社会不至于原子化为"孤独的人群"（lonely crowd），而且"……家庭里，社会上，处处能得到一种情趣，不是冷漠、敌对、算账的样子，于人生的活气有不少培养，不能不算一种优长与胜利。"（梁漱溟，1999：157）

关系取向的文化所涵化出来的社会结构特征，被费孝通概括为"差序格局"。在《乡土中国》中，费孝通对这一概念的阐释是："西方个人主义社会中的个人，像是一枝枝的木柴，他们的社会组织将他们绑在一起，成为一捆捆的木柴。中国社会的结构格局好像是一块石头丢在水面上所发生的一圈圈推出去的波纹，每个人都是他社会影响所推出去的圈子的中心，被圈子的波纹所推及的就发生联系。"（费孝通，1998：26）在差序格局中，社会关系是逐渐从一个个人推出去的，是私人联系的增加，社会范围是众多私人联系所构成的网络。因此，费孝通认为，不像西方社会那样，由分立的、自主的个体通过正式的组织联结起来，在中国社会的构成上，社会关系显得更为重要。可以说，在费孝通的眼中，中国社会基本上是一个网络社会，个体嵌入由核心和扩大家庭衍生出来的网状的社会结构当中。

自然，这种网状的人际纽结，会渗透在所有制度和组织当中，无论是经济的还是政治的。就政治方面而言，不少人论及这种结构与现代民主制度的龃龉之处。"个性如果被理解为自由民主意识中的自主性和独立性，那么，它对于按照礼构造的社会来说，是无法容忍的，甚至看起来像是愚蠢的和不道德的。"（郝大为、安乐哲，1999：279）。"（在中国）没有一种哲学基础论证'自我表现'是一种独立于和优先于社会的利益中心。在把人性视为关系的认识的支配下，普遍地肯定在个人、社会和政治的实现之间的互动关系。"（郝大为、安乐哲，1999：287）这或许能够解释，对中国当代政治素有研究的裴鲁恂何以会得出这种结论：文化因素在中国公共生活中的支配性超过大概任何其他的国家（Pye，1988：30）。

在经济方面，关系文化的一个显而易见的后果是产权界定的模糊性。梁漱溟指出，中国社会存在着一种以关系伦理为基础的经济生活，即依关系的亲疏厚薄来不同程度地分享财富。当然，财产分享的范围，亦受制于财产的多少。"……财产愈大，则愈为多数人之所共。盖无力负担，人亦相谅；既有力量，则所负义务随之而宽。此所以有'蛇大窟窿大'之谚语。又说'有三家穷亲戚，不算富；有三家阔亲戚，不算贫。'然则其财产不独非个人所有，非社会有，抑且亦非一家庭所有。而是看作凡在其伦理关系中者，都可有份的了。"（梁漱溟，1987：81~82）

众所周知，现代西方私有产权具有严格的排他性，而梁漱溟所描绘的产权，不仅依随于关系，关系越近者排他性越不严格，而且还取决于财产本身的数量，数量影响到财产权利声称的范围。如此种种，表明中国社会中的产权具有弹性和模糊的特征，因而与西方形成鲜明对照。并且，这种情形不独在传统中国社会存在，当前中国产权关系的模糊性及其经济后果已经引起很多学者的高度关注。例如，在西方产权理论看来，界定明确的私有产权，是资本主义市场经济正常运行的基本前提。因此，为合理地解释中国乡镇企业的成功，许多西方经济学者倾向于把它们定义为实际上的私有企业，而事实上典型的乡镇企业却是集体所有，这显然与西方的产权理论相悖。为了切近乡镇企业的产权形式，经济学家魏兹曼和许成钢提出一种融合了看似文化因素的广义产权理论（Weitzman and Xu, 1994）。

周雪光是第一个明确提出用关系产权的思路来分析中国当前产权安排的社会学学者。尽管不曾明言，但显然他对产权的理解融入了中国社会的关系文化因素，这也许应该归因于他认识到经济制度变迁是具体的历史的演进过程，因而文化因素不能被排除在制度演进的分析之外，虽然他在理论思路上仍严格采用了制度的或者结构的分析方法（周雪光，2005）。相比之下，雷丁指出，中国商业企业，是在一种产权和合同都不可靠的法律环境下发展而来，这些企业采取关系导向的经营方式是出于生存的必需（Redding, 1990: 232-233）。言外之意，制度一经完善，关系取向就没有存在的价值，亦即关系文化仅作为一种非正式制度，暂时替代正式制度来履行相应的功能，而它本身并不足以塑造一种独特的经济安排。这是目前对华人关系经济"伪"文化解释的流行套路。由于对西方法理秩序（legal-rational order）的不加怀疑地肯定和强调，暴露了这类关系研究未能坚持彻底的文化立场，虽有文化研究之名，却未有文化研究之实。

除了产权问题，与关系文化相关的还有经济行动的组织。爱德华·陈与加里·汉密尔顿将"根植于宗族关系和乡土观念等地域性组织的中国经济的关系网络特征"与"建立在强大的国家和法律基础上的西方经济自主性特征"相对照，描绘了中国方式与西方方式的区别（爱德华·陈、加里·汉密尔顿，1991）。雷丁准确地总结了这两者之间的差别，"在许多西方经济体中，协调的主要效率得自于大规模的组织；而在海外华人中，相应的效率来自于关系网络。"（雷丁，1991）社会学家们还研究了第二次世界大战以来在中国内地之外的台湾、香港和东南亚地区的华人企业的成功之路。其中有种观点认为，中国企业凭借社会关系网络而不是企业层级结构达到了可与西方和日本企业媲美的效率。黄绍伦指出："华人中间的企业家们往往通过激活乡里关系网络之类的排外性联系，而不是建立庞大的、非个人的公司企业来支配市场。"（黄绍伦，1991：24）林耀华的人类学名著《金翼》也涉及"关系"与经济生活这一议题。在该书中，他描述了一幅人生、家庭和生意伴随着关系网络的伸缩变动而跌宕起伏的生动画卷（林耀华，1989）。这本书较为客观地展示了特定时代中关系网络对于商业活动的意义。但由于仅以两个家庭为模型，因而其局限性也是相当明显的。

2. 结构论题

结构论题是近年来受到格外关注的一种"关系"研究取向。这一研究思路的兴起，源于对"关系"的文化立场的反省。其中，一种代表性的看法认为，不宜用儒家伦理所规定的关系来表述中国社会的结构和过程。因为，一方面，对行动的解释来说，过分倚重儒家伦理容易陷入"过度社会化的行动观"（over-socialized view of action）（Clegg，1990）。另一方面，就对社会构造的解读来说，儒家伦理仅向我们提供了一个理想社会的蓝本，而不是关于真实社会如何运作的逻辑。换言之，儒家伦理表达的只是应然性，而非实然性，因而无法接触到中国生活的实际。

另一些学者对文化持有一种矛盾的态度。一方面，他们承认文化具有某种延续性，另一方面，却由于很难把文化解释与一种实证主义的研究方法有机地结合起来，因此拒斥文化取向的解释。如华尔德指出，"首先，文化传统无法解释其自身的延续性（或缺乏延续性）……其次,我们无法确定哪种'传统'的确体现到了某个现代的社会制度机构中"（华尔德，1996：9~10），因此，他拒绝从文化的角度对其所提出的新传统主义加以解释，而是试图解释这种新传统主义产生的结构条件。在华氏的解释框架中，传统借由一种经济和社会生活形态亦即结构性的因素来解释，文化最终遁于无形。

文化论在今天很难成立的原因还在于，儒家文化赖以传承的社会制度已经瓦解了，"皮之不存，毛将焉附"？不顾社会条件而强调一种文化特质的传承和影响力，必然导致文化本质主义（essentialism）的谬误。对此，吴介民曾有深入的研究。他指出，近来关于中国人经济行为的研究，倾向于忽视经济结构和国家政策的因果性作用（Wu, 2001）。另外，在一些学者看来，对东亚商业基于文化变量的解释，对社会结构中的权力和利益的影响力缺乏敏感性，存在着将前现代的信念系统合法化的嫌疑（Barry Witkinson, 1996）。

为避免这一不足，典型的做法是把信念和行为在社会和经济结构中加以脉络化。吴介民指出，"关系"的价值并不在于它是独特的。相反，最值得关注的，应该是这种结网行为是如何与特定的结构条件相互作用的（Wu, 2001）。在这一视角当中，结构条件与行动类型的契合被置于"关系"解释的核心，而"关系"所承载的文化意含则被置于次要位置。

杨美惠曾暗示，中国社会关系网络的盛行，主要是社会结构解体所导致的。费孝通、梁漱溟在20世纪30年代和40年代，之所以格外强调中国文化和社会结构的关系取向，是因为那段时期中国社会动荡、分崩离析、战事频仍，从而强化了关系的重要性。相应的，在"文化大革命"的中后期，社会紧张、个人的原子化和国家秩序的破坏，迫使人们越来越依赖于网络（Yang, 1994：301）。相似的逻辑被什托姆普卡（Piotr Sztompka）用于描述20世纪70年代的波兰，"完全不信任的综合征出现了，并且变得扎根于文化之中。公共领域（共产党、政权体制、统治精英）出现了一种严重的信任危机，并完全转向对私人领域（初级群体——家庭、朋友圈和邻里）的信任，逃避进入私人领域是对这种情景的典型反应。"（什托姆普卡，2005：207）

在华尔德的论述当中，新传统主义意指在新的社会制度条件下，某些传统主义行为的再现。他试图解释新传统主义产生的结构条件："为什么某些特定的制度和文化因素（例如在手工业和早期工厂工业中的人身依附关系）会融入某些社会的现代制度？"（华尔德，1996：9）"这种个人关系中的实用性倾向——在俄国被称为 blat，在中国被叫做'关系'——并非为共产党领导的国家所特有。在前现代化社会——特别是农民社会——的各种环境下，这种倾向都是占主导地位的。"（华尔德，1996：29）相比较而言，列德涅娃对 blat 的界定更为肯定其中的文化内容："Blat 是精明的、有文化基础的社会魔法，令国家财产为己所用却并不偷窃任何东西。"（Ledeneva, 1998：180）

华尔德认为，实用性的私人关系网络之所以在现代共产党领导的国家的企业中蔓延，首先是因为这些网络控制了社会和经济资源，其次是由于社会上消费品的短缺，以及干部们掌握解释规定和分配资源的广泛的权力。这些实用性的私人关系是每个工人在工厂中追求自身利益的重要渠道（华尔德，1996：29）。

万克描述了在一种特定的制度环境下，企业家如何被迫与政府官员结成联盟。商品、原材料、土地、金融资本、公共部门的客户和各种许可，以及免遭行政部门的骚扰、收税和政治运动，所有这些都需要企业家与干部结成关系（Wank, 1999）。

3. 工具论题

金耀基指出，中国人善于"把关系的建构作为一种文化策略来调动社会资源借以在社会生活的各个领域达到目标"（金耀基，1992：81）。这种主张虽然把关系的建构归诸于个体的理性，但这并不是一种典型的工具立场，充其量只能算是一种把"关系"视为行动的工具箱的文化—工具观点。典型的工具论持有者倾向于认为，"关系"作为两个个体之间的一种特殊关系状态，是个体有意识地建构起来实现自身利益的一种手段。需注意，这其中隐含着"关系"中的一方把另一方作为工具来操纵和使用的假定，与文化论者把"关系"解释为互以对方为重，重心放在双方的关系上，以及讲求双方心思的和顺有本质的区别。一个有趣的现象是，分析中国当代社会关系网络的学术著作，与费孝通和梁漱溟等老一辈学者 20 世纪三四十年代的论述不同，干脆抛开了儒家文化的脚本，把"关系"直接界定为个体行动者为了追求私人利益而运用人际关系的策略（Jacobs，1979）。"关系"或被诠释为权力游戏（Hwang，1987），或被展现为以获得生活需要的满足为目标而创造的个人关系网的艺术（Yang，1994）。在这些研究当中，"关系"是一个以工具性和人为操纵性为特征的过程，从而使这个术语本身就带有贬义（Gold，1985：660）。

有研究者试图从信任的角度去理解"关系"，以期用中国的"关系"回答西方经济实践当中所提出来的难题。如在机会主义可能发生的情境当中，"关系"中的未成文的行为符码，被认为可以防范成员间的机会主义行为（Chan，2000：9）。

在一项关于香港 1997 年回归前后的华人移民问题的研究中，黄绍伦指出，对于个体选择家庭资源的倾向性，家庭的经济地位有一定的解释力。他发现，富裕家庭的成员在办理移民事务的过程中，倾向于使用朋友间的弱关系，而回避家庭的支持。相反，那些工薪阶层则被迫把家庭当成他们唯一的资源。只要一个人的网络足够宽广，拥有那些能够更好地提供帮助从而功能性和实用性更强的关系时，一般都不愿负债于家庭。因此可以肯定，在一个人涉入一种网络时，无论是何种网络，都基于一种功具理性（Wong，1999）。

有学者暗示，社会结构的转变导致了关系的利益导向。20 世纪 70 年代末 80 年代初，中国农村在社会变迁的背景下，乡土中国的差序格局出现"理性化"趋势，即姻亲关系与拟似血缘关系渗入差序格局，使得差序格局所包括的社会关系的范围扩大，与此同时，"利益"成为差序格局中决定人们关系亲疏的一个重要维度（杨善华、侯红蕊，1999：51~58）。

"关系"被认为是两个人之间的一种特殊关系，其中对长期的共同福祉的考虑取代了对短期的个人所得的盘算。这不失为从个体理性的角度对"关系"所做的善意"揣测"。对"关系"加以工具化界定的一个必然结果就是，"关系"不再具有任何独特的意含，对于很多人来说，它只不过是代表个人网络、社会资本和礼物经济的一个中文词汇，而这在所有社会都存在（Gold et al.，2002：3）。

这类观点，把行动与导致行动发生的场域和情境割裂开来，假定个体的行动具有坚硬的不变的内核，即个人效用函数的最大化。"某人是诚实的，仅仅因为诚实或者表面的诚实，比不诚实得到的更多"（Telser，1980：29），诸如此类的认识在"关系"研究中也存在。如一种观点认为，人们最直觉的做法是遵循关系原则，但如果关系原则的代价太大，也会放弃这一原则。

把"关系"还原为工具理性，与工具理性的独白大有关系。正如有学者指出的，受到现代化理论的束缚，研究者勉力挖掘"关系"中的理性内涵，以证明关系文化在现代社会的生命力（吕大乐，2001）。即使是目前关于信任和社会资本的学术话语，也无法摆脱这一弊病：试图用工具理性的概念来整编社会关系。"明显地，在中国，'关系'作为社会资本被积累起来，目的是把它转化为经济的、政治的或者符号的资本。"（Gold et al.，2002：7）结果使"关系"概念要么成为多余，要么无法自圆其说。这实际上也可以说是用西方的个体理性来凌驾和解构东方的关系理性的一种表现形式。

其实不难发现，即便是在文化论者或结构论者那里，界定"关系"时也难免赋予它浓厚的工具色彩。如吴介民把关系文化定义为日常生活中重视工具性的私人关系的一套价值和信念（Wu，2001）。这其间的差异容后论述。不可否认，在当代中国，关系文化向工具性方向发展的趋势确实十分明显，这一趋势发展到一定程度，就导致了郑也夫所提出的"杀熟"现象。这其实也说明，对"关系"的过度工具性使用，会对关系文化产生毁灭性影响。

二 重回"关系"的文化论题

究竟该怎样来认识"关系"？笔者认为，在目前的情形下，有必要倡导回归文化立场，重申"关系"所具有的文化内涵和社会本体论意义。

"中国整体人文社会科学的发展,不能靠简单的接轨主义的思路,否则就会把西方的时髦课题当成我们的重要课题。"(甘阳,2005)这意味着无论是提出问题还是作出解答,都必须从中国社会的实际出发。就"关系"研究而言,不能把中国的"关系"等同于西方社会和西方研究文献当中的社会网络,也不能把社会网络分析的一些热点和前沿问题不假思索地照搬到中国。相反,我们应当在充分肯定"关系"中长期以来所积淀的深厚文化内容的基础上,考察它对中国社会制度和结构的塑造力。

事实上,不同于当前学界对社会网络的工具性、利益取向的想象,在经典社会学家当中,迪尔凯姆十分强调社会网络当中使人们团结在一起的道德情感纽带的作用。"如果没有相互确认以致做出相互牺牲,或他们之间没有坚韧持久的纽带,人们就不能生活在一起。"(Durkheim,1964:228)当代在社会资本研究方面很有影响的普特南也指出,"社会生活的特征——网络、规范和信任——能使参与者更有效地一起行动,去追求共同的目标……简言之,社会资本指的是社会联系以及伴随的规范和信任。"(Putnam,1995:664-665)而当前西方"文化转向"的思潮也表明,"硬的"结构或制度解释已近枯竭,而文化的意义必须重新得到强调。"文化主义的视角把注意力集中在一种特殊的社会纽带上——'软的'人际关系世界。在基于利益和算计、以会计为中介的关系、个人主义自我中心的合理性的社会联系的'硬的'工具性图画的长期统治之后,我们表明社会的另一面——道德联结的'软的'领域——的重新发现。"(什托姆普卡,2005:5)什托姆普卡所说的道德,指的是"人们和其他人相联系的方式,并且它援用价值而不仅仅是利益作为指导行为合理性的标准,以此来鉴别正确、合适、必须的关系。"(什托姆普卡,2005:6)

我们充分肯定"关系"的文化意含,还基于文化对制度具有深刻影响力这一认识。近年来,人们越来越领悟到,由于文化上的差异,相同的制度在不同的社会中可能会起不同的作用

（什托姆普卡，2005：12）。福山指出，"有时人们会认为在社会之间进行制度比较会比文化比较更有价值……但是有太多的理由表明，不同的社会拥有不同的建构制度的能力。"福山举例来论证这一观点。他谈到，日本曾经启用了一个对信贷的发放拥有巨大经济权力的经济计划机构，此前拉丁美洲和非洲也设置过同类性质的机构，但在寻租和公开腐败的程度上，日本却远没有达到拉丁美洲和非洲那样严重的程度。福山把这一差异的原因归之于日本文化的一些特征，如对官僚的尊重、高水准的培训和专业主义、日本社会对权威的普遍服从等。福山强调，一些制度如果缺乏社会资本，不会轻而易举地转移到其他社会（Fukuyama，2001：12）。而他所指的社会资本，主要是文化所提供的信任基础[①]。

郑也夫注意到，中国社会常常会发生"制度失灵"，比如传销、教授推荐制度等。他认为，"对付我们这样一个古老的民族，对付我们这样一个智慧的民族，必须找到一些极其智慧的手段。能在中国玩得转的制度，走到世界没有地方玩不转的。相反在世界别的地方玩得转的制度，在我们这儿玩不转。"（郑也夫，2006）他所说的智慧，是集体智慧，是文化传统的积淀。他所揭示的现象，暗示了文化传统对制度具有颠覆性的力量。

在文化、制度和社会实践在现代社会的复杂互动方面，正如有学者曾经指出的那样，中国提供了一个极端的案例（Gold et al.，2002）。进入近代社会以来，中国社会的文化和结构就陷入一种冲突甚至敌对的状态之中，既有制度对文化的施暴，也有文化在制度重压下的反扑。而且在实行市场化改革以后，制度和文化之间的角力似乎仍在继续上演。笔者认为，如果说在西方，新近以来文化主义得以复兴，是其学术传统的自我完善，力

[①] 波普尔也发表过类似的观点。当谈到"议会里的反对党本来应该是防止多数党偷窃纳税人的钱的，但是在某一个东南欧国家，反对党和多数党一起坐地分赃"，波普尔认为，"制度，如果没有传统的支持，往往适得其反"，"能够让制度达到个人期待的，最终必须是传统文化的支持"。这段话出自波普尔1954年的一篇演讲，转引自龙应台《八十年代这样走过》，1998年10月20日《岭南文化时报》。

图以"软的"道德解释来补充以往"硬的"制度解释的不足,那么,在中国社会研究中,强调文化的价值还有其特殊的原因。近百年来,我们不仅不断地贬低、否定甚至妖魔化自己的古典文明传统,还试图在不同文化原则的基础上建立一套全新的制度体系(甘阳,2005)。然而,有待解释的是,在大众心灵中,传统文化仍然顽固地保留着。中国自20世纪70年代以来的社会现实表明,传统文化并没有彻底走远,我们必须对其强大的韧性有所敬畏。

正因为如此,在"关系"研究中,需要具备浓厚的文化意识、清醒的文化自觉和宽广的文化胸怀,能够站在社会本体论的高度,审视"关系"作为一种文化传统对中国社会政治和经济生活的构成性影响,而不是满足于实证主义者就一时一地和某一具体社会结构当中的"关系"形态进行分析。而在实践和制度设计层面,这意味着,既反对激进地根除"关系"的做法,避免近百年来国人对于传统文化的强烈排斥情绪继续蔓延,也反对听任目前"关系"自发地、消极地甚至破坏性地发挥作用的消极态度,并进一步在制度建设中倡导积极的和有意识的关系思维,使得文化和制度之间形成一种积极的合力。

当然,我们也应避免一种本质主义的文化论调,想当然地认为关系文化会无条件和全方位地发挥作用。

首先,以为一种传统文化的卷入会以一种决定性的方式,丝毫不受时空制度背景的限制,这是值得怀疑的。我们所追求的文化解释不应该建立在非现实的假设基础上。

其次,由于赖以传承的"三纲五常"、科举制度业已废除,关系文化究竟在什么意义上存在,又在什么层次和多大程度上发挥作用,须谨慎推敲。

再次,不能过于夸大某种文化特质对社会结构的塑造力。在这方面,即便是最强调文化的韦伯,对于新教伦理究竟在资本主义的确立中起到怎样的作用,也是语焉不详,唯一明确的只是它们之间存在着"选择性亲和"(elective affinity)。帕金曾指出,新教伦理引发了资本主义、新教伦理没有阻碍资本主义的发展和新教伦理只是为由其他因素所引发的资本主义提供合法性,是关于新教伦理与资本主义之间的关联的三个不同观点，而韦伯本人却似乎没有明确地加以区分（Parkin, 1982: 59）。如此看来，盲目地提出某种独特的文化特质可能导致独特的经济形态之类的命题，是过于冒险的举动。

最后，在社会学中，早就有对所谓"过度社会化"的行动概念的批判，这至少要求我们弄清关系文化与个体行动之间的关联机制，否则就谈不上解释关系文化的作用。一种文化，即使再美好动听，如果它没有体现在社会成员的具体行动当中，就表明这种文化已经消亡了。

三 "关系"的界定

1. "关系"作为一种弱关系文化

格兰诺维特根据时间跨度、情感强度、亲密程度和相互帮助的不同组合，把"关系"区分为强关系和弱关系。他指出，弱关系更可能联结来自不同小群体的成员，而强关系更可能集中在一个特定群体的内部。在社会扩散的效力方面，较之于强关系，通过弱关系扩散的"东西"，可以抵达范围更广的人群，跨越更大的社会距离。格兰诺维特指出关系强度的悖论：弱关系，虽然经常被认为是破坏群体凝聚力的离心性因素，但它就个体对机会的把握以及共同体的整合来说，却是不可或缺的；强关系虽能促进小群体内部的团结，但却易于导致整体结构的断裂（Granovetter, 1974）。格兰诺维特对于弱关系和强关系的区分，揭示了人际互动的社会结构寓意，在微观人际互动与宏观社会结构之间架起了理论桥梁。笔者认为，其中的弱关系概念对于认识中国社会的"关系"和社会结构有着重要的启发意义。

中国是一个关系取向的社会。这不仅体现在家庭群体内部的关系模式当中，也体现在家庭群体之外的关系模式当中。梁漱溟较早注意到中国社会的关系具有由近及远、引远入近、跨越边界的特性。很多研究因此把"关系"看成是家庭或血缘关系的自然延伸，或者是拟似亲属关系。在笔者看来，中国社会的关系文化可分为两个部分。其中,家庭伦理主要用于调节家庭(或家族)内部的关系,是一种强关系文化,而"关系"用于处理家庭(或家族)外部的关系,属于一种弱关系文化。这一区分的理由如下。

首先,不难注意到,中国社会在血缘关系的界定和称谓上,是极其严格和精确的,与人们所理解的"关系"的伸缩性和传递性形成对照,这显示血缘群体是一个成员资格和地位有着明确界定的群体,而"关系"的伸缩性和传递性表明它强调跨越而不是划定群体界限,因此在关系取向的中国社会,家族群体与"关系"可能分属不同的关系范畴。实际上,虽然儒家着力于把一套家庭伦理外推于整个天下,但家庭伦理在家庭外部关系上的影响力,是值得怀疑的,家庭外部关系可能由其他关系原则来"治理"。并且,虽然很多研究试图把中国人社会生活的重心定位在家庭,但在对家庭需要的满足方面,家庭外部关系的重要性,并未得到足够的重视。这提示我们关注家庭外部关系的处理模式。

其次,虽然家族关系在其范围的界定上没有绝对的标准,如古代可能以五服之内作为标准,而进入近现代以来,这一范围有逐渐缩小的趋势。但无论如何,家族外部关系,由于既没有密切的血缘和姻亲关系,又没有共同生活的基础,因此共同性和规范性特征明显较弱,相应的,在选择性、利益的可分割性和灵活性等方面拥有优势。

再次,关系取向虽然是中国文化的重要特征,但通过区分强关系和弱关系,很可能找到解读中国社会结构的新途径。有学者认为中国是一个以血缘关系为主的"家庭主义"社会,因而缺乏足够的社会资本,这其实是对中国社会的不全面认识。在个体主义取向的社会中,由于强调个体的独立意识和自主精神,因而弱关系文化相对是不发达的。而在关系取向的社会中,由于更强调社会成员之间的相互依赖与合作,因此弱关系文化易于生成和发展。人们对相互关系的普遍重视,也显示中国是一个弱关系文化发达的社会。

最后,虽然"关系"从家庭伦理中生发出来,是家庭制度的合理拓展和延伸，但由于"关系"与家庭伦理调节的关系类型不同，因此它们产生的结构效应也截然不同。家庭伦理主要局限于调节血亲群体内部的强关系，因此规范性很强，关系各方之间的不对称交换，可能在很长的时间内延续甚至概化，导致责任和义务以一种不对称的方式在代际传递。这些不仅以抽象的伦理形式固定下来，而且在紧密联系的群体内部借助群体压力不断得到强化。而"关系"主要是在礼尚往来和相互帮助中产生的，没有人情的往来，"关系"就可不能继续下去。因此相对于家庭关系，它是个体之间的片面而不是全面的交往，它的建立和终止有更大的个人自由。正是由于没有强制性的社会规范，"关系"成为个体自主性和能动性的一个重要表现形式，也是中国社会活力的来源。

因此，笔者主张把"关系"理解为中国人有意识建立、维系和动员弱关系的一种文化传统。首先，"关系"的维持不需要外力，它作为一种集体行动方式，每个人都无须第三方强求而自发地加以维护；其次，如诺斯所言，"文化提供了一个以语言为基础的概念化框架，以对由感觉呈递给大脑的信息进行编码和解释。"（North，1990：37）关系文化的核心内容是一套以语言为基础的概念化框架，关系文化中的个体或多或少都借助于这套概念化框架去感知和认识社会；最后，关系文化不仅具有认知和理解的功能，还能够组织和协调行动。有学者指出，"传统，以及诸如习惯、风俗、惯例和规范化的实践这些相关的概念，是一些默契，经常是意会但也是有意识的，它们以可预见的方式组织和协调行动。"（Biggart and Beamish，2003）就此而论，关系文化可谓指导社会成员建立、处理和组织弱关系的行动模板。

需要指出，这一界定的前提，是假定现实中存在不同性质的关系，不同的关系是由不同的规则来治理的。在这方面，不妨比较一下布迪厄对规范性和实践性的亲属制度（practical kinship）的区分。根据他的区分，纯粹基于宗谱关系的亲属关系只在正式情境中使用，执行使社会秩序化的功能。与此相对，还存在着亲属关系的实践运用——它是情境化的、灵活的，并且代表了

"功利性地利用人际关系的一种特定情况"（Bourdieu, 1977: 34）。相对而言，强弱关系的区分与情境无关，而与关系的性质有关。强关系，以家庭关系为典型，满足个体意义、归属和稳定性方面的需要，因此主要依靠一套强制性的权利和义务规范而不是功利性的规则来治理。而弱关系是在自愿的基础上结成的，旨在功能性地满足个体生存和发展方面的需要，因此，功利性的成分大大增加。即便如此，关系文化的奥妙还在于，它仅在促进联合行动和合作的意义上是一种功利性和策略性的行动，它是人们从"关系"中而不是从"关系"的参加者那里谋利的策略。"关系"是"你中有我，我中有你"，一旦利益作出明确的区分，"关系"即面临危机和解体，随即转到赤裸裸的利益独白频道。

因此，与其说"关系"是一种功利性行为，毋宁说它是一种回应、影响和重新界定社会情境的方式，使非决定性的社会情境朝有利于自己的方向发展，它提供了回应和影响的综合能力（Giddens, 1984: 22）。在后面的叙述中，我们将看到，房地产市场中很大一部分"关系"，其实是通过与规则的执行者进行排他性的个别化交往，从而致使交往规则发生切换的一种策略性行动。在"关系"的作用下，公共规则切换为互惠规则。

另外，一般认为，弱关系是群体内部的一种异己和离心力量，因此弱关系丰富的个体总是受到群体成员的排斥，在群体中处于边缘地位，这似乎是通过弱关系获得机会所必须付出的心理和社会代价。然而，在中国，弱关系是强关系群体的力量延伸。强关系组成的群体不仅不排斥弱关系，而且还积极鼓励发展弱关系，并且把弱关系吸纳到群体内部，构成强关系群体的庞大羽翼，延伸到社会结构的各个角落，从而增加强关系群体的适应力。在中国，强关系群体之间不仅存在团结和凝聚程度的竞争，还存在着弱关系的广度和强度的势力竞争。这是西方文化同中国文化在对待和处理弱关系方面的一个很大的不同。

"纽带，而不是本质，提供了持续不平等的基础"（Tilly, 1995: 48, 转引自 Emirbayer, 1997: 292），在一定意义上，"关系"是中国社会分层的重要机制。"关系"能够在不同家庭单位之间建立起信息沟通和资源交换的桥梁，促进与家庭外部成员的合作行动，导致社会结构在家庭和家族基础上进一步分化。然而，尽管"关系"打破了以单个家庭为基础的由硬块组成的碎片化结构，但"关系"在促进社会整合方面并没有走多远。由于"关系"遵循特殊主义原则，仅在促进部分社会成员合作的意义上，它才是一种集合行为（collective action），而就整个共同体而言，它建构了基于自私的社会团结而非整体意义上的社会整合和集体行动，社会在整体上仍然是一盘散沙。这是"关系"型构中国社会结构的独特方式。

并且，如果考虑到社会的正式结构，"关系"的分化作用还将更为突出。翟学伟曾经指出，"关系"在中国社会的特定含义是指一个人能否联结上有社会或个人地位的他人（翟学伟，2001：320）。虽然事实并非总是如此，但他提醒我们，当"关系"的终极对象几乎总是社会上拥有一定地位的个体时，"关系"现象其实映射的是一定社会结构当中某些结构地位的重要性，以及由于结构地位的重要性导致的"关系"地位的重要性，显示正式结构以"关系"为轴心重新结构化（restructuring）。

2. "弱关系的弱势"与关系文化的特质

自从格兰诺维特提出"弱关系的强势"论题后，弱关系、强关系这对概念就成为社会网络理论的生长基。通常，弱关系具有信息传递的优势，而强关系则适用于传递情感、信任和影响力，对此网络研究者基本上已经达成共识。而就功利性行为而论，根据林南的社会资源理论，需结合关系人的阶层地位来权衡关系强度的效应。无论是强关系还是弱关系，关系人本身的社会地位都是决定关系所能获取的资源数量和质量的重要变量（Lin，1982）。社会资源理论把关系人的能力引入关系的效应分析，显示关系纽带的作用最终由关系人能力与意愿的合力所决定。因为根据强弱关系的定义，最弱的关系没有用，因为这种关系根本产生不了交换的动因，而最强的关系，虽然其获取资源的范围有局限性，但这类关系所激发的帮助意愿和寻找其他关系的努力，对个体可能是至关重要的，因为这种关系意味着承诺、信任、义务，从而有帮助的动机（Lin，1999）。这种分析让我们看到强关系和弱关系各自的局限性。

有学者在考察经济合作行为时，试图通过对关系强度的进一步细分，来克服这种二元分立的局限。汪和建把关系纽带构建为由强关系、次强关系、次弱关系和弱关系构成的连续体，并强调了作为中间性关系的次强关系和次弱关系的特殊优势，指出这两者最适于作为个体实现其物质利益或商业活动的工具。具体说来，次强关系更适合于进行一体化交易，如合伙建立一体化的企业组织，而次弱关系更适合于进行个人或组织间的嵌入性市场交易。这是因为次强关系和次弱关系都分别具有情感性和工具性双重特征，嵌入性适中，而相比之下，强关系则由于排斥关系中人对自我利益的盘算，出现乌兹所谓的"过度嵌入性"（Uzzi，1997），弱关系中人进行交易虽不易陷入"人情困境"，但由于嵌入性有限，因此只能进行市场化交易（汪和建，2003）。

上述细分框架对于中国社会的"关系"具有一定解释力，但其分析进路仍然是着眼于把中国式的"关系"机械地归入弱关系或强关系中的一类或其中的某一亚类，缺乏必要的文化自觉。相比较而言，我们的"关系"研究策略，是从"弱关系的弱势"这一论题出发，着眼于把中国式的"关系"阐释为由弱关系向强关系转化的一种文化实践。这种转化既包括对强关系的动员，即通过"关系"桥的疏通与"关系"目标建立起间接的强关系（Bian，1997），这种策略的实质是借助于强关系的良好传递性和规范性压力来实现弱关系的强化；也包括在既定弱关系的基础上，借助频繁和实质性的直接交往来迅速改变关系的弱性质。在后面读者将会看到，这种技巧在本书的调查对象中得到普遍应用。形象一点说，所谓"关系"艺术，就是一种使"关系"由"冷"变"热"甚至变"熟"的速成强关系技艺。

"关系"艺术，或者说弱关系强化的实践，其实质是通过克服弱关系的弱势以充分利用它的强势，它的本意是提高关系人的帮助意愿，而不是把弱关系发展成真正意义上的强关系，因此，其与"维护家庭关系和谐"这类针对强关系的实践在性质和意义上有很大的分别。正如我们提到的，从资源和帮助意愿的双重标准来看，弱关系中嵌入着向往的资源，但关系人却缺乏起码的帮助意愿，这可谓"弱关系难题"。对此西方社会网络文献的解答是，强关系和弱关系各司其职，由弱关系提供信息，由强关系提供实质性的帮助。这一解答隐含着，就个人来说，个体不同强度的关系纽带可以相互补充且互不妨碍，共同满足个体不同性质的需求；从社会的层面上看，在主要由异质性关系组成的高度分化的现代西方社会，由于有效地规避了强关系可能造成的干扰（如实行亲属回避制度），社会网络就只能以弱关系的形式在制度堤坝内部发挥一些微弱的作用。而在中国社会中，多数意在拉关系的活动发生在人际关系本应该是职业化的和工具性的领域（阎云翔，2000：222）。这是因为，关系文化破解了"弱关系难题"，使得异质性关系或者弱关系不足以充当资源动员和转移的障碍。这甚至影响到中国社会的结构形貌：由于制度的堤坝不断受到"关系"力量的侵蚀、渗透，其抵御风浪的能力大大降低了。由此可以推断，基于"关系"的强大冲击力，在中国社会，随着社会结构的分化和关系异质性的增强，"关系"的作用领域可能会更加广泛，而这对于中国社会未来的制度设计提出了挑战。

3. "关系"作为文化、结构与行动的统一体

一种"关系"的社会本体论，意味着首先从文化出发去界定"关系"，肯定"关系"是一种文化意义上的社会事实。但与此同时，仍然无法回避这种文化与社会结构和行动之间的关联性。实际上，一种合理的文化解释，必须就文化与行动、结构与文化，以及结构与行动的联结机制做出相应的阐述。对此，我们的基本立场可表述如下。

（1）文化与行动。一方面，文化为行动提供资源库，即文化为行动提供价值论的、规范的和认知的方向。它以这种方式成为一种很强的决定力量——释放、促进、启动，或根据情况抑制、限制或阻止行动。另一方面，行动同时创造性地塑造和再塑造文化。文化不是不变之物，而应该被看成是以前的个体行动和集体行动不断积累的产物或保留下来的沉淀物。简而言之，行动在文化的出现或形态发生的过程中是最终的决定因素（什托姆普卡，2005：5）。

（2）文化与结构。两者可能相互支持和补充，也可能相互反对和削弱。挑战在于，结构条件与文化特质在何种意义和何种程度上是亲和或者冲突的，造成怎样的均衡或失序后果。简而言之，为了使行动获得充分的解释，文化的和结构的视角应该相互补充。

（3）结构与行动。僵硬的结构塑造了人类的行动，但人类行动并不仅仅受到结构力量的型塑。在选择确实存在时，为了充分解释为什么在诸多行动路线中采用了特定的选择，对于信念系统和人类能动性的参照永远是必要的。

具体说来，在这项研究中，我们侧重从以下三个层面对"关系"作出解释。

第一，"关系"模式作为一种文化余絮。作为一种官方并不倡导的非主流文化，"关系"可谓调节非正式合作的规则。我们承认，这种规则主要作为促进合作的资源而存在，"今天大多数的社会理论中，社会规则被视为含混的、可变的、矛盾的和缺乏一致性的。它们充当了策略的资源，依人和情境的不同而有很大的差别。"（Edgerton，1985：14）并且，"关系"规则也随着社会结构的变动而处于变动之中。

第二，"关系"现象作为社会结构的衍生物。这里社会结构主要是指社会主义再分配制度及其遗产。"参与社会关系的意义必须得到理解，而这只有把这些关系置于特定的制度脉络下才能得到充分的实现。"（Friedland and Alford，1991：252）正由于依附于社会主义再分配制度的遗产，关系文化在改革后的中国社会得以延续甚至弘扬，并对整个社会结构发挥巨大的塑造作用。也可以说，由于现行制度与文化传统存在亲和性，导致不断再现的制度情境激活了文化传统。

第三，"关系"作为策略性行动。它主要是指行动者在谋求生存和发展过程中对"关系"的工具性动员和利用。这是目前"关系"唯一可见或可观察的层面，也是关系文化存在的主要指针。尽管"关系"的成效很大程度上取决于个体对"关系"格局的领悟和处理"关系"的能力，但共享的关系文化，是"关系"

得以发挥作用的前提。关系文化促进相互性理解而非独白式理性，通过协调复杂的联合行动，改变事件的进程和结果。

4. "关系"的社会本体论立场

社会到底是由什么构成的，又是怎样构成的？对于这类社会本体论问题，社会学并没有形成一致的看法。关系主义（relationalism）是近年来在理论上颇获认同的一种社会本体论的主张。所谓关系主义本体论，是把社会想象成一个由社会关系组成的系统，认为社会关系是社会的存在形式。一方面，关系主义意味着把社会当成是一种关系性的存在，它与社会的实质主义主张正相反。比如一般社会结构的观念强调结构的僵硬性和对个体行动的决定性，相比较而言，关系主义强调人们在关系中行动而不是在制度和规范中行动，从而摆脱一种结构的决定论，在理论上拓展和挖掘结构框架内部的自由活动空间，但又不必彻底还原到一种个体理性的立场。另一方面，关系主义也意味着要从社会交往和社会关系出发来理解人，把人看成是一种社会关系的存在物。马克思的名言"人的本质是社会关系的总和"，表明了个体不是孤立存在的实体性的原子。不可否认，人具有个体性和主体性，但人并没有什么先天的凝固不变的社会本质，他在社会关系中获得了属于自己的本质，是社会关系成就了人。

艾弥倍尔在《关系社会学宣言》一文中，视社会网络分析为关系主义的典范（Emirbayer，1997）。虽然我们承认，在社会本体论立场上，网络分析显然更接近于关系主义而与实体论无缘，然而，正像有些学者指出的，艾弥倍尔未免拔高了社会网络分析（叶启政，2000：433）。必须承认，我们从网络分析文献中获得了不少灵感，但与此同时，有必要指出，这一研究试图践行一种比网络分析者更为彻底的关系主义本体论立场。

具体说来，本书借助以下理论策略来推行关系主义的本体论。首先是松动结构。一般认为，制度性结构作为社会关系的规定性架构，是社会的基础性结构，而把社会关系结构作为制度结构的补充或辅助，称之为非正式结构。这其实忽略了正式制度和非正式制度之间相互作用的其他可能性。我们认为，制度性结构与关系性结构之间并非主导和服从或者基础和辅助的关系,相反,制度性的结构可能因为关系性结构的渗透而改变性质。我们的研究将显示,由于"关系""转译"社会的宏观结构,从而使宏观结构对个体行动的影响力发生逆转,出现了所谓"铁砂掌"和"棉花拳"之间的较量。

"宏观社会过程仅仅是一种隐喻,因为宏观结构最终总是可以分解为小规模的微观事件。"(Collins,1987)在对宏观—微观之链孜孜以求的社会学界,柯林斯的这段话并不为人所重视,这或许与在西方社会制度已获得稳固的基础性地位有关,但它对解释"关系"在中国社会的作用却不失启发性。在"关系"优位(the primacy of guanxi)的中国社会,"关系"总是以它特有的方式分解和解构宏观的结构,因而,也几乎总是"关系"所导演的微观事件塑造和改变了宏观的进程。

四 小结

以上我们叙述的"关系"立场,基本上构成了一种社会本体论构想,亦即主张"关系"事实上构成了中国独特社会秩序的一部分,把它当成理解中国人际关系和社会结构的核心社会—文化概念之一。换言之,也就是承认中西方社会在对个体的构建和社会结构的生成方式上具有不同的模式和原则,在此基础上肯定"关系"在型塑社会结构中的核心作用。在这一立场下,必然对随着市场化和科层化的过程"关系"必然消失的论断持审慎态度。不仅如此,一旦我们认识到"关系"的基础性作用,就要求在未来的制度设计中把"关系"考虑进来,而不致使"关系"发展到一种人所不愿见的程度。

第二章
市场中的社会关系：
一种解释方案

本书是关于中国房地产市场这一特定场域中"关系"问题的考察。从一种"关系"的社会本体论出发，我们提出的理论问题是：社会关系如何参与建构市场秩序？在市场的哪个层面，通过怎样的机制？我们认为，以往关于社会关系的研究，无论是新制度经济学，还是新经济社会学，都集中在交易安排的层面，探讨社会关系中的自发治理和信任等，而忽视了市场的制度基础为社会关系提供的活动空间。这样的结果，就是描绘了一幅低度嵌入的市场景观图，其中社会关系对于市场秩序的影响是微弱的、辅助性的。而我们主张一种厚重的市场嵌入观，强调文化和政治因素对于市场秩序的型塑作用。在这样一种市场观念下，嵌入的程度成为一个经验问题，它不仅取决于市场本身的一些特性，而且还取决于市场建立在怎样的制度和文化基础上。并且由此一来，市场中的社会关系也必须被理解为可能受政治和文化因素影响的结构与过程。当然，这意味着，对于我们考察的具有高度嵌入性的中国房地产市场来说，只有在把握其制度基础的前提下，才可能充分理解社会关系发生作用的条件和机制。

一 重思市场

在这部分，我们将对市场这一概念进行一番知识社会学的考察。正如布迪厄的反思社会学所主张的，研究者应该对那些深深嵌入在我们思考过程的"那些未被思考的范畴"进行系统的思考，因为正是这些范畴"界定出可以思考的范围，并预先确定思

第二章 市场中的社会关系：一种解释方案

想的内容"（华康德，1998：43）。就市场这一概念来说，我们的反思着眼于这一概念所积淀的历史。桑默丝曾敏锐地指出，"概念承载了历史"（Somers，1998）。我们的意图很明确：并不想放弃市场这个概念，而是期望通过剥离市场概念中的历史沉淀物，来改造（remake）或扩充（expand）这个概念。

我们着眼的历史，既包括社会历史，即市场概念形成和发展的历史，也包括学科史，这里主要指经济社会学的发展历程。具体说来，反思侧重于两个方面：一是揭示完美市场（pure or perfect market）假定如何通过参与西方市场经济的建构过程，而成为自我实现的预言（self-fulfilling prophecy），以此来反驳一种本质主义的市场认识倾向。二是在此基础上，透过经济学和社会学的学科发展轨迹，来反省今天市场社会动力的理论化面临困境的根源。正如后文将提到的，新经济社会学在将市场中的社会关系加以理论化的过程中陷入了困境，这种困境，固然与经济社会学复兴之初对帕森斯的学术传统反思不够彻底有直接的关联，而从根本上，则是因为对正统经济学的市场概念缺乏深刻的探讨。

在人类关于市场的认识史上，自我调节的市场观念一直占据主导地位。这一概念可追溯到亚当·斯密，但直到19世纪晚期，当边际主义者提出关于产品、劳动力和资本市场的完整的经济学理论之时，这种思想才得以系统化（Block，1991）。在这一话语体系中，一方面，市场被看成是原子化的个体追逐自我利益的场所；另一方面，市场被认为从相互竞争的各种利益的冲突中，创造出了某种和谐的结果。

毕嘉和汉密尔顿曾经敏锐地指出，自我调节的市场概念同西方的市场经济实践具有动态性同构关系（Biggart and Hamilton，1992：473-474）。但力有不逮，我们无法证明这一涵盖甚广的论题，以下只试图论证：自我调节的市场观念的两个要件即个体理性假定和市场自主性论题，是如何通过参与西方市场经济的建构过程，而成为自我实现的预言。

首先，正统经济学所假定的人具有追逐自我利益的天性，是没有充分证据的。在人的理性方面，并没有迹象表明，个体理性是人类理性的唯一表现形式。林南曾经提出，理性至少可以分为交易理性和关系理性。它们的分别在于，关系理性偏重关系的维持和提升，即使交易未能充分实现最大化；交易理性偏重交易结果的最优，为此不惜终结特定的关系。林南认为，特定的社会制度在有利于一种理性发展的同时，抑制了另一种理性，因此，对于一个社会中出现的某一种理性占据优势的状况，应该到这一社会的制度中去寻找原因，而不是诉诸所谓人类的天性（Lin, 2001a：150-151）。从这一意义上说，个体理性在西方的"独白"，绝不是因为它符合人类的天性，也不能简单地归结为某些人群对于个体理性的声张，而是因为在历史的某些关头，这种理性而不是其他理性被内化到西方市场经济体系的设计和运行当中，使其获得了制度的充分支持，并在现实层面通过个体的适应性行为不断再现和再生产出来。"将某种理性视为一种主流意识形态，反映出一个社会为了延续，会将自身的历史经验当成数据进行程式化的计算。而随着这种理论化的计算嵌入制度当中去，它就成了'真理'。"（林南，2004：76）因此，不难想象，个体理性从经济学的一个公设变为西方经济体系的一个基本经验特征[①]，是一个历史的过程。

这让我们追问，在现代西方，关系理性的命运又是如何呢？人们很容易理解，个人利益的放纵会释放出各种能摧毁传统的血亲、氏族与社会忠诚的力量（列奥·马修，1998：280）。因此，从理论上说，个体理性的张扬和关系理性的持续是不可能并存的。考证在历史的长时段中关系理性是怎样被遗忘、被排斥甚至被驱逐出哈贝马斯意义上的体系之外，这也许是一个有待完成的有趣的知识史题目。但至少目前我们可以肯定，在西方主流学术话语中，关系理性一直是被当作传统社会的遗存和现代社会的剩余范

[①] 帕森斯和斯梅尔塞曾经注意到作为经济学公设与作为系统的经验特征的经济理性之间的区别。他们的原话为："从经济学的观点看，经济理性是一个公设……但是从经济是一个社会系统的观点来看，经济理性就不是一个公设，而是系统自身的一个基本经验特征。"（Parsons and Smelser, 1956：175）

畴。在这一话语形成的过程中,经济学"功不可没"。古典和新古典经济学均假定,社会性孤立是充分竞争的先决条件,这要求不仅在观念上而且在制度上把关系理性排除在市场设计的框架之外。一个明显的例证是,"交易的参与者很少见面,即使是为了余兴欢娱,他们的对话不是为了联合图利,就是为了涨价的奸计。"自从亚当·斯密发出这样的警示以来,西方也确实出台了一些法案来防止亚当·斯密意义上的"合谋"(collusion)出现。"训练有素的经济学家把自己看作理性的守护者,他人理性的赋予者,社会理性的规范者。"(Arrow,1974:16)其实,经济学家标榜的历史使命感的另一面,是意识形态的话语霸权,它和社会制度的建构一道,使个体理性在西方最终成为自我实现的预言。

新古典经济学市场概念的另一个核心内容,就是市场具有"自我调节"的优良特质。"自我调节使经济成为一种天衣无缝的网络;在经济体系的某一部分对市场原则的任何偏离,都将对别的部分造成影响。"(Block,1991)

如果我们回到自我调节的市场概念的所谓始作俑者亚当·斯密那里,仔细阅读他被认为首创这一观念的经典著作《国富论》,会吃惊地发现,他的观点与后人所理解的自我调节的市场概念背道而驰。正如有学者指出的,伦理、经济学、商业和文明间错综复杂的关系,这些由现代历史学家在亚当·斯密那里发现的内容,对于那些构筑了古典政治经济学正统的作者们来说,根本不是他们的理论兴趣所在(Tribe,1995)。《国富论》真正令亚当·斯密日后的捍卫者感兴趣的,无疑是他们所谓的"市场的无形之手"这一概念。而实际上,亚当·斯密只谈及"无形之手",通篇来看,"无形之手"指的是自然而不是市场(Lubasz,1995)。

后人对于亚当·斯密的误读意味深长。对于一本经典的学术著作,也许是经济学者的必读书目,200多年来却鲜有人愿意遵循学术的原则澄清亚当·斯密的原意。我们只能从其他方面寻求对这一现象的解释。

格兰诺维特指出,"理想的自由竞争市场之所以能逃离学理上的攻击,部分是因为,自我调节的经济结构对许多人具有政治上的吸引力。另外一个比较不为人熟知的原因则是，去除了社会关系，可以在经济分析时去除社会秩序这个问题。"（Granovetter, 1985）确实，对市场自主性的宣称，构成了为自由主义辩护的一种进路。"脱嵌的经济，这种思想可以追溯到 17 世纪的英国，是伴随着政治与经济的分离值得向往这一信念而出现的。"（Appleby, 1978, 转引自 Lie, 1997：351）。这一信念认为，一旦市场因其他因素特别是政治的干扰而受到抑制，就不能发挥全部的效率，从而会导致总福利下降的可怕后果。通过对市场的自我调节本质的声称，"一种摆脱政治干预的意愿正在转化为对于经济或市场作为一种自足体系的描述，一种伦理的和政治的意愿正在转化为对于实质历史过程的描述。"（汪辉，2000：15）

其实对于格兰诺维特所指出的后一种原因，我们还可以从布迪厄关于场域的观点来进一步加以分析。如果说市场的自主性首先是一种理想秩序，那么，显然这一理想秩序的成立与否，与经济学家的生存和利益休戚相关。既然对这样一种性质的经济秩序的声张，可令他们独揽经济领域的话语权力，使其他学科没有染指的机会。那么，反过来说，一旦市场的自主性降低，他们在这个世界中的话语中心地位也会大大受损。所以，丝毫不难理解，在正统经济学的话语里，完美市场被赋予"天然"的合法性。

波兰尼是明确地把市场之自主性同西方现代经济的发展历程联系起来的学者。确实，波兰尼的很多经验研究都意在表明，无论从历史的角度看，还是从跨文化的角度看，市场都是受制于其他制度形式的。"通常来说，经济秩序不过是社会秩序的一种功能，它包含于社会秩序之中……实际上，只有在 19 世纪的社会里，经济活动才被抽离出来，并被归结为一种独特的经济动机，这是一个独一无二的转折。"（Polanyi, 1957：71）如此说来，经济学家把经济生活还原为市场的倾向是可以接受的，因为对于机器时代开启以来的西方来说，至少是一种近似的描绘。或者说，在这样一种独特的历史场景下，经济学家基本是正确的。他们的错误仅仅在于，把自我调节的市场当成一个跨历史的范畴，而不是仅限于指 19 世纪英国的工业主义（Kpippner, 2001）。这也就

第二章 市场中的社会关系：一种解释方案

是今天日益为人们所重视的波兰尼的嵌入性立场：人类社会到 19 世纪发生了巨大的转折，也就是发生了经济从社会中脱嵌的过程，而在此前，人类的经济一直是嵌入社会当中的。

后人对波兰尼观点的争议主要集中在，现代经济是否像他所说的那样，通过剧烈的社会变革，获得了不受其他社会力量干预的自主性。如格兰诺维特指出，现代经济中经济行为的嵌入程度，并不像人类学的"形式主义"论者和经济学家所认为的那样无关紧要（Granovetter, 1985: 213）。布罗代尔的批评则是，"把一种形式的交换视为经济交换而把另一种称作社会的，未免过于轻率。在现实生活中，所有的交换都既是经济的也是社会的。"（Braudel, 1985: 227）事实上，从总的理论事业来看，这位经济史家，根本上否认在历史中存在所谓纯粹的"自我调节市场"。根据对西方经济的考察，布罗代尔得出如下结论：在现实的资本主义和市场经济之中，经济力量只能是其中一个因素，政治、文化等力量，从来都不会完全被排挤在其运作机制之外。他甚至激进地批评资本主义制度是彻底反市场原则的。虽然理论上，市场确实有希望成为一种平等化的制度，但结果却是被社会中强有力的行动者所操纵，成为他们从弱者手中攫取财富的工具（沃勒斯坦, 2000）。

然而，有迹象表明，对于现代经济是否在事实上实现脱嵌和获得真正意义上的自主性，波兰尼的态度是含混而摇摆的。首先，波兰尼十分清楚，19 世纪自我调节的市场的兴起，是一个乌托邦计划，永远都不会实现。他指出，诸如土地、劳动这些生产要素，由于关系到人类的生存，不可能彻底的市场化，它们充其量只是虚拟的商品。而一旦市场化发展到这些领域，社会就会寻求各种自我保护的机制，这就是他所谓的市场与社会的双向运动（double movements）（Polanyi, 1985: 69–76）。又如，从波兰尼对实质经济和形式经济的区分来看，他似乎又认为实质经济是嵌入性的。在他看来，经济的形式含义源于手段—目的（means-ends）关系的逻辑特性，而经济的实质含义源于人的生活离不开自然和他的同伴，它是指人与自然环境和社会环境之间的交换，以此为他提供满足物质需要的手段（Polanyi, 1957）。波兰尼指出，只有后一种概念才能用于对实际的经济过程或实体经济（empirical economy）进行的考察。因为实质性的经济活动绝不是抽象的市场活动，既然"人类经济……是嵌入和纠缠在制度中的，包括经济的和非经济的"（Polanyi, 1957：250），它无法按照所谓"自我调节的市场"及其规范运动。

波兰尼也察觉到，我们今天之所以看到经济领域与政治领域的分离，主要是受一种市场观念的引导，这种观念一旦被广泛接受，经济从政治中剥离出来就不可避免，因为"自我调节市场必须在制度层面上把社会分割成经济领域与政治领域"。波兰尼评论道："实际上，从社会整体的角度来看，这样的二分法不过重新宣称自我调节市场的存在。"可见他对市场的所谓自我调节的本质是持怀疑态度的。他甚至注意到，经济与政治的分离是在国家持续不断的干预之下实现的，因为它是通过国家的市场建设（market building）工程，也就是国家建构市场的各种政策和行动来完成的。然而，波兰尼还是倾向于肯定经济脱嵌在制度层面已成为一种既成事实：政治与经济分离的制度模式一经确立下来，经济就会对社会的其他领域发挥威力，因为"对于这样一种制度模式来说，除非它能够使社会屈从于它的要求，否则它便无法运作"（Polanyi, 1957）。

对于市场的所谓自主性的历史性，布迪厄也有一定的省察。他似乎暗示，经济自主性主要是一种象征性秩序，它以一种意识形态的方式塑造了人们的信念、认知，并体现在人们的经济行为当中。他认为，现代经济未能"脱嵌"，只是"生意就是生意"的行动法则左右了人们的经济行为，也制造了"脱嵌"的假象。但就社会的现实而言，经济主宰整个社会生活的"企图"却从未彻底实现过。布迪厄指出，我们现在能够谈论"经济的"秩序，是因为一种特定的社会信念和追求被区隔出来，赢得不受社会现实影响的自主性，这使社会行动者更多地参考经济的标准而且把其他的社会标准置之度外，至少在一部分的实践中是如此。这样一种自主性的活动场域，被功利主义哲学家表述为"生意就是生

第二章 市场中的社会关系：一种解释方案

意"，它的历史就是一个自主性不断增加和扩张的历史，因为它倾向于主宰整个的社会生活，尽管它受到其他领域（宗教领域、科层领域、文化生产领域等）的限制（Bourdieu，1998，转引自 Lebaron，2001：124-125）。

以上我们试图展现一种所谓个体的自利"本性"和市场的自我调节"本质"是如何在一个具体的历史的过程当中以制度化的方式固定下来，建构出为我们今天深深认同且不自觉地加以维护的市场观念。我们也论及了经济学在制造这种"本性"和"本质"中所扮演的角色。接下来，我们将主要考察这样一种市场概念如何塑造了经济学，又对社会学产生了怎样的影响。

个体自利动机和市场自主性这两个基本预设（preconceptions），作为新古典经济学理论大厦的基石，对于经济学理论和方法的塑造无疑是深刻的。劳森（Lawson）曾经以新古典经济学的代表人物之一弗里德曼为例，从方法论的角度对所谓的正统经济学加以概括和批判。他指出，弗里德曼在对现象进行抽象时，把关注的重心放在了"理想化、启发式虚构和外向式经验主义条件上"，而不是"经济力量的内在生成机制"（generative intrinsic machanism）。而真正的经济解释首要从现象中抽象出经济生活的本质（博伊兰、奥戈尔曼，2002：139）。

对于典型的经济学家的工作方式，科斯的批评则是：他们绘制了一幅理想经济体系的图画，然后用他们观察到（或他们以为观察到）的现实与之对比，指出还需要什么才能达到理想状态，却又对怎样才能实现考虑不多（Coase，1988：28）。科斯认为，这种"黑板经济学"，对经济的实际运转缺乏认识（Coase，1988）。事实上，自从科斯提出"交易是有成本的"这一观点以来，新制度经济学家不断为微观经济学的标准假设注入"现实主义"这一建设性成分（DiMaggio and Powell，1991：3）。但遗憾的是，宣称以实际制度为出发点的制度经济学，无论向经济现实的方向迈出了多大的步伐，他们拥抱现实的态度始终是让人怀疑的，他们仍过多地纠缠于新古典经济学所设想的那种不现实的市场状态。因此，他们所做的，只能说是以现实这种新型材料，在新古典模型内部做一些修补工作。

一个合格的"经济人"(homo economics) 必须把他的经济生活同他的其他社会存在方式隔离开来,这一思想,在社会学中也得到了如实的反映。社会学家几乎一致把市场描述为一个去社会性 (desocializing) 的场所,他们不去探讨人们如何运用其社会关系去管理市场,而是忙于论证市场如何限制甚至削弱了社会关系 (DiMaggio and Louch, 1998)。

离我们较近的帕森斯,早期虽曾浸淫于经济学,但却在经济学与社会学之间划出了一道学科界线。他裁定,在"手段—目的" (means-ends) 之链条中,社会学宜于处理行动的"目的"即价值问题,而经济学专司"手段"问题,即达成目的的最有效方式 (Parsons, 1937; Turner and Rojek, 2001: 88)。这种以分析要素来区分学科的观点 (the analytical factor view) (Smelser and Swedberg, 1994: 16),把经济活动与其他社会活动人为地割裂开来。事实上,无论是帕森斯的社会学,还是新古典经济学,都建立在社会世界可分割成泾渭分明的领域这一世界观的基础之上 (Kpippner, 2001)。其直接后果,就是导致社会学从经济的领地中彻底退出。从此以后,对于理性和市场,社会学几乎无法"置喙",只能专攻社会和非理性行为。在晚期,帕森斯虽试图把经济重新纳入一个社会学的帝国当中,只不过他对子系统的划分,沿用了政治的、经济的、社会的等子系统之间具有相对自主性的假定。

通过反思帕森斯社会学和经济学所共享的"原子化个体"理论假设,格兰诺维特提出了嵌入性概念,并激发了经济社会学作为一个社会学分支学科的复兴。然而,这一反思却没有触及帕森斯的另一份学术遗产,即关于经济世界与社会世界相分离的预设。"尽管试图超越市场世界同社会世界的分隔状态,嵌入性概念还是把市场世界放在独立于社会世界的位置上" (Krippner, 2001),这构成了新经济社会学的一个"硬伤",极大地限制了它对经济世界的解释能力和发展空间。关于这一点,后文还将进一步讨论。

综上所述,我们可以得出这样的结论:自主性的市场,是理论的假定，但更是现实的追求。不是自然法则，也不是什么神奇的看不见的手，而是出于对政治对经济可能造成扰动的深深恐惧，构成了这种理念的基础。因此，可以这样认为，经济学对政治和其他社会力量的漠视与排斥，并不是出于所谓的学术原因，而主要是一种意识形态的需要。退一步说，即使我们承认从西方经验发展而来的新古典模型，适合解释西方经验，尽管随着后福特时代的到来和经济形态的变化，正在使这一模型丧失其解释能力。但是，完全可以断言，从这样一个模型出发，根本无法彻底理解一些非西方国家市场经济的内在动力。实际上，由于政治制度和文化传统的差异性，非西方国家不仅不可能照搬西方的市场经济发展模式，而且也迫使它们积极尝试自己独特的市场经济发展道路。但显然，受既有的市场概念的影响，对这些尝试的合法性的质疑，常常抑制了寻求解释的努力。

由于"对市场的本质主义假定，排除了把它看成其他形式的交换和结构的可能性"（Krippner，2001），这与时代的发展脚步和非西方社会的经验极不相称，为此我们主张，为了提升对于市场的理论性理解，必须摒弃关于市场的实质主义假定，使市场理论的大门向实存市场的多样性敞开（Lie，1997）。单就本项研究而言，这意味着，将从假定市场的非自足性和经济行为对于情境因素的依随性入手，探究中国房地产市场的独特形态和运行机制。

二　市场中的社会关系及其理论化方向

早在 20 世纪 20 年代，经济学家马歇尔就提出，"在一个笼统意义的市场上，每个人都买东西，也几乎每个人都卖东西，但是几乎每个人都拥有特殊的市场。也就是说，他有一些更密切接触的人或群体：相互的了解和信任使他更愿意去找他们谈生意，而不是陌生人。"（Marshall，1920：82）不过，在经济学中，由于前面所提到的原因，社会关系受到长期的排斥和忽视。近年来，社会关系逐渐进入一些经济学家的视野，其中主要是一些新制度经济学家。他们注意到在特定的市场条件下，社会关系因其内含互惠、义务、信任和相互理解而具有的相对优势。我们注意到，为了把社会关系因素融入市场的框架，市场概念所假定的个体理性，在新制度经济学家那里经历了从无限理性到有限理性再到交易理性的嬗变。对此，经济学家卡森的辩解是耐人寻味的："典型的经济学家真正感兴趣的并不是人，而是特定的制度——市场。市场中的社会关系是没有人情味的、竞争性的，因此是不同寻常的。这意味着，当需要解释其他社会结构的时候，在那里更讲究合作而不是竞争，这时候，放松竞争性的市场模型所依据的自私性假定是有益的。"（Casson, 1997：9）显然，这一放松出于迫不得已，是对基本假定的小小修补。当然，这一修补的发生绝非偶然，人类社会进入工业的第二个分水岭以后，经济形态发生了种种变化（Piore and Sabel, 1984），现实中社会关系越来越重要，终于被纳入经济学的视野。

而在社会学当中，把经济交换看成社会行动的传统由来已久。齐美尔有言："交换是社会性的，既然这种关系可以被看做是互动。"（Simmel, 1950）韦伯也重视交换行动的社会性，他认为这种社会性体现在交换的过程中一个行动者把另一个行动者考虑在内（Weber, 1947：111 - 115）。韦伯还强调市场中的竞争和冲突，强调货币价格永远是市场上交易各方的权力竞争。他使用诸如市场竞争这类的词语，并且谈到市场中人与人的竞争（Weber, 1978：93、108）。比方说竞争，他界定为"和平的"冲突，因为它是以形式上和平的手段来获取机会和优势。交换，他界定为交易者之间的利益妥协，在这个过程中物品或其他优势作为互惠的补偿而转手（Weber, 1978：38、72）。

社会学自帕森斯时代开始，逐渐退出经济研究领域。经过一段相当长时间的沉寂以后，社会学对经济行动的研究兴趣开始复苏，其标志就是20世纪80年代以来新经济社会学的兴起。1985年，在一篇堪称经典的论文当中，格兰诺维特重拾并检讨了波兰尼的嵌入性思想。他认为，波兰尼关于非市场的和市场制度形式的理想类型，过分强调了社会目标和经济目标之间的区别，结果

第二章 市场中的社会关系:一种解释方案 41

也就高估了嵌入性对古代市场的适用程度,同时低估了嵌入性在现代市场的适用性(Granovetter, 1985)。格兰诺维特提倡用嵌入性概念分析和解释现代市场经济下的经济行为,并把嵌入性从波兰尼那里由宏观层次改造为用于说明具体经济行动的微观层次概念。这一概念最初被格兰诺维特用来指经济行为嵌入在人际关系网络中,而后又补充为"所谓嵌入性,是指经济行动、结果和制度受到行动者的私人关系和整个关系网络的结构的影响。我把他们分别称作嵌入的关系方面和结构方面"(Granovetter, 1990:98),从而对关系性嵌入和结构性嵌入作出区分。1992年,格兰诺维特提出,经济制度是一种社会建构,进一步扩充了嵌入性的意含(Granovetter, 1992)。

格兰诺维特提出经济行动的嵌入观以后,这一思想在新经济社会学中又不断得到回应和丰富。其中最具拓展意义的是祖京和迪马乔对嵌入性的划分。他们提出,嵌入性可分为认知的、文化的、结构的和政治的四种不同形式。其中,认知嵌入性指的是心思过程的模式化影响经济思维的方式,这一概念呼吁人们注意人类和公司行动者在运用新古典经济学所要求的理性方面能力的有限性(Zukin and DiMMagio, 1990: 15-16);文化嵌入性指"共同享有的理解在塑造经济策略和目标方面的作用"(Zukin and DiMMagio, 1990: 17);结构嵌入性则与格兰诺维特的嵌入观相近,指人际关系模式化后对经济交换的脉络化效应;政治嵌入性指权力争夺对经济制度和决策的影响,这些争夺波及经济行动者和非市场制度,如国家的法律框架(Zukin and DiMMagio, 1990: 20)。他们区分了嵌入性的不同向度,但对于这些向度之间是否以及具有怎样的关联并没有论述。

显然,社会学家为我们描绘了两种不同的市场图景,即由格兰诺维特提供的浅层嵌入的市场(thin embeddedness of market)和由祖京和迪马乔描绘的深层嵌入的市场(thick embeddedness of market)。但我们认为,这两种嵌入观并不是截然对立的,相反,深层嵌入的观点可以修正和丰富社会网络的解释框架。

我们注意到,格兰诺维特所引领的结构嵌入性研究,主要发端于社会学中的一种网络结构观。布劳曾谈到，"社会结构的构想，可如齐美尔那样，着眼于其形式特征（formal properties），亦可像韦伯那样，从其实质内容入手。"（Blau, 1981: 20）社会网络研究作为社会结构分析的一种进路，显然以表征结构形式见长。正如博特与肖特所言，"网络分析视个体之间的关系为一个系统的结构，并以揭示其复杂性为自己的使命。"（Burt and Schott, 1992）网络研究的目的就是展示特定社会网络构型中所潜藏的"作为一种发生趋势的强度和力量"（Burt and Schott, 1992）。迄今为止，社会网络分析发展了弱关系—强关系、中心性、"结构洞"、"小圈子"、开放—闭合网络结构、离散—脊状网间结构等，作为形式结构的分析工具（李林艳，2004）。

市场中的社会关系研究，向着形式分析的方向发展，现在看来，有其理论方面的根源。按照科尔曼的说法，格兰诺维特看到"经济理论中存在一种失误，即使在新制度经济学中也不例外。这种失误表现为，忽视个人关系及其社会关系网络对产生信任、建立期望以及确定和实施规范的重要影响。格兰诺维特称此为蕴涵于社会关系内部的经济交易"（科尔曼，1990: 353）。而格兰诺维特在引入社会和组织关系的同时，还试图克服对于经济制度的功能主义解释倾向，这种倾向在新制度经济学中是非常明显的。"他并非仅仅把此种关系视为行使经济功能的一种结构，而是把它作为对经济系统活动有独立影响的社会结构，此种影响由来已久并持续存在。"（科尔曼，1990: 353）我们注意到，通过把社会关系处理成独立于经济活动的一种社会结构，确实可以摆脱功能主义的循环解释，但与此同时，却未能避免大多数制度经济学家把经济制度视为市场过程的外生变量（exogenous variables）的典型做法。"所谓嵌入，就是指市场与其他社会关系共存，受到其他社会关系的塑造，以及依赖于其他的社会关系。"（Carruthers and Babb, 2000）在新经济社会学家的笔下，社会关系既内在于市场而起作用，又外在于市场而存在和变化，它们既不为经济目的而建构，也非诸如配置效率这样的经济规律所引发，它们的存在和变动另有原因。因此，经济社会学家的任务，被指向"研究

第二章 市场中的社会关系：一种解释方案

市场受这些其他类型社会关系的影响的不同方式"（Carruthers, 1996），在这一指导思想之下，纠缠于社会关系的成因似乎没有意义，重要的是把握它们存在的样式亦即形式结构，既然这种结构中蕴涵着某种与经济活动有关的社会力量。

不难看出，在格兰诺维特所倡导的结构嵌入观中，社会因素通往经济解释的"城门"刚被打开即被关闭，只有有限的"社会性"（the social）得以通过。正是在这一意义上，我们称之为浅层嵌入观。无疑，在这样一种嵌入观中，经济与社会的联结是脆弱的，对实质主义的市场观念的冲击自然也是无力的。当然，我们不能否认，单就分析上的便利和方法上的可操作性而言，这种观念具有无可辩驳的优势，这恐怕也是这一研究取向在过去 20 年中得以长足进步的一个原因。

然而，结构嵌入性视角对于市场行为的解释并不让人满意，它招致了很多来自社会学阵营内部的激烈批评。一方面，它被指责回避了什么是市场这一重要的理论问题。显然，结构嵌入性既想把社会关系引入市场分析，又不想对正统的市场观念做出彻底的修正，从而令自身陷入了理论窘境。"它们既不是同类事物，也不指示着同样的市场关系……根本没有人明确指出，哪种社会关系对于市场的存在是必需的，或者为什么他们所研究的特定的网络起到了那样的作用。"（Fligstein, 2002）对此，克瑞普娜的批评最尖锐，立场也最鲜明。"嵌入性的概念，只要不脱离经济与广泛的社会生活领域相分离的认识假定，我们就不可能充分地把握市场。它由社会关系构成，也被社会关系所构造。"（Krippner, 2001）

其次，结构嵌入视角无视政治和文化对于社会网络的塑造。很多学者对于网络研究者忽视文化、制度脉络这些因素对于社会关系模式的影响感到不可理解（李林艳，2004）。网络仿佛是"空疏的社会结构"，"毫无政治和文化"。蔡莱泽指出，"结构取向[①]用一种毫无根据的怀疑眼光看待文化，好像它只是来自危险过去的一种遗留物。"（Zelizer, 1988：618）"补救网络研究中明

---

① 亦即社会网络研究。

显地以方法压过实质的办法,是找回关系的内容,而非仅仅分析这些关系的结构。"(Fligstein,2002)研究者"必须处理更为棘手但也更为有意思的问题,即它们(关系和网络)是怎样起作用的,在什么情境下,在多大程度上,以什么方式起作用的。"(Powell,1996:297)

最后,结构嵌入视角根本无法解释市场的变异性。"嵌入性取向的结构意味着基本上忽视了非社会或非结构的因素,比如文化、技术甚至宏观经济力量。尽管避免了市场的实质主义倾向,但嵌入性取向在实践上基本回避了市场的历史和文化变异。"(Krippner,2001)

市场的深层嵌入观,彻底打破了实质主义的市场观念的藩篱,但这一破坏同样软弱无力。它所涵盖的政治、文化和认知因素,范围十分广泛,其中的哪些组成部分是与市场或经济行为相关的,它们又是通过什么机制在市场中发挥作用的,这些问题对理论提出挑战是不言而喻的。对此,我们的主张是,首先要在肯定市场与外部世界的广泛联系的基础上,对市场的构成原理有一个明确的分析框架,然后才谈得上讨论某些具体的文化、政治或认知因素的作用。其次,我们还认为,如果我们承认政治环境对市场的影响力,那么这种影响力会在市场中的社会关系中得到一定的反映,并通过社会关系型塑市场的形态。第三,由于文化和社会关系的网络模式相互渗透互为条件(Emirbayer and Goodwin,1994:1438),市场中的社会关系可谓文化因素的有效载体。这样一来,我们的分析焦点就又聚集到市场中的社会关系当中,但这时候的社会关系被认为在其内容上传导着政治和文化因素对市场的塑造力,而不仅仅是一种社会网络的形式结构。其实,格兰诺维特也曾经提出过类似的观点。他指出,在文化、历史和结构所决定的组织架构的基础之上,每个社会都会形成特定层次和形式的社会网络(Granovetter,1992)。可见,一定社会中社会网络在结构和动态方面所表现出来的特质,必须结合其所依存的文化和制度来加以说明。

三 制度基础与交易安排

1. 市场协调的三种机制

威廉森曾言,经济学过分地专注于配置效率问题(其特点是边际分析),而忽视了组织效率问题(威廉森,2001:107)。社会学家林南提出,交换具有两种成分即交易和关系(Lin, 2001b:160)。他把交换的关系方面称作社会交换,而把交易方面称作经济交换。由于在抽象意义上把组织效率和配置效率或者社会交换和经济交换区分为两个不同性质的问题,引出了市场秩序问题。

哈耶克认为,"社会的经济问题主要是在特定的时空环境中快速调适的问题。"(Hayek, 1945:523-527)而这种调适需要一定的社会机制作为保证。从这一意义上说,市场是一种促进自发合作的机制。在哈耶克看来,市场由于促成人类的自发合作而具有神奇的组织效率,他称之为"市场的奇迹":"价格制度是……人类偶然发现后尚未理解……就已经学会运用的构造之一。"(Hayek, 1945:528)巴纳德却认为,"人们之间的那种有意识的、深思熟虑的和有目的的合作"(Barnard, 1938:4)是极为重要的,而且这种合作是通过正式的组织尤其是等级制来实现的。

但是,按照威廉森的看法,有时市场情境要求作出协调的反应,以免单个参与者相互矛盾地行事,否则就会导致效率降低。协作可能会因为自发的各方对各种信号做出各不相同的理解和反应而失败,即使他们的目标是要实现及时而相容的联合反应(威廉森,2001:109)。而这不是一般的市场合作,也不是组织的等级命令所能达成的,相反,只有社会关系特具的灵活性能够满足"及时而相容的联合反应"这一要求。"对某些交易来说,对各种扰动的必要调适既非主要是自发的,也不是双边的,而是要求两者的某种混合,这样的交易注定要按混合模式来加以组织。"(威廉森,2001:115~116)威廉森在这一意义上提醒我们重视社会关系具有的特殊协调功能。

2. 制度基础与交易安排的区分

新制度经济学家戴维斯和诺斯（Davis and North, 1971: 6-7）曾区分了市场结构的两个层次即制度环境层次与制度安排层次，认为它们之间的主要区别是：

> 制度环境是指一系列为生产、交易和分配奠定基础的根本性政治、社会和法律准则，它们共同构成生产、交换和分配的基础。例如各种支配选举、产权以及契约权的规则……
>
> 制度安排就是经济单位之间的某种安排，这种安排规定了这些单位能够协作和/或竞争的方式。它……（能够）提供一种结构，在此结构中，各成员能够合作……要不（它就能）提供一种使法律或产权发生变化的机制。

这一区分有助于我们理解市场中社会关系的不同根源。接下来我们就围绕这一区分展开我们对市场秩序的讨论。

市场秩序问题实际上是市场参与者之间的行动协调问题。由于在某些情形下，价格不足以协调经济行动，因此市场秩序的问题得以凸显出来。肖特曾指出，"价格乃提供社会资源稀缺性信息的机制，而制度是提供有关其他经济行为人潜在行动的信息的机制。"（肖特，2003：219）有些时候，"由于价格不足以充分地协调经济活动，一些额外的信息工具就必须产生以帮助协调。"（肖特，2003：219）

新制度经济学注意到制度的作用，并且明确认识到协调人们的经济行动和经济秩序对于经济增长和发展的意义，不过他们的贡献主要在于制度安排的层面。比如威廉森的交易成本经济学把制度框架看成是外部性的，仅仅探讨了不同制度安排下的交易和转换成本，尽管他意识到交易风险不仅随交易性质而变，而且也因它们所处的交易环境而变（威廉森，2001：332）。他曾经提及，在一种提供了强有力保障的制度环境中可行的交易，在较弱的制度环境中却可能是不可行的，因为对有关各方来说，在后一种环境中精心组织符合交易特性的治理是不合算的,关系的协调成为最经济的安排(威廉森,2001:332)。较之威廉森的交易成本经济学,产权文献分析了制度框架对于绩效的含义,但遗憾的是,制度框架的形成和演变机制被排除在分析之外(Alchian, 1965; Demsetz, 1967)。诺斯是少数有意识地将制度环境纳入经济的内生过程来加以分析的学者,他充分注意到制度环境与制度安排之间的密切联系(North, 1990)。他曾经深刻地指出:"如果组织在非生产性的活动中付出努力,那么制度的限制已经提供了对这类活动的激励结构。"

社会学家认为,市场并不是凭空而起的,它依赖于制度基础(Collins, 1992; Weber, 1981)。四个主要的因素构成了这一基础:产权、买卖者、货币和信息。一般而言,这些条件并不是市场本身能够具备的,必须通过一些其他的方式。社会学家特别强调政府在提供制度基础方面的作用。"市场不会自动地形成可靠的产权,发布准确的信息,提供交换的媒介,或者催生足够数量的买方和卖方,经常是政府在满足这些前提方面发挥某种作用。"(Fligstein, 1996)

其实,经济学家也不完全否认政府对市场的作用。即使在亚当·斯密的所谓"自由放任"的想法中,也承认政府和市场之间的联系。亚当·斯密谈到,为使市场发挥作用,政府在一些方面的作用是不可缺少的,如决定和保护市场中参与交易的商品和服务的所有权归属,维持治安、国防、教育等市场不能充分保证和提供的或由政府提供更为适宜的服务(Smith, 1922)。但显然,这类观点主要强调政府的作用在于为市场提供必要的制度性支持,以使市场能够更好地发挥其自我规制的机能。一旦这种制度框架确立,政府对市场的稳定作用即可忽略不计,市场研究的兴趣就转向微观层面的交易安排。这可以解释为什么"在大多数涉及纯市场竞争的经济学文献中,有关制度和社会结构的假设是暗含的"(科尔曼,1990:799)。在当代经济学中,认为政府能够让市场更好地发挥其机能的观点被称为市场增进论。但除此之外,政府对于市场的作用是隐而不宣的。

而当代的一些社会学者则认为，政府在满足市场前提方面所发挥的重要作用，不仅没有使经济独立为自主性的活动领域，反而确保了政治和经济之间的坚固联系（Campbell and Lindberg, 1990）。由于经济行动者之间存在利益冲突，很多时候，"政府必须决定是一边倒还是任其自然，这些冲突可能深刻地改变生意的性质。"（Fligstein, 1996）为此，政治制度和过程必须被视为经济制度和过程的一个组成部分。在特定情况下，我们的分析有必要自上而下进行，展示外层的政治结构如何决定和影响市场参加者的具体的制度安排。

四 市场中社会关系的不同来源

到目前为止，人们对市场中社会关系的起源主要提供两种解释。一种解释认为，市场中的社会关系是由交易本身的特性所引发的，不同性质的交易适应于不同的交易安排，而对于特定性质的交易而言，社会关系作为一种交易安排具有其他交易安排所不具备的优势。在威廉森的分析框架当中，社会关系属于一种混合性的治理模式。"在激励、适应性和官僚成本方面，混合模式都介于市场与等级制模式之间。与市场相比，混合模式牺牲了激励而有利于各部门之间的更高级的协作。而与等级制相比，混合模式就牺牲了合作性而有利于更大的激励强度。"（威廉森，2001：115）因此，在特定的市场情境下，社会关系具有存在的合理性。

在社会学家当中，Powell也提出过类似的观点。他指出，除市场、层级组织之外，网络式组织可视为协调经济活动的另一种形式。这三种形式，在规范性基础、沟通手段、解决冲突的办法、灵活程度、彼此承诺、交往基调（tune）、行为选择等方面，都各有特点。如在他看来，层级式组织的强势在于其可靠性（reliability）和明晰性（accountability），但当面临强烈的需求波动及出现始料不及的变化时，其不足就暴露无遗。比较而言，网络不仅会降低监控成本（monitoring costs），在偏好（preferences）发生改变的情形下亦可令企业灵活地退出。网络式组织（network forms of organization) 的优势还在于，它特别适合需要有效和可靠信息的市场情境。因为最有价值的市场信息很少是通过行政渠道传递，或者从波动的市场价格信号推断得出的，而更多的是从值得信赖的交易伙伴那里取得。鲍威尔指出，网络特别适宜于那些其价值无法估算的商品的交换，如秘诀（know-how）、技术性能（technical capability）、一种特定的产品样式或风格、创新和实验的精神等（Powell, 1990）。

目前人们对于社会关系的"优势"的认识，主要在于有利于获得资讯、互相学习、相互信任甚至相互控制。

另一种解释则突出行动者的选择和策略，认为市场行动者通过创建和动员社会关系来改变和影响市场形势与市场处境。在这方面，弗里格斯腾曾经指出，市场中的社会关系，"最好理解为一种为缓和与其他企业竞争所带来的后果的努力"（Fligstein, 1996: 657）。这与前一种解释具有互补性。

总的来说，这两种解释都是在一种低度嵌入的市场观念之下，论述社会关系对于特定的交易情境的影响力，而很少论及市场的制度基础和制度环境对于社会关系的生成所具有的促进作用。

对于市场中的社会关系，首先，我们认为，它是一种社会建构。它代表了一个突发过程，它是在知情的参加者中反思性地生成的（Hamilton and Feenstra, 1998），或者如格兰诺维特所言，是社会建构的产物。"社会建构的视角很少被用于经济制度，但实际上经济制度同其他制度在这一点上并没有什么分别。"（Granovetter, 1990）

其次，我们强调，市场中的社会关系从其根源上来看，可以分为内生性社会关系和外源性社会关系。内生性社会关系同行业特性、商品特性、交易特性等市场本身的特征有关，这些特性有时会促使市场行动者通过结成社会关系来抵御市场风险。它反映了市场制度同社会关系之间在一定程度上的契合性，显然这种契合性本身也重塑了社会生活中的社会关系，使其越来越适应市场的要求。而外源性的社会关系同市场的制度环境有关，源于市场行动者为应对制度环境的干扰和变化，通过建立和运作社会关系来塑造一个有利于生存和发展的微观制度环境。当然，制度环境和市场特性有时可能相互作用，体现为制度环境可能改变或者加强了市场特性当中有利于社会关系生成的方面。因此，两种不同源的社会关系在现实中可能相互交织、纠缠，甚至可能相互竞争。

最后，作为一种社会建构，社会关系中的文化意含必须得到强调。"传统是被认可的经济解释和互动的指南，尽管有一定弹性。"（Biggart and Beamish, 2003: 444）关系性的秩序是具有社会理解力的行动者互动的产物，共享的文化传统是秩序存在的基础。由于文化传统的指引，行动者对于什么是可行的，有希望的，以及可能导致的财产和社会的所得与损失，拥有共同的默契。并且，传统含有社会责任的意味。也就是说，它们提供了行动者判断自己和他人行动的适切性的基础。因此传统是行动者间经济协调的工具，它们内在地具有集体性、社会性，甚至是道德性（Biggart and Beamish, 2003: 444）。从这个意义上说，来自不同文化的市场行动者，由于不具备建立社会关系的默契，因而很难建立那种为市场所需要的社会关系。

第三章
转型经济的历史语境

前人有关"关系"的讨论,常常与特定的历史脉络密切相关。"现代化"、"经济奇迹"、"全球化"等,都曾是学者评价和预测"关系"的价值与命运的参照系。在本研究中,我们所看重的是"关系"在经济转型这一历史进程中的作用。人们一般把一些社会主义国家正在进行的向市场经济转型的过程称为转型经济(transition economy)。经济转型是一项由社会主义计划经济向市场经济过渡的方案(project)。它是解读中国当前诸多经济与社会现象无法回避的历史背景。

在本书中,我们围绕经济转型的路径依赖性特征来展开对诸如市场中"关系"存在的根源,以及"关系"在市场中的作用的论述。"路径依赖"这一概念,来自演化经济学家的洞见,被用来描绘初始条件同随后结果之间的轨迹(Nelson and Winter,1982)。它提示我们要以一种历史的眼光来看待市场和市场经济。正是从这一意义上,可认为西方资本主义是长期历史演变的一个结果。社会学家韦伯对这一演变过程的解读方式,与路径依赖理论颇为吻合。

从路径依赖论的角度看,"发生在(后)社会主义国家的变迁是渐进的、不确定的,深受政治、社会和文化因素的影响"(Rona-Tas, 1997: 9)。然而,究竟何种政治、社会和文化因素,在何种意义上,以怎样的方式影响了中国经济转型的过程和结果?本书旨在透过"关系"之"透镜",对此作出尝试性解答。

在这一章中,我们讨论的问题包括:转型经济的特质,"关系"对于中国转型经济的认识意义,以及中国转型经济的特殊政治环境。正如后面即将表明的，这一政治环境是"关系"赖以产生的根源之一。

一 转型经济：理论与视角

1. 理论分野

转型经济作为重塑世界格局和时代面貌的历史事件，甚至被称为继英国确立资本主义体系之后人类历史上的"第二次巨变"（Burawoy, 2000）。转型经济是否会走向西方式的资本主义？围绕这一问题的争论，学术界形成两大理论阵营。其中以主流经济学家为代表的趋同论认为，经济转型是向着西方典型的市场经济模式的彻底转变。这一论断基于一种元系统机制假定（the assumption of a metasystemic mechanism），这一假定认为系统会优先选择最有效率的体系，由于资本主义是最符合人类理性的经济制度，它在效率上的优势决定了它在各种经济系统间的竞争中胜出。这是自亚当·斯密以来一直被努力加以完善的一种资本主义学说。从这一理论立场出发，原社会主义国家向市场经济的全面转型，不仅代表了资本主义制度的胜利，也代表了这一学说的胜利。

与趋同论相对立的多元论，表达了来自社会学、历史学等其他学科对趋同论的质疑和反驳。如果说趋同论的成立，是基于对资本主义的出现具有普遍性和必然性的雄辩，多元论的出现，则主要基于对资本主义兴起这一历史转折的特殊性和偶然性的挖掘和洞察。这种理论传统认为，发端于英国的资本主义的兴起是偶然的，是多种因素共同作用的结果，并以此推断经济转型是一个充满特殊性和偶然因素的社会变迁过程。由于所有的社会变迁，都发生在特定的社会和历史场景当中，因此一些非经济因素，诸如文化和政治，都构成了型塑经济转型的重要力量。换言之，资本主义在西方的兴起和它今天在原社会主义国家的出现，并不是因为它是效率最优的经济系统，作为一个历史过程，它应该被认为是由行动者所促成的，故此必须把政治、文化等更为广泛的因素考虑在内。

两种理论的分歧,深刻影响了对转型路线和改革机遇的把握,甚至还影响了对转型经验的认识。

正如我们看到的,在实践中,出现了两种截然不同的改革思路。一种是由西方经济顾问所提供的"休克疗法"(shock therapy)或"大爆炸"式改革策略,试图通过全面推行包括私有化在内的一整套西方资本主义经济制度来迅速地导入资本主义。其理论依据,无非是一种资本主义的"通码"(one size for all)理论,并且认为历史过程中逐渐形成的西方资本主义的一般模式对于今天的转型国家来说,是可以通过移植和模仿的途径一蹴而就的。不过"休克疗法"带来了举世皆惊的破坏性后果。1999年11月7日,"休克疗法"的首倡者、哈佛大学萨克斯教授在《华尔街日报》中不无遗憾地写道:"我过去对于大众私有化是过于乐观了。1991年捷克和1993年俄国的证券私有化,很快就变成了腐败性的资产掠夺。管理者侵吞资产,而证券持有人到头来往往一无所有。"他甚至主张有选择地重新国有化,将一些严重腐败的私有化交易推翻重来。"休克疗法"的推行者、苏联著名改革理论家、俄国自由派政党领袖叶林斯基,在20世纪90年代初,因提出向市场经济的"五百天计划"而声名大噪。该计划对500天中的每一天的任务均有详细规定,真可谓意气风发,踌躇满志。但是,十年之后,在其与布拉斯基合著的《激励与制度:俄国向市场经济的过渡》一书中,叶林斯基却明确表示,以"休克疗法"和大规模私有化为标志的俄国经济改革彻底失败了(崔之元,2000:19)。我们注意到,在一些社会学家看来,"休克疗法"就是只有休克没有治疗的经济灾难(Burawoy, 2000; Gerber and Hout, 1998),而在某些经济学家的眼中,"休克疗法"所造成的后果只是必要的转型成本(Sachs, Woo and Yang, 2000)。

另一种则是以中国为典型的渐进式的改革路线。虽然没有充分的证据表明中国的改革策略是受多元论的指引,但所谓的"中国特色的社会主义理论",尽管可能引发不少政治方面的争议,却至少肯定了中国作为一个国家和社会发展市场经济的特殊性,从而在思路上与多元论不谋而合。邓小平的"摸着石头过河"的改革策略,虽然被批评具有浓厚的实用主义倾向,但却有效地避免了把一些看似合理的制度不切实际地推行到中国的盲目性。在制度改革的谨慎行事之下,中国社会形成了一些地方性的经济、社会和文化特征。非常有趣的是,很多经济学家对部分改革和渐进式改革存有疑义,恰恰也是借用"路径依赖"的观念来阐述这一改革路线的致命缺陷,认为部分改革中所保留的一些旧的制度,会在未来改革的过程中引发锁定效应,从而对改革的进一步深入造成制约(Cheung, 1996)。近年来,在惊叹于中国改革所带来的经济奇迹的同时,人们对于中国未来的发展和制度走向越来越持一种观望态度。

2. 多元视角

现有的转型经济研究主要采用以下几种研究角度。

(1)制度分析。由于转型被界定为经济制度由计划到市场、由公有制到私有制的系统性转变,所以制度分析是转型经济研究中十分常见的分析角度。当然,变迁被认为不只发生在经济领域。"转轨的核心是宪政规则的大规模改变"(Sachs and Pistor, 1997),"经济转轨(即价格自由化和私有化)只是转轨的一部分"(Sachs, Woo and Yang, 2000)。从这一意义上说,韦伯意义上的以契约为基础的法理秩序(rational legal system),是转型的目标。的确,西方建立的法理秩序在目前看来是一套有效率的市场经济制度,但是否意味着这就是市场经济唯一可行的制度模式?总之,这一研究路径,目前看来也是主流的研究路径,具有明显的目的论倾向,即把西方的资本主义制度体系看成是转型经济的归宿。而后面论及的三种分析角度,都是在反驳这一目的论倾向的基础上发展起来的。

(2)经济组织分析。尽管在一些原社会主义国家推行自由化和私有化的制度是为了能以效率为原则重塑经济组织,但转型国家中很多新兴的市场组织,却并未向着预想的"合理"形式去发展,从而对经济学的理论构成极大的挑战。大量的实证研究证实,具体、多样的组织形式,而不是理想化的制度框架,才是解释和预测转型过程的出发点,至少,"除了所有制之外,经济的组织结构亦同样重要"(钱颖一、许成钢,1997:76)。如中国的乡镇企业,如前所述,很多人推测它的成功是缘于实行产权的私有,因为在产权理论看来,界定明确的私有产权,是市场经济正常运行的基本前提。但事实表明,这只是由规范性的产权理论框架引发的一种误解。很多研究者指出,典型的乡镇企业并不是私有企业,而是集体企业。为了解释乡镇企业的成功,学者们尝试了多种方法。一些人通过修正产权制度理论,提出了广义产权解释和关系产权解释(Weitzman and Xu, 1994;周雪光,2005)。其中广义产权理论认为,"使用重复博弈理论的基本概念,把看似文化因素的合作精神(cooperative spirit)同标准的产权理论整合起来,以达到某种更广义的(more general version of)产权理论是可能的。"(Weitzman and Xu, 1994: 124)可见,这类探讨的实质是在产权概念中填充必要的社会和文化成分以切近现实。对乡镇企业成功的另一种解释认为,原有制度的延续和改进,为经济增长开拓了制度和组织空间,在这方面,财政分权、地方政府法团主义(local government corporatism)、M 型经济组织等认识都有一定的说服力(Walder, 1995; Oi, 1992; Qian and Xu, 1995)。这些观点表明,转型过程造就了前所未有、新旧杂陈的复杂经济和社会环境。因此,是从实际的组织和制度出发还是从理论上的应然性出发来研究转型经济,就不只是学术观点的分歧,还在于是否尊重现实所发出的"指令"。正因为如此,我们注意到,面对转型国家中广泛存在的产权含混的现象[①],与产权经济学家正相反,格拉柏和斯塔克甚至倡导一种"对含混的容忍态度"。他们指出,"这种容忍并非毫无原则的欢呼,而是明显地爱恨交织:它承认含混可能是有价值的,与此同时并不否认这种益处的获得可能是以牺牲明晰性(accountability)为代价",因为"在资产的相互依赖极为复杂的情形下,并不是清晰的产权声称而是含混的产权声称更具备弹性的适应能力"(Grabher and Stark, 1998)。理

[①] 斯塔克(Stark, 1996)称其为组合产权(recombinant property rights)。

所当然地，作为非制度亦非组织的"异类"，经济和社会网络也得到了学者的高度关注。

（3）动因分析。转型始于宏观层次的政治和制度变迁，并产生了企业必须应对的新环境（Guthrie，1999）。行动者的行动受限于一定的制度，但他们也可以反思性地创新以适应变动着的状况，这种创造性的适应，一旦累积到一定程度，可能为转型经济带来很多不确定性。因此很多学者都指出，单纯分析制度不足以使我们把握转型经济的复杂性，还必须把行动者的动因置于分析的核心位置（Keune et al.，2004）。在这类研究中，以雅尔等人的精英研究为代表（如 Eyal et al.，1998；Eyal，2000）。雅尔等人认为，仅仅把注意力放在制度的限制性上并不能使我们把握社会变迁的复杂性。这要求把行动者，特别是精英，放在一个分析的中心位置。尽管他们的行为是受到历史演进中的制度的束缚，但他们也积极适应内在和外部的挑战，并且创造性地运用可能的制度资源。为此应该研究个体如何针对新的环境作出充满想象力的回应，并且运用从前未曾考虑过的制度资源。雅尔等人确信，对资本主义的分析，必须充分考虑到那些促成资本主义的行动者的作用，从而有必要追问，采用市场形式是在怎样的条件之下和基于哪些人的利益。市场配置机制，远不是一种中性的制度，它基本上是由那些发现市场符合自身利益的人们来实行的。

（4）文化研究。韦伯对于新教伦理的原创性分析，为转型经济提供了一种准文化理论。然而，文化在转型经济研究中似乎处于边缘地位，虽然这并不意味着它是不重要的。1989年的划时代事件和共产主义的转变，除了它们的政治和经济含义外，也意味着一次严重的文化和文明的突变。在这方面，达伦多夫提出过"三个时钟"（three clock）的思想（Ralf Dahrendolf，1990，见什托姆普卡，2005：13）。他注意到社会生活各种层面上的改革速度的不均衡是不可避免的。律师和政治家的时钟是最快的，他们几乎能够在一夜之间提出新的宪法和法律规章。经济学家的时钟就慢多了，他们需要更多的时间把计划、命令经济转向市场的轨道。最慢的是"市民社会时钟"，它在文化传统的深层领域调整变化的速度。文化变迁的时间滞后是造成伴随着后共产主义改革的令人吃惊的衰退和挫败的原因。当我们把东亚经济和转型经济的研究相比较，有一个有趣的发现，在这两组文献中，文化的地位是截然不同的。在转型经济中，文化即使不是无关紧要，也被界定为是转变洪流的"追随者"，尽管脚步迟滞缓慢；而在解释东亚经济时，学者们似乎将文化视为一种凝固性的内核，具有塑造的潜力，且确实在奇迹的创造中居功至伟。

二 "关系"对于中国转型经济的认识意义

1. 转型经济的特征

本书的研究目的之一，就是要深化对中国转型经济的认识。为此，无论在研究角度上还是在研究问题的选取上，我们都充分考虑到了转型经济的特征。综合前人的研究，我们拟围绕以下三个方面来刻画转型经济。

首先，转型经济的概念似乎具有某种目的论色彩，容易误导人们把转型理解为从社会主义计划经济向以西方为典范的市场经济的转化。但实际上，"转型"不应该被认为是目的先导的从一个类型转成另一个类型，它是一个复杂多变和充满不确定性的过程。这就要求我们把研究的焦点转移到转型的过程和机制上来，从而对转型过程中所发生的现象作出不同的理解和判断。

其次，转型不是一个发生在经济领域的孤立事件，而是一个与政治、社会和文化因素紧密联系的历史过程。在这方面，韦伯不仅提供了经典研究范例，而且开创了一个悠久的研究传统。

最后，转型不是一个由宏观结构决定的过程，相反，地方社会和微观世界可能为改革带来意想不到的后果。布洛维等人曾经指出，"第二次转型的宏观认知地图把焦点集中在国家和经济上，它们为日常生活世界……预留了很小的空间。"因为人们不自觉地"把微观描述成是'被决定的'，或者是结构、政策、意识形态等宏观特征的一种表达，而很少尝试将政治、文化的组合同经

济争夺的交织所带来的地方性的意想不到的结果加以理论化。"(Burawoy and Verdery, 1999)

我们注意到,"休克疗法"所带来的灾难性后果,很大程度上源于对宏观制度改革的盲目自信和对一些来自地方和微观世界的社会动力的忽视。人类历史上不乏试图通过推行一种有意识设计出来的完美制度来向美好社会迈进的实例,哈耶克称之为人类"致命的自负"。虽然哈耶克这一批评主要针对人类的社会主义梦想,但他的理论暗含了这一观点:人类社会运行的真正动力,不是来自于自上而下推行的理想社会制度,而是现实中有机衍生的经济和社会秩序。其实,即使我们承认制度框架对于一个社会的塑造力,我们也不能否认制度框架必须借助于社会和文化因素的支持才能在日常实践中得以维持,因此,制度的效力仍然隐含在现实中有机衍生的秩序当中。而且我们必须看到,制度的力量对于结构稳定的社会与迅速变迁的社会而言,其意义不可同日而语。从这一意义上说,试图单纯依靠制度改革来达到成功转型的思路,是一种不切实际也不负责任的主张。在社会学家中,格拉柏和斯塔克较为明确地提出资本主义转型具有地方性质,"地方性是一个相互依存的场所,较之于所有权的含混还要远为复杂。这是因为地区内的依存关系包含了不同社会逻辑、惯例和实践,不仅涉及商业企业,还包括政治、宗教、居民和家庭生活。因为这些逻辑不能互相还原,或者以一种类似于通货的方式加以表述,地方性不是区隔装置,把同种类型的组织分离成各种亚群体,而是多种社会秩序原则的复杂生态。"(Grabher and Stark, 1998)

2. 社会网络研究的简要评述

在转型国家当中,随着市场的扩展,几乎普遍出现了一个非正式社会关系扩张的过程。显然,这与诺斯关于非正式社会关系的作用随着市场扩展而逐渐缩小的观点并不吻合。诺斯在研究欧洲市场经济的发展时,概述了从非正式约束到正式制度的过程:小规模的村落贸易存在于一个受非正式约束的密集的社会网络内部。由于人们之间有一种亲密关系,交易成本很低。但随着贸易扩展,交换中冲突的增加,交易成本也急剧上升。在缺乏契约的状况下，宗教戒律常常起到行为准则的作用。而随着远距离贸易的发展，分工、市场的进一步扩大，需要有效的非个人契约的实施，于是可靠的产权制度以及相应的政体和司法制度逐步发展起来（诺斯，1991，参见刘世定，2003：39）。

作为转型经济中的一种组织形式，社会网络吸引了很多转型经济研究者的视线。我们注意到，目前学界主要从三个方面去认识和理解转型经济中的社会网络现象。由于社会结构转型时期的制度变动不居，社会网络的作用突显，一部分学者从理论上肯定了社会网络在转型经济当中的结构性意义。如斯维伯格和格兰诺维特断言，"网络在一种经济制度的形成早期可以起到至关重要的作用，但一旦发展路线已经被锁定，它们的策略性意义就降低了。"（Swedberg and Granovetter，2001）格拉柏和斯塔克也提醒人们注意社会网络为社会转型所提供的特殊动力，"网络不仅是需要重建的单位，而且还是重建的动因"（Grabher and Stark，1998）。确实，按照德勒兹和瓜塔里的观点，一个社会，当组织性体系解组时，分子层次将具有格外重要的意义，因为社会秩序更依赖于人与人之间关系的构造（Yang，1994：301）。在这一点上，格拉柏和斯塔克就曾指出，"重建的经济单位不是孤立的企业，而是超出了正式组织的边界并把相互依赖的资产连接起来的企业网络。"（Grabher and Stark，1998）他们的研究显示，在东欧，在新企业单位的形成过程中，建立在横向而非纵向协调基础上的地方化的治理结构，可以对资源的动员起到积极的作用（Grabher and Stark，1998：68）。

一些学者对于社会网络的制度脉络更感兴趣。由于社会主义国家中曾经普遍盛行社会网络，这种研究兴趣在对转型经济的研究中延续下来（Angelusz and Tardos，2001；Sik，1994；Bian，1997；Wank，1999）。人们试图追问：第一，既然包括苏联、东欧和中国等在内的社会主义社会中，短缺经济造成非正式行为盛行，在组织内部，则普遍存在庇护—依赖网络（Eisenstadt and Roniger，1984：190 - 191；Walder，1986），那么，在过渡经济中，随着向短缺经济的告别和市场经济日趋占据主导地位，社会网络的作用是否也会随之下降？第二，转型经济中特有的非市场机制同市场行为的相互纠缠，是否会导致社会网络的重要性反而增强？第三，在社会主义国家，社会网络的作用会不会与西方走向趋同？如果不是，是否预示着这些国家将会出现与西方不同的社会体制类型？那么，未来社会主义国家将演变成怎样的社会？无论怎样，这类研究者强调了要根据转型经济这一特殊的社会历史脉络去寻找社会网络存在的根据和发展的趋势。

第三类研究，追随西方自20世纪70年代以来的社会网络的形式分析传统，着眼于描述和分析转型社会中社会网络的结构、规模和数量。这类研究，虽然在解释社会网络的形式性差异时，也经常会追溯到转型社会特有的社会运作机制，把社会运作机制当成解释网络现象的自变量，殊不知，转型社会的运作机制恰恰是我们需要探究的对象，是"未知之物"。因此，这种研究方法对于认识转型经济的动态过程这一研究目的来说，无异于缘木求鱼。不仅如此，这类研究的根本问题还在于，从一开始就不顾社会制度环境的差异性，把不同社会制度条件下的社会网络假定为同质性的，把讨论引向不同社会中社会网络在结构、规模和数量等形式特征上的比较，而不是比较网络在其作用机制和活动空间上的差别，从而影响了社会网络作为一种探测工具的可靠性。这也是西方社会网络研究传统一直以来无法摆脱并且今后也很难治愈的痼疾。

基于以上的回顾，我们认为，今后涉及转型经济的社会网络研究者必须充分注意到社会网络所生存的社会土壤的差异性。虽然同是社会网络，由于生长环境的不同，可能造成南橘北枳的情况。并且尤其要认识到社会网络分析作为一种知识传统的"地方性"（local knowledge）。之所以称之为"地方性"，是因为在西方社会中总结出来的社会网络的活动规律，其内容和方法都打上了西方社会的烙印。一方面，由于所研究网络主要发生在市场经济发达、制度设施健全的社会背景之下，在制度的制约下，社会网络有着清晰的活动边界，并与制度保持良性互动模式。正因为如此，社会网络常常被视为经济和社会生活的润滑剂。另一方面，

第三章 转型经济的历史语境

在这些社会的文化当中，个人主义张扬，而关系理性受到系统的抑制，因此社会网络在其活动能量上预先已经打了折扣。也正因为如此，阅读社会网络分析的历史，能够强烈感受到，社会网络的重要性曾经是一个了不起的发现，乃至于深深触动了西方社会的神经！随即西方学者们几乎是动用"放大镜"来寻找自身世界中的社会网络，其稀缺和微弱与转型经济中社会网络的普遍和重要形成强烈反差。

事实上，已有研究表明，在社会网络的作用上，不同社会体制之间存在本质性的区别。根据边燕杰的研究，在1988年前后中国的计划经济体制下，网络不是像在西方那样用来获得信息，而主要是用来获得权力的影响力（Bian, 1997）。刘世定的研究也显示，非正式社会关系的作用主要体现在诸如消除审批手续上的障碍、沟通两个企业之间的业务往来等对体制障碍的穿越方面（刘世定，2003）。这启发我们把探究的重点从社会网络的形式结构差别转移到其运作的机制和所由产生的制度环境的区别上来。

当然，我们并不是彻底否认西方社会网络分析文献对于我们理解转型经济所具有的重要参考价值，它们的确构成我们进一步思考"社会网络在社会中的作用"这一问题的有益起点。从既有的研究来看，对社会网络的解释主要是从两个角度出发的。一是从社会网络和市场机制之间的契合性出发，认为社会网络可以补充市场机制的不足。格兰诺维特所开创的求职传统典型地揭示了社会网络是对市场的有益补充的情形。二是基于行动者对市场的策略性适应，如弗里格斯腾就曾经指出，社会网络"最好理解为一种为缓和与其他企业竞争所带来的后果的努力"（Fligstein, 1996: 657）。从结构的层面来看，这一解释隐含着社会网络可以减轻市场机制所特有的破坏性的假定，从而回到前一类研究主题上来。在我们看来，总的说来，西方有关社会网络的研究，基本集中于对市场配置和网络配置之间的互补性和可替代性方面，而对市场的制度环境，如宏观层面的国家或政府管理体制同网络机制之间的互动关系则着力不多。而这些市场环境因素，对于转型经济的研究来说，都是不容忽视甚至是至为关键的。

斯克曾经提出网络有两种基本功用：作为对市场和国家的替代；对市场和国家进行再组织（reorganize）或者说加诸于（superimpose）市场和国家之上（Sik，1994）。种种迹象表明，后一种功用似乎更适合于对社会主义国家中社会网络的分析。在本书中，我们将重点考察官僚制这一与中国的历史和现实密切相关的制度因素，同"关系"机制之间的密切联系。

3. "关系"对中国转型经济的认识意义

从计划经济体制过渡到市场经济体制，是一个前所未有的复杂过程。既有的经验研究，越来越表明这一过程具有路径依赖的特质，而不是一蹴而就的向市场经济和市场社会的全面转型过程。这就要求我们自觉地摆脱转型经济概念所被赋予的不必要的目的论语境，从对静止的结构类型的分析转向对动态的转变过程的分析，从制度架构的应然分析转向现实与实践的实然分析。在这方面，黄宗智深刻地指出，"'转型'一词，用于中国，不应理解为目的先导的从一个类型转成另一个类型，从封建主义转到资本主义，或社会主义转到资本主义，而应认作是一种持久的并存以及产生新现象的混合。正因为现有单一类型理论的不足，我们需要从混合社会的历史实际出发来创建新的理论概念。"（黄宗智，2005a）

近年来围绕倪志伟的市场转型理论而引发的争论似乎也证实了上述的观点。倪志伟最初提供的理论框架中，市场和政治（再分配）是相互对立的——市场的推进被假定为与再分配权力的衰落是同一过程，其关于分层机制变化的经验假定正是建立在这一基础之上的（Nee，1989）。与之相对，以洛娜-塔斯、边燕杰和罗根为代表的权力转换论与权力持续论（Rona-Tas，1994；Bian and Logan，1996）中隐含如下假定：政治被另一过程所治理，与市场并行（而非其对立面）。这一构想开辟了广阔的逻辑可能性：由于政治权力在市场中可以被转化或继续产生经济利益，政治地位可以从市场交易中获得极不相称的利益（正如上述两个研究所证实的）。这样一来，市场的扩张就不再构成再分配权力衰落的充分条件，亦即政治资本或地位的下降不再构成市场机制上升的逻辑结果。

我们注意到，在一种制度架构的应然分析思路下，"关系"的持久性作用被解释为市场经济的不完备，似乎"关系"的性质和意义已经被转型的目标和逻辑结果事先"框定"。而如果把转型作为一种由实践所塑造的过程来看，"关系"的性质和意义就不应该事先被一种原本就不确定的结果所"框定"，而且"关系"本身就参与到转型的过程当中，并且可能影响到转型的轨迹和结果。

在本书关于中国转型经济的论述中，具有明显的"关系"优位倾向，亦即不仅把"关系"实践作为实地考察的切入点，更在解释上将"关系"置于比其他概念更为根本的地位。这首先是由于实践状态的社会现象对于理解中国社会的转型过程具有无可比拟的重要性。目前关于转型经济的研究，由于政治的、学术的和研究对象自身的等多方面原因，大都聚焦于正式的组织制度等结构性特征，而较少关注转型过程中动态的社会实践过程。而实践所特有的结构生成（restructuring）机制，以及中国经济转型的特殊经验，要求我们不能只停留在结构和制度性特征的分析上，而且要把实践状态的社会现象一并纳入研究视野。在这方面倡导最有力的是孙立平，他明确提出"走向社会转型实践过程的分析"（孙立平，2002、2005）。

孙立平的实践社会学作为一种认识论主张，立论的基础是中国转型社会的本体论特性，即认为中国的渐进式改革，造成转型过程及结果与改革目标之间的偏离，从而凸显了实践对于理解转型过程和结果的重要性。与苏联和东欧一些国家大刀阔斧般的骤变不同，中国的改革是自上而下的循序渐进的推动和自下而上的制度创新的合力共同驱动的，制度的力量和行动者的力量既有相互"合作"，更有相互"较量"甚至"推手"。在这样一种情势下，仅仅把握各种制度和政策等宏观结构的走向是远远不够的，还必须辅之以一系列实践性概念，才能对中国转型经济的走势提供合理的判断。在我们的研究中，"关系"作为一种结网实践，被委以认识中国转型经济的重任。林南曾经指出，"我认为，更为有趣也更为有力的内生转型过程，始于社会结网。当一定数量的行动者共享一种可替代的规则和价值并且开始联结,网络就会通过团结和相互的强化来维持他们共同的利益。"(Lin,2001a:194-195)从这个意义上说,社会关系网络,既是转型经济运作机制的探测仪,也是其未来发展趋势的风向标。

实际上,除了转型经济的复杂现实之外,认识工具的缺乏,既有理论与中国转型的复杂现实之间的隔膜,也是促使我们急于到现实中去寻找认识线索的原因之一。与西方不同的文明传统,造成西方理论与中国社会之间的巨大差距,正如黄宗智所言,"中国近代以来的历史,一再显示西方形式主义理论的水土不服。"(黄宗智,2005a)每一个在西方理论与中国现实的夹缝间生存的学者,都被迫在这两者之间作出"向左看"还是"向右看"的选择。"任何不值得做的研究,就不值得把它做好"(McQuire语,转引自杨中芳,1996:31),如果我们认同这一论断,就必然也赞同黄宗智的主张:"我们要到最基本的事实中去寻找最强有力的分析概念。"(黄宗智,2005a)在本书中,我们借助"关系"这一基本概念来呈现中国房地产市场的真实图景,同时与既有的市场理论展开某种建设性的对话,算是摆脱纯粹"理论消费者"的尴尬地位的一种尝试。

三 制度遗产:中国官本位制度的谱系

1. 制度遗产的价值

对路径依赖的理论立场来说,制度遗产的分析是至关重要的。关于社会主义国家的制度遗产,格拉柏和斯塔克曾以演化论为依据,论证了其所带来的制度摩擦对转型经济不可忽视的积极意义。

> 主流观念认为,(后)社会主义的转变是以一组已被证实为有效率的制度取代另一组制度,这一观念的祸根就在于犯了(同样的)短视理性的错误。新自由主义学派建议采取一种"在西方行之有效"的高度程式化的价格和所有权制度(Blanchard, Froot and Sachs, 1994)。经济效益的最大化只能

通过快速和全面的私有化与市场化才能实现。我们从演化的角度提出不同的观点，即尽管制度的同一化（homogenisation）可能在短期内有助于适应（adaptation），但由此导致的制度多样性的丧失将会破坏长期的适应性（adaptability）。一旦把对有效制度和组织形式的寻找范围框限在西方已经尝试过和经受过考验的那些安排的范围之内，也就等于把（后）社会主义经济禁锢在对已知领域的开发上，其代价就是遗忘（或者从未学会）探索新的解决方案的本领。

  对我们来说……制度遗产（institutional legacies）固然对当下成功的迫切追逐来说可能是不利的，但有助于保持对多种行动路线的开放性。制度摩擦保存了多样性，它维护组织的惯例，这些惯例很可能日后被组合到新的组织形式中去。对变迁的抗拒，在这种意义上，可以促进变迁。制度遗产不仅意味着对过去的延续，其中还蕴涵着有利于将来的资源。制度摩擦在阻滞未来已经设定的转换过程的同时，也昭示着通向未来探索的多种可能途径（Grabher and Stark, 1998: 54）。

  格拉柏和斯塔克深刻地揭示了制度遗产对于转型经济的意义。与之相呼应，这项研究将主要关注那些可辨识的旧的制度组块，如何在市场化进程中得到延续、调适，它们所代表的利益群体采取了怎样的适应性行动，并带来怎样的经济和社会后果。这一研究取向的基础，是在渐进和部分改革路线的影响之下，社会主义的官本位制度迄今仍然在中国经济领域发挥重要作用的客观事实。只是，我们分析制度遗产，目的不是为了肯定它对转型经济的积极意义。当然，我们对于它的态度也不能说成是完全消极的，主要在于展示它在何种意义上、通过怎样的方式影响着中国市场经济的未来。

2. 中国历史上的官僚制度

  中国是一个拥有悠久的官僚制历史的国家。韦伯曾经把中国封建社会的官僚制度作为传统家产官僚制的典型，并且与现代官僚制加以对照。

根据施路赫特的阐释,韦伯认为,官僚行政作为一个制度与由此而兴的社会阶层曾经决定性地影响了中国政治、经济的发展。这种影响力有着经济上的理由。

从经济上着眼,一个立足于自然经济上的中央行政体系,若以地方官职作为俸禄来授予的时候,能减轻财政上的负担。据韦伯观察,这种于官职上享受俸禄利益的情形大致如下:按照规定,官员们自其辖下省份所征收到的所有利益,只需向中央政府缴纳依各省而定的年贡,另外除了自行负担公务执行费用外,余下的部分便是官员的私人收入。这种规定特别的地方,在于官员对下有着行动自由,对上则须负责缴纳定额的税款①。由于任期之短暂,官员们莫不尝试尽量搜刮,以期提高个人的收入。这种行为造成了将所有收入来源"有效率"地尽量利用,唯有遇到当事者之抵抗或涉及官员本身的身份名誉时——这一类礼仪规范倒并不反对以收取额外之馈赠作为"薪水"的一部分——方才有所收敛……其结果是社会结构的逐渐僵化,因为任何企图改变现状的尝试,都会牵涉此一重要阶层"看不透的临时收入及俸禄上的利益",所以也必须顾及这些对内虽是处于个人竞争状况,对外却有能力结合成否决同盟的官僚集团的反应。中国官僚阶层的经济地位不只使他们缺乏动力来作为近代化的推动者,反而让他们像一种缓冲器,将所有由上或由下而自发、朝向近代化的努力全部吸纳不见(施路赫特,2004:81~82)。

进一步地,韦伯在现代官僚制与传统家产官僚制之间作了重要的区分。他认为,现代官僚制拥有最广范围的形式理性化的能力。在此观点下,而且只有在这一观点下,家产制官僚集团相对于现代官僚制度是特别地"非理性"。这两种制度皆要求官吏之服从,但一个是强调个人的忠孝义务,另一个是强调事务上的官职义务……按照韦伯的想法,一直到了清教徒式的理性主义方才

---

① 正如后面将要提到的,韦伯所描述的中央、地方之间的这种性质的财政关系,在当代奇迹般地得到重现。

创造出一种内在精神的前提,得以将行政幕僚改造成一架运行无碍的机器。也只有在这一"发明"之后,将支配权力贯彻到日常生活的过程才有可能更精确、迅速、俭省、有弹性,而且完全就事论事(施路赫特,2004:88)。

在对中国官僚制度的经典论述中,王亚南似乎也印证了韦伯关于中国官僚制强调忠孝义务的判断。他指出,"……专制官僚社会统治者对其臣下,或其臣下对其僚属所要求的只是'忠实',不是'清廉',至少两者相权,宁愿以不清廉保证'忠实'。结果,做官总有机会发财,有官斯有财,有财斯有土,有土斯有社会势力和身份,而这又反过来变为知识独占的前提。"(王亚南,1981:82)

并且,王亚南指出,中国古典官僚政治形态具有三种性格(王亚南,1981:38~46):

(1)延续性。指中国官僚政治持续时间的长久,它几乎悠久到同中国传统文化相始终。

(2)包容性。指中国官僚政治所包括范围的广泛,即官僚政治的活动,同中国各种社会文化现象,如伦理、宗教、法律、财产、艺术等方面,都发生了异常密切而协调的关系。"大凡一种政治制度,如其对于环绕着它的其他社会体制不能适应、不能协调,它就会立即显示出孤立无助的窄狭性来;反之,如果它能适应、能运用同时并存的其他社会文化事项,它的作用和影响就将视其包容性而相应增大。与外国官僚政治相比较,中国官僚政治之所以能显示出包容性的特点,就因中国官僚政治在较长期的发展过程中逐渐发现了并在某种程度上创造出配合它的其他社会事项和体制。"(王亚南,1981:41)并且,王亚南指出,中国官僚政治的包容性不仅体现在它动员了"中国传统的儒术、伦理、宗法习惯等来加强其统治,并且还把可能而且在社会史上必然成为它的对立物的商工市民的力量也给消解同化在它的统治中。"(王亚南,1981:144)

(3)贯彻性。指中国官僚政治的支配作用有深入的影响,中国人的思想活动乃至他们的整个人生观,都拘囚锢闭在官僚政治所设定的樊笼中。"惟其中国专制的官僚政治自始就动员了或利用了各种社会文化的因素以扩大其影响，故官僚政治的支配的、贯彻的作用，就逐渐把它自己造成一种思想上、生活上的天罗地网，使全体生息在这种政治局面下的官吏与人民，支配者与被支配者都不知不觉地把这种政治形态看做是最自然最合理的政治形态。"（王亚南，1981：43）

沿着王亚南的思路，不难推断，由于传统文化——虽然是经过官僚政治动员和利用了的传统文化——对官僚政治的支持，扩大了官僚政治在整个中国传统社会的影响力，并且使中国社会形成了延续千年以上的官民对立的社会阶级结构。但我们认为，中国社会的官民对立结构，同时也受到中国独特的关系主义文化的缓冲。前面我们曾经提及，对家庭关系的重视是中国"三纲五常"等强关系伦理的基础，并且奠定了中国文化的"关系主义"走向。在这里我们不妨提出以下假说：中国自秦代以降"家产官僚制"出现以后，由于其强大影响力，围绕官僚政治而发展起来的弱关系文化也迅速成型。这种文化没有随着中国社会现代化的历程而止步，而是经久不衰，它不仅在国民党统治时期十分发达，并且还由于社会主义的官本位制度得以延续。我们认为，一种讲求和重视"关系"的文化，是以官僚制的存在为前提的。这种弱关系文化是强关系文化的合理延伸，但无论是就关系性质、制度基础和作用机制方面，还是就其对中国社会形态的塑造来说，弱关系文化都不能与强关系文化混为一谈。

3. 社会主义的官本位制度

社会主义社会的一个显著特征，就是它的有效运转必须依赖庞大的官本位体系。因此，很多对于社会主义的质疑和批评也围绕着官本位制度而展开。一方面，有学者怀疑由政府官员替代资本主义企业家，可能会降低资源配置效率。另一方面，有学者断言，在社会主义条件下官员阶层有可能蜕变为追逐自我利益的新的支配阶层。

韦伯较早论述了受中央计划支配的企业管理者，一旦取代竞争性市场中活动的资本主义企业家，对经济活动所具有的隐含意义。通过分析第一次世界大战时期德国实行中央计划经济的经验,韦伯认为,取消市场将使得经济计划者缺乏价格计算和生产要素有效配置所必需的信息。就确保经济运作最大限度的可计算性而言,市场经济比中央计划体制更加"合理"。此外,那些依靠市场压力维系其创新任务的企业家的消失,将会断绝经济动力的主要来源,取而代之的是官僚制对秩序和安全的优先性(毕瑟姆,2005:61~62)。稍后,经济学家米塞斯也发表了一篇关于计划经济中不可能进行理性计算的论文。他的观点与韦伯一脉相承,即认为经济生活内在是不可预测的,分散决策的企业家较之于集权的计划者更加能够适应这种不可预测性(米塞斯,2000)。

米塞斯的观点发表以后,引发了一场旷日持久的论战,其中的代表人物有哈耶克、兰格、泰勒等。其中,哈耶克相信,计划经济体制,由于在没有市场的情况下,难以获得必要的资讯,它必定无法运转。他断言,制定一个内在一致的计划,成本高得不可行(Hayek, 1944)。为了反驳米塞斯和哈耶克的观点,兰格和泰勒采用新古典均衡模型,论证了市场社会主义完全可以解决经济计划的成本计算问题。他们相信,市场社会主义能够比资本主义体制更有效地配置资源(Lange and Taylor, 1964)。另外,哈耶克与弗里德曼(Hayek, 1988; Friedman, 1962)都认为,在缺乏私人所有权的情况下,不仅国有企业的管理者没有积极性将利润最大化,而且中央计划者也没有激励调节价格来出清市场。相反,中央计划者有全部理由保持正的过量需求,因为如此可以增加计划者的权力,并为他们带来大量有形无形的利益。

这场论战最终并没有得出明确的结论。不过,兰格曾经指出,"社会主义的真正危险性是经济生活的官僚化,而不是解决资源配置问题的不可能性。"(Lange, 1938: 109)言外之意,对于社会主义的研究不能仅仅专注于各种技术特征(如边际成本定价、活动分析等),而应该考虑到经济生活的官僚化所导致的一些社会后果。但随即兰格又强调,这一论点属于"社会学领域",因此,他得出结论即"在此必须撇开"这个问题(Lange, 1938: 109)。

这一问题被撇开的结果就是"……资本主义与社会主义之间在官僚主义方面本应显著的差别被模糊了"（威廉森，2001：418）。而这已触及我们讨论社会主义社会官本位制度的第二个主题，即庞大的官本位制度体系对社会结构的潜在影响。

按照韦伯的观点，为了建立满足社会需求的计划经济体制，必然带来中央官僚机构的巨大扩张。而与此同时，存在于资本主义社会中的权力均衡结构，尤其是由于私人资本主义的存在所导致的权力均衡结构，却被取消。在私有制下，政府和企业的官僚制组织至少能保持基本的相互平衡和相互制约。而在社会主义制度下，它们被纳入一个单一的无所不包的层级制度中，其中的官员成为一切财富和福利的裁决者。因而，工人阶级试图废除所谓的"市场无政府状态"，并将社会过程置于自觉的集体控制之下的努力，所带来的意外结果是，将自身推向了一个比过去的层级制更加统一的，因而更加有力的层级制的控制之下（毕瑟姆，2005：60）。

"韦伯认为社会主义社会中官僚制结构的统治，源于计划经济中其不可或缺的社会功能，以及在缺乏抗衡力量的情况下，随着这一功能而自然增长的权力和特权。"（毕瑟姆，2005：64）尽管资本主义社会中官僚制政府也构成了对个人主义的威胁，但由于私人资本主义的存在，官僚制统治却有幸得以避免这一问题。

通过官僚化的过程，工人阶级为确保自身的解放而创造的各种制度转变为使其从属地位永恒化的机构，这一思想也是罗伯特·米歇尔斯（Michels）有关政党的论著的主题。根据其对"社会民主党"的分析，米歇尔斯得出结论说，政党和工会中的官僚职位成为工人阶级中积极的、有才干的成员社会晋升的主要途径，一旦完成了自身的社会革命，他们就会抛弃所属阶级的所有社会目标（Michels，1962）。与此相关，围绕着知识分子在社会主义官本位制度体系中的作用，形成了社会主义社会"新阶级"的理论传统。

总的来说，经济学界长期忽视了社会主义所特有的官本位问题。当然，对于一门声称政治与市场可以相对独立存在的学科来说，这一忽视并不让人感到意外。但这一忽视，直到今天仍然影响到我们对原社会主义国家和今天的转型国家的看法。实际上，社会主义的官本位问题，不仅深刻影响到原社会主义国家的政治和社会形态，而且作为一种制度遗产，它在转型国家中继续发挥着一定的作用。特别是在中国，这一制度遗产仍然有力地塑造着转型经济的过程。

4. 中国社会主义建设时期的官本位制度

"中国建立于20世纪50年代的计划经济体制，完全依赖于一整套的官僚体系来承担资本主义经济中由市场来承担的功能。并且，随着工商企业和财产的国有化，原来占据支配地位的资产阶级和大地主被彻底铲除，似乎庞大的官僚阶层已经逐渐取代了他们的地位。"（Duckett, 2001）。然而，我们注意到，在实行改革开放前的30年社会主义建设时期，中国社会由官员支配的倾向并不十分明显。这是否表明韦伯式的预言在中国失效了呢？对于这一问题，我们认为，社会主义价值体系和意识形态的灌输，以及不断发动的社会运动的"整顿治理"，作为社会的两种自我净化机制，使中国社会在一段时期内有效地克服和抑制了官僚主义问题[①]。对此可以从以下两个方面来加以简要分析。

一方面，新中国成立初期的建设成就，使普通城乡居民初步享受到了社会主义制度带来的幸福生活，并对未来充满美好的憧憬。而在这样一种社会生活的氛围当中，共产主义理想教育在新中国成立后的很长一段时间内取得了成效，崇尚普遍主义的同志精神受到广泛认同，而相应的，遵循特殊主义原则的传统文化在这一时期受到了极大的冲击（Vogel, 1965）。而对于党的各级干部可能会出现的问题，毛泽东似乎早有预见，早在"进城"之前就警告他们警惕"糖衣炮弹"的腐蚀。显然，这种心灵模板的塑造和重建工程，在一定时期内取得了成效，不仅有力地支持了国家机器的正常运转，也有效地抑制了官僚主义作风的蔓延。

---

① 从一定意义上说，韦伯在分析社会主义的官僚主义问题时，无疑是过于"结构主义"，而未能贯彻其重视思想观念的一贯主张。

另一方面，一些逐渐显露的官僚主义问题，借助于暴风骤雨般的社会运动，得到了有效的整治。例如，1951年12月到1952年夏，在全国范围内开展了以反贪污、反浪费、反官僚主义为中心任务的"三反"运动，以打击蜕化变质分子，巩固无产阶级专政和纯洁党的队伍。金耀基提出，"文化大革命"时期的中国社会存在一种反官僚主义的意识形态（King, 1977）。当然，这种意识形态只是"破坏性地"治疗了这一问题，给整个社会带来巨大的文化创痛和经济停滞。

而根据杨美惠的考察，关系文化主要是在"文化大革命"后期日益兴盛起来的（Yang, 1994）。对此我们有理由认为，这一状况可能是由于从"文化大革命"中后期开始，"官僚主义秩序"有所重建和恢复，而此时共产主义理想在大众心目中的影响力却大大下降，一些世俗的观念和追求开始回潮。这时关系文化的兴起，象征着社会主义社会官本位制的支配力量同传统文化的初步结合。实际上，当人们承认社会主义国家由于制度的原因普遍存在庇护—依赖关系这一事实的同时（Eisenstadt and Roniger, 1984: 190-191），文化的因素，不管是自上而下的主导性意识形态的建设，还是民众当中传统文化的有机延续，都不应该被有意地忽略。并且，如果我们同意韦伯的看法，即现代官僚制度的有效运行是建立在对理性—法律秩序的观念基础之上的，那么，我们就必须承认，由不发达社会一跃而进入社会主义社会，所有的社会主义国家都面临着同样的历史困局：在一个对现代官本位制度只能提供微弱支持的文化背景中，这种制度如何才能有序运作？

5. 改革开放以后的中国官本位制度

正像组织生态学学者所论证的，组织通过学习来变革的能力受到了强大的惯性的限制（Hannan and Freeman, 1977），这表明制度变革的动力可能来自新组织而不是原本居于统治地位的组织。

相对于经济体制改革的大刀阔斧，中国政治体制的改革一直是滞后和缓慢的。但不可否认，自改革开放以来，中国的官本位制度体系内部进行了改革和调整，以下我们从纵向、横向以及代际三个方面的结构特征入手来考察改革开放以来中国官本位制度的变化。

(1) 中央对地方的垂直控制放松,地方政府自主权增加。改革开放以后,中央政府实施了包括财政制度在内的各项改革,其基本特征就是权力的下放,使地方政府在对地方经济的管理方面拥有了较大的空间。这种决策权和管理权一定程度的分散(decentralization),适应了中国地区间差异显著的国情,事实上构成了一种促进经济增长的制度激励,为此有人称中国的市场经济为"分权的市场社会主义"(Qian and Xu,1993)。但显然,地方政府究竟在哪些方面和在多大程度上是自主的,仍然是值得商讨的问题。在这方面,一直有所谓地方政府充当企业的"帮手"还是受到中央政府的"垂直控制"的争议(helping-hand paradigm vs. vertical-control paradigm)(Tsui and Wang,2004)。在我们看来,各级地方政府可被看成是受控与自主的双面体,体现在硬性的命令和规定减少以后,上级部门仍可以通过制定各项政绩指标,激励和引导地方政府官员的施政行为。从这一意义上说,地方政府无形中仍受到中央和上级政府的监管。但从另一方面看,由于地方政府决策主要是向上级政府负责,而不是向辖区居民负责,而上下级政府之间信息的不对称性和监管机制的不健全,客观上赋予了地方政府"上面能管管不到,下面想管管不着"或者"上有政策,下有对策"的一定自主空间。不仅如此,为确保下级部门完成各项任务,上级部门还通过授权和默许的方式准许下级部门经营"自留地",以"调动地方积极性"。大到诸如财政体制上的"财政包干",小到下达给行政执法部门的"罚款指标",都隐含了这一原理。这实际上成为20世纪80年代以来上级政府的一种通行作法,也是地方政府自主空间的重要来源。

(2) 地方政府发挥重要经济职能。改革开放以前,整个行政体系全方位地控制国家的经济系统,那时各级地方政府主要作为行政层级的一个环节,负责贯彻和执行中央与上级政府的行政指令。改革开放以后,随着权力的下放和垂直控制的松动,地方政府在辖区的经济发展中开始发挥积极的角色,其行政行为与地方经济的发展日趋密切。从这个意义上说,改革开放以后的行政管理体系,不仅受到政治体制改革的塑造,而且还受到经济市场化进程的冲击。

很多学者都注意到了改革开放以后地方政府所扮演的经济角色，并尝试从不同的角度对其加以概括。布雷切尔提出"地方开发国家"（the local developmental state, LDS）的概念来标识地方政府在经济发展中的重要作用。"开发国家"模型一般用来特指东亚一些国家的特殊发展模式，即国家在指导和治理市场的过程中，采取一系列以发展为取向的措施，如鼓励和支持特定的产业部门，促进和支持技术创新等。"地方开发国家"如同"开发国家"的地方版本，特指地方政府通过为企业提供支持性的基础设施和条件，成功地促进地方经济的繁荣和发展（Blecher, 1991）。

戴慕珍则从产权制度的角度，提出财政改革客观上赋予了地方政府对新增收入的收益权，使地方政府的官员产生发展地方经济的强烈冲动。在这一过程中，地方政府开始具备很多商业公司的特征，地方官员把辖区的经济实体当作一个多元化经营（diversified）的公司来加以协调，而他们自身实际上充当了董事会和管理局。戴慕珍认为这一国家和经济职能的混合，标志着一种新制度的形成，并称之为"地方国家法团主义"（Oi, 1992）。

钱颖一和许成钢的分析灵感来自钱德勒对 U 型和 M 型组织结构的创造性区分（Chandler, 1977）。他们提出，自 1958 年以来，中国就形成了自己独特的层级组织结构，这种组织结构被概括为建立在区域"块块"原则基础上的多层次、多地区的 M 型组织。改革开放以后，这一格局被认为在逐渐削弱现有行政控制而不是一下子摧毁现有结构的情况下，促进了非国有部门的进入与扩张。其原因在于，在 M 型组织格局之下，由于地方政府往往得不到上级的援助，需要自己想办法增加收入，因此，它们有极强烈的动机去建立和扶植地方企业，以增加地方政府的财政收入和就业安排。换言之，极为有限的讨价还价能力与极大的自主权结合在一起，实际上削弱了行政控制，强化了 M 型组织内的市场活动（钱颖一、许成钢，1996）。

杜基提出，不应该低估经济自由化对于政府机构的影响，她主张分析政府机构对市场的适应性行为。沿着这一分析思路，她提出了国家经营主义的概念。一般认为，社会主义国家的政府官员为保护既得利益，会抵制各种市场化改革，但在杜基看来，中国实际发生的情况恰恰相反，中低层官员以他们特有的适应方式迎接市场化的到来，表现在地方政府机构直接进行商业性投资和涉足有风险的经营性活动，杜基认为这类活动事实上已经构成一种所谓的"国家经营主义"模型（state entrepreneurialism）。这一模型强调地方政府在竞争性市场中履行经营管理的微观经济功能。造成这一状况的原因，主要是中央政府和中下层的政府机构讨价还价的结果。中央政府之所以容忍政府部门的经营行为，部分因为这样一来可以减少低层官员对由上而下发布的改革措施的反对，比如国有企业改革使一些管理部门丧失了在财务上的控制权，而国家经营主义由于能够提供新的收入来源而对此构成一种补偿。从这一角度而言，国家经营主义作为一种被默许的、"非正统"行为方式，是"官僚主义利益"在市场改革过程中施加政治影响的结果。不过，杜基认为，由于公共机构借助于市场手段创造的财政收入，补充了国家预算经费的不足，有利于在财政困难的条件下积极地开展工作和提供公共服务，因此可以说，国家经营主义实际上为社会主义市场经济增添了新的内容（Duckett，2001）。

显然，以上关于地方政府的经济角色的界定，在视角和观点上存在一定的差别，在资料和立论上也值得推敲。但我们认为，正如角色的冲突经常在日常生活中上演一样，在经济转型的过程当中，相互矛盾的行为准则确实会共存于政府部门的行为当中。这一点在中国房地产业的制度环境中表现得十分突出。如地方政府作为房地产业发展的利益攸关者（stake holder），以及在促进地方经济发展的开发职能方面，常常与中央政府宏观调控的执行者角色相冲突。这在一定程度上加剧了中国房地产市场的混乱。

（3）代际更替使政府官员在规范和行为方面发生转变。在分析结构性变动的同时，我们也不能忽视代际因素对于政府机构的深刻塑造力。在毛泽东时代，在官员的选拔和评价系统当中，"红"是决定性的条件，对它的过度强调几乎使人们遗忘了"专"

的重要性。确实，在行政法律付诸阙如和公务员规则不明确的年代，政治上的忠诚，能够在一定程度上保证政府官员的行为不至于出现大的偏差。20 世纪 80 年代以后，国家宣布废除"干部终身制"并在政府部门推行强制性的退休计划，与此同时，开始把学历列为选拔各级领导的重要条件（Li, 1998）。自此以后，一批批相对年轻、受过良好教育、有能力的官员，逐渐走上了政府的领导岗位。代际的更迭，导致了政府官员内部规范和行为的改变。较之于老一代领导干部讲求忠诚、谨慎，新一代的领导干部更讲求开拓、进取，他们热衷于在新的市场环境下展示他们的适应力、灵活性和能动性（Duckett, 2001）。

以上我们只是一般性地分析了改革开放以来政府机构体系所经历的调整和变化。作为制度环境的一部分，这些变化影响了房地产市场在中国的发育和发展过程，也构成了"关系"在这一领域发挥作用的一般性制度背景。在后面部分，我们还将在此基础上进一步讨论房地产市场的具体制度环境。

第四章
房地产市场的迷思

大约在10年以前，J市的云湖小区还是一片广阔的农田。记得1997年笔者第一次访问那里的时候，还只有零星矗立的楼房，楼房四周是一片郊野的荒凉景象，生活设施也不够齐全。经过短短的几年时间，到了2003年的时候，这里已成人口稠密、车水马龙的闹市区了。登高望去，扑进眼帘的是由钢筋水泥铸就的崭新建筑丛林。高耸的楼群一直延伸到视野尽头，原本水体宽阔的仙湖，因为楼群的隔挡，也看不出碧波荡漾的气势了。在一次乘车闲聊时，一出租车司机曾发出"人是种可怕的动物"的感慨。的确，这种沧海桑田般的变化，让人不由地叹服人类改造自然的超常能力。然而，更让人感兴趣的，是那些隐藏在背后的社会推动力量。

一 城市生长隐喻与房地产市场

城市是一种独特而又复杂的社会空间。要想找出一个合适的视角来简明地刻画出城市的特性，殊非易事。很长一段时间，社会学家对城市空间的认识都停留在沃斯所谓的"规模、密度和异质性"上（Wirth, 1938）。这种基于生活方式和表面特征的景观式城市想象，很少涉及城市内部的深层社会结构，如权力、社会阶级的分布，也把城市和社会结构分割成互不相干的社会学研究领域。直至20世纪70年代，莫洛奇在其里程碑式的论文《城市作为成长机器：迈向地方的政治经济学》中，开创一种研究城市内部社会结构的视角。

莫洛奇认为，既然城市的特性与对土地的集约化（intensification) 使用密切相关，关于城市的想象也不能脱离土地这一结构主轴。从某种意义上，城市的社会结构是围绕着土地收益的增长和分配而型构（figurate）的。"土地，对于地方来说是最为基本的，是能够带来财富和权力的商品。一些非常重要的人物因此对它保持高度的热情。"城市精英基于利益共识而推动的"土地增值纲领"（land enhancement scheme），是理解城市内部结构和动力的关键。"地方性的本质就在于，它的运作如同成长机器"，并且，在莫洛奇看来，在这一成长机器的运作过程中，政府的作用至关重要。"开发资源的稀缺性，意味着政府成为用地利益群体竞逐的舞台，他们试图获取公众的财富，也试图去影响那些可能决定用地收益的决策。"因此，在某些情况下，"地方的成长意味着该地居民的生活质量和财富向特定的地方精英团体转移。"（Molotch，1976）

在过去的 20 年中，中国城市在其外观上迅速步入"现代化"，与此同时，城市土地价格的疯涨，也把莫洛奇的城市成长寓言演绎到了极致。作为一部成长机器，中国城市成功地壮大了自己。当然，除了形体、物理和经济意义上的壮大，城市也经历着内部结构的深刻裂变。在城市空间的急剧扩张和增值所创造的巨大利益洪流中，有人是受益者，有人是失利者。城市成长改变了城市的社会结构。

毋庸置疑，这一城市巨变几乎是与城市空间的商品化同时完成的，甚至在有些人眼里，它简直是市场的"杰作"，是市场的神工鬼斧重新打造了城市，在市场魔力之下，现代性终于降临在中国城市的上空。更具体地说，在加速城市空间的更新、扩张以及促进社会结构裂变的诸种社会力量当中，房地产市场"居功至伟"。在目前占据主导地位的自由主义话语当中，市场是一种引导供求关系的"中性"装置，它引发了中国社会结构分化的种种现实。而实际上，这里我们必须指出，房地产市场就其性质而言，并不是典型意义上的市场，因此仅就其中的供求关系来分析其运作机制和结果，是一种严重的曲解和误读。正是在这样一种错误思想的引导之下，市场机制正在沦为房地产市场中种种不公正现象的"遮羞布",成为一种为"社会断裂"辩护的意识形态。

当然,我们并不否认中国房地产业某些方面正在市场化,但单凭市场化绝对不能准确地概括目前中国房地产业的特征和运作机制。即便我们要以市场的视角来看待房地产业,也需作出若干限定,因为房地产市场本身就是一种特殊类型的市场。

首先,房地产市场的基本生产资料——土地,从来都不是企业"生产"出来的。众所周知,无论是古典自由主义,还是马克思主义,都认为商品价格依赖于生产成本。由此可以断定,决定土地价格的因素与普通商品有所不同,土地市场并不遵循一般意义上的市场规律。对于土地价格的形成过程,迄今为止并没有产生一个广为认同的理论(Jager, 2003)。

土地作为商品,比普通商品更依赖于产权安排、国家干预等制度基础,因此本质上是一种虚拟商品。波兰尼曾经指出,"土地不过是自然的另一个名称,并不是人类生产出来的……劳动、土地和货币没有一样是为了出售而被制造出来的,因此,倘若把劳动、土地和货币描述为商品,那也纯粹是一种虚构的商品。"波兰尼认为,作为虚拟商品的土地,其市场化永远都不可能完成(Polanyi, 1985)。这暗示着以土地为依托的房地产市场,永远不可能同社会领域划清界限。一些当代的学者也提出,"城市土地意味着社会关系"(Haila, 1990),而在地租(rent)的配置和分配效应上,制度背景被认为起到了关键性作用(Jager, 2003)。因此,至少可以这样认为,即使我们承认城市土地的价格在一定程度上反映了土地的供求关系,但与此同时,它仍不可避免地凝结了制度化的社会关系,而后者正是土地不可能彻底市场化的根源之所在。

其次,从房地产市场作为一个整体的运作来看,它并不是仅由价格来调节的由供求关系构成的自足系统。根据莫洛奇的观点,铸造城市空间的房地产市场,其运作充满了政治经济学(political economy)的逻辑。房地产市场同城市管理者关系密切,资本的积累同政府的监管辩证性地纠缠在一起。

最后,房地产市场的社会性后果也妨碍了它在纯粹市场的轨道上自在地运转。对于一个市场经济体系来说,土地的市场化是必须的。"劳动、土地和货币都是工业的基本要素,它们必须在市场中被组织起来。事实上,这些市场要素在经济体系中绝对是举足轻重的",然而,"劳动与土地,不过是人类自身与自然环境,它们或者是所有社会的构成要素,或者是人类社会的依存对象。如果把它们也算在市场机制之内,那么便意味着让社会实体本身俯就于市场的规律。"(Polanyi, 1957: 71) 土地商品化的实质,是将市场逻辑凌驾于社会实体之上,故此常常引发来自社会实体的反击。"社会为使自己免遭自我调节市场体系根深蒂固的侵害,筑起了自我保护的堤防,这就是这个时代历史的一个普遍特征。"(Polanyi, 1957: 76) 波兰尼对所处时代的观察对今天的中国亦不失参考意义。在中国市场体系的确立过程中,房地产领域不可避免成为市场体系与社会实体之间角力的主要"战场"之一,成为社会矛盾和冲突相对集结的领域。围绕房地产利益而引发的利益集团之间的矛盾逐渐积聚和加深,进而暴露了房地产所根植的一些深层社会制度的不合理性,使房地产问题由表面上的经济性问题"升级"为政治性问题。这里与其说是"升级",不如说是"还原",房地产市场暴露出它的本性。夸张一点说,房地产市场正成为新时代中国社会矛盾的"焦点"。

基于以上的分析,我们把房地产市场界定为一种深度嵌入的市场类型,不仅在"市场受制于其制度基础"这一立论背景下,把房地产市场定位为嵌入性市场,而且在房地产市场本身所具有的独特性上,即在制度基础决定了房地产的核心生产要素——土地的价值、配置及其后果的意义上,以及从房地产市场与城市管理密切关联的角度,对制度因素的塑造力格外地加以强调。实际上,在中国,正是制度环境构成了房地产市场中所内含的社会关系的格式化(formatting)框架。在这个意义上,我们把中国的房地产市场想象为在一定"元规则"基础上不同地位群体竞逐房地产利益的场所。在形态上,它更接近布迪厄意义上的场域,而不是具有明确活动边界和自我约制能力的经济实体,只有后者才属于正统经济学意义上的"市场"。

二 中国房地产市场发育的制度背景

一旦把房地产市场界定为"高度嵌入的市场",考察重点必然要转移到与房地产有关的制度上来,以揭示隐藏在房地产背后的力量(Edwards, 2000)。因为那些市场背后的争夺和制度,构成了市场,因此是分析的核心(Jager, 2003)。

我们的问题也由此而来:隐藏在房地产背后的制度和国家力量,是如何影响到中国房地产市场的具体运作机制的?对此,我们的研究是分步骤和有选择地进行的。首先,我们罗列和整理房地产制度的演进脉络,然后再对现有房地产制度的某些特征加以剖析,最后试图通过后面对于房地产市场中的具体行动模式的考察,来诊断这些制度特征同房地产市场的运行机制之间的内在联系。

1. 房地产制度的演进脉络

从制度安排的角度看,房地产市场的出现,根本上源于土地所有权和使用权的相互分离。

新中国成立后,中国的土地配置机制曾经历由市场机制到政府机制的彻底转变。这一转变包含两层含义:一是城市土地被收归国有,其配置权和管理权被严格控制在政府手中。二是作为政府的土地政策之一,土地的使用发生了从有偿到无偿的转变。后者的主要标志是1954年发布的两个重要文件,即1954年2月24日《中央人民政府关于国营企业、机关、部队、学校等占有市郊土地使用费或租金问题的批复》和同年3月8日《内务部答复关于国营企业、公私合营企业及私营企业等征用私有土地及使用国有土地交纳契税或税金的几个问题》。这两个文件规定:"国营企业经人民政府批准占用土地,不论是拨给公产或出租购买,均应作为企业的资产,不必再向政府交纳使用费;机关、部队、学校经政府批准占用的土地,亦不交纳租金和使用费。"除私营企业外,"国营企业、国家机关、学校团体及公私合营企业使用国有土地时应一律由当地政府无偿拨给使用,均不再交纳租金。"虽然按照规定，私营企业占用土地需交纳租金和使用费，但由于私营企业在国有化的进程逐渐失去了存在的合法性，因此，土地配置的市场机制事实上很快就被废止了。

根据文件，实行上述土地政策的一个现实依据在于，在统收统支、统一核算的国家财政制度下，"收取土地使用费或租金并非真正增加国家收入，而是不必要地提高企业的生产成本和扩大了国家预算，并将增加不少事务手续。"另外，根据当时对计划经济的理解，人们认为政府通过严格掌握土地使用原则完全能够确保土地的合理使用："保证土地合理使用的关键在于政府批准土地使用时严格掌握土地使用原则，按照企业单位、机关、部队、学校的实际情况确定其土地使用的面积，不必采用征收土地使用费或租金的办法。"

当然，这种土地使用的"三无"模式（即无偿、无流动、无期限）实行的结果，并不令人满意。在完全的政府管理体制下，用地规模的"软预算约束"（soft-budget constraint）十分明显。由于管理者与使用者存在客观上的信息不对称，土地管理者往往无法确定土地申请者的最佳用地规模，只能根据投资项目与其占用土地面积的某种技术比例来加以裁定。对于土地使用者而言，由于土地一经获批即可无偿和无期限地占有与使用，因此缺乏节约用地的内在激励。以上两种因素共同作用，造成了土地"多占少用，早占迟用，占而不用"的闲置和浪费现象（钱文荣，2001）。

实行改革开放以后，土地的市场配置机制逐渐得到恢复。早在改革开放初期的 1979 年，中国政府就已经在利用价格机制来处理与外资企业之间的关系。该年 7 月 1 日全国人大通过的《中华人民共和国中外合资企业经营法》规定，中国合营者的投资可包括为合营企业提供的场地使用权。如果场地使用权未作为中国合营者投资的一部分，合营企业应向中国政府缴纳使用费。事实上，由于中国改革是从体制外围开始，即推行以引进外资和允许乡镇企业的发展为标志的增量改革，其首先面临的问题就是非国有成分的进入与扩张，由此催生了体制外的用地需求。加之在全民所有制企业中进行以承包制为主要内容的早期改革，在实践中不断出现对地产进行交换、作价等问题,这些体制外和体制内的改革,都要求把房地产纳入商品经济运行的轨道上来。另外,随着市场机制在生产领域的配置作用日益增强,国家对土地的所有权也理所当然地要求在经济上有所体现。1984年辽宁省抚顺市开始了全面征收城市土地使用费的试点。在以后几年中,各地陆续开征了城市土地使用费。1988年9月27日,国务院发布了《中华人民共和国城镇土地使用税暂行条例》,规定自1988年11月1日起在全国范围内开征城镇土地使用税。这标志着土地无偿使用时代的彻底结束。

也是在1988年,中国重修了《宪法》,并颁布新的《土地管理法》。所有这些,都表明中国的土地制度改革步入了一个新阶段。根据法律文件规定,在保留必要的划拨取得方式的情况下,推行有偿出让土地使用权制度,并使土地使用权成为一种可转让、可继承、可抵押、可出租的一种财产权利,继而创立了可流动转让的房地产,为房地产市场的形成创造了初始条件。1990年6月,国务院发布了《中华人民共和国城镇国有土地使用权出让和转让暂行条例》,使城镇国有土地的出让和转让有了明确的法律保障。为适应房地产市场的发展需要,全国人大常委会1994年颁布了《城市房地产管理法》(1995年起实施)。为实施该法,建设部陆续颁布了《城市商品房预售管理办法》、《城市房地产开发管理暂行办法》、《城市房屋租赁管理办法》、《城市房地产转让管理规定》、《城市房地产中介服务管理规定》、《城市房屋权属登记管理办法》等。1998年7月,国务院出台了《关于进一步深化城镇住房制度改革加快住房建设的通知》,决定自当年起停止住房实物分配,建立住房分配货币化、住房供给商品化与社会化的住房新体制。这个纲领性文件,标志着城市住房以国家和单位福利分配为主的供应模式的彻底结束和以市场供应为主导的时代的到来。中国房地产市场的真正发展也是从1998年开始的。住房改革释放和创造了井喷式的市场需求,从1998年到2005年,不仅房地产投资额年平均增长率达到20%以上,房地产销售额也以每年27%以上的速度增长,房地产业由一个弱小的产业发展为带动国内经济发展的第一支柱产业和动力（易宪容，2005）。

2002年，经营性土地出让只能采取招标、拍卖、挂牌的方式。其中，拍卖挂牌是价高者得之，招标是合意者得之。这标志着商业性土地出让的暗箱操作时代彻底结束，土地的市场化格局初现轮廓。

2. 中国房地产市场的制度环境特征

在这一部分，我们将主要围绕制度内容和执行机制来考察房地产市场的制度环境。当然，我们对制度环境的考察，不是面面俱到的，而是主要列举和分析我们认为可能强有力地塑造了房地产市场运作机制的那部分制度环境。这里所谓制度内容，也即我们所谓的"元规则"。在这方面，我们强调现有的制度安排实际上造成了房地产市场中"国家独大"的游戏格局。由于在这一场域当中，缺乏与国家相抗衡的民间社会力量，令国家在权利的取予之间收放自如，也迫使市场行动者通过"顺从"国家代理机构的旨意来获取市场利益。而在执行机制方面，我们认为应该将抽象的国家给予"解散"，将位于不同位置上的国家行动者区分开来，即把发出行政和法律指令的中央政府、主管房地产的各个部委，同位居国家体系较低层次，需要执行上级法规、政策和调控措施的地方政府区分开来。

（1）"国家独大"的游戏格局。艾文斯在论及国家与经济部门之间的关系时，曾经区分了国家的四种角色：看管者（custodian）、生产者（demiurge）、助产婆（midwifery）和服务者（husbandry）。后三种角色都和自由主义一贯秉承的"最小政府"原则相背离，敞开了市场与国家关系的多种可能性。艾文斯还断言，当国家站在"看管者"的立场上来对待一个新兴部门时，对于维持秩序的过分热衷，可能会葬送转型的美好前景（Evans, 1995: 78）。他的这一论断，肯定了国家对于新兴经济部门的推动作用，但也让人有理由对国家在促进发展与维护秩序之间保持平衡的能力产生怀疑。艾文斯的结论是，如果国家能够保持一种嵌入的自主性（embedded autonomy），就可以获得这种高超的平衡能力。就这一标准来衡量，中国房地产市场中的国家显然是嵌入性有余，而自主性不足了。

无须论证,中国目前所采取的部分和渐进式改革策略,无形中把国家置于市场转型的主体(transformative agent)位置上。单就房地产这一专门市场的发育而言,国家的各种改革举措可谓房地产市场化的第一推动力。国家创造了房地产市场得以运行的种种初始条件,如果没有国家的培植、操作和推动,房地产市场不可能启动更不可能形成。然而,如果说国家从一开始就充当房地产市场的规制者(regulator),试图有计划、有步骤地创建一个健康和充满活力的房地产市场,似乎又有悖于事实。因为我们注意到,在既有的政治体制下,国家既缺少足够的压力,同时又拥有充分的激励,在完成启动房地产市场的使命之后,拒绝从这一市场的微观领域退出,继续保持强势行动者的地位。

汉密尔顿曾经指出,向市场经济的转变包含了(空间的)商品化过程,这一转变采取几种不同的方式,彻底转变了决策者对空间的价值、功能和影响的认识。对一个地区而言,其既有的设施、固定资产、要素存量(如自然和人力资本方面的资源、位置)所具有的交换价值,逐渐取代了它们从前的社会主义用途或者使用价值(Hamilton, 1999)。汉密尔顿的论述隐含了市场转型国家城市空间商品化过程的双面性。一是从客观层面上看,空间的商品化是经济转型的必然趋势。二是从主观层面上看,决策者对这一趋势的觉察和认知,也影响到这一商品化进程。这种思路在某种程度上也适用于分析中国房地产市场发育的过程。

客观地说,在中国,城市空间(包括土地和建筑)的商品化,是市场经济向纵深发展的必然要求。作为一个系统工程,经济转型的方案一经启动,就内在地要求从产品商品化向要素商品化的方向推进。国家各种旨在推动房地产商品化的举措,根本而言都是对城市空间商品化的客观需要的回应。但从主观层面来看,商品化的步骤、方法和结果,又取决于中央决策者的动机和行为。一方面,在"摸着石头过河"的改革思想指导下,中央决策者对于经济转型的目标和市场化的范围与程度的认识有一个渐进的过程。因此关于房地产市场建立的一些法规、政策在什么时间颁布、它们具有怎样的合理性和将取得怎样的后果，中央决策者未必事先都有着缜密的规划、洞察和预见。另一方面，渐进式改革导致的双轨并存的局面，从一开始就隐含着诸多深刻的矛盾、意想不到的后果和难以解决的问题。事实上，国家行动毋宁被理解为，面对错综复杂的政治、经济和社会形势，在"紧迫感"的推动之下，依靠某种"实践感"而从事的"即兴创作"（improvisation）。它在照顾到市场经济建设全局的同时，集中精力和调动资源来应对当前迫切需要走出的困境，有时甚至被迫作出"拆东墙补西墙"、"头痛医头脚痛医脚"的选择。很多学者都已经指出，中国股票市场的开创，原本是为了解决众多国有企业的融资需求，这一初始动机，相对于"建立一个持续、稳定和健康的资本市场"的目标，其间的差距是不言而喻的。以这种实用主义的改革逻辑来推测，土地商品化对于财政分灶以后渴望充实财政和拥有稳定岁入来源的中央政府而言，其诱惑力可想而知。

我们目前还缺乏准确的数据以表明来自房地产开发的税收占各级政府收入的比例。但根据目前的土地出让规模以及土地出让金占地方政府财政收入的比例，再加上房地产生产及其带动的其他相关行业的税收收益，可以想见，其占整个国家以及各级地方政府的财政收入的比例恐怕是相当高的。房地产这样一个产业部门，几乎不需要各级政府行动者的任何先期投入，在"国家能力"下降（王绍光、胡鞍钢，1994）的特定历史时期，及时充当了提高国家机器效能的燃料。因此，今天的房地产业，不仅在经济的意义上，由于对 GDP 和其他行业的巨大带动作用而具备"要挟"整个国民经济的能力，而且在政治的意义上，因支撑着各级政府的财政基础而具备"要挟"政权的能力。我们认为，正是由于被土地财政和地产经济的"短期利益"所攫取，身为利益攸关者的国家所制定出来的房地产规则，是不连贯、不系统、缺乏长远布局和自我约束的，因此很不完善，其结果是国家最终对这一产业所掀起的巨大利益洪流的走向失去控制。即便是中央政府具有清晰的思路想要进行某种调整，也会受到各级地方政府的系统扭曲和抵制，其效果往往是"雷声大雨点小"。

第四章 房地产市场的迷思

有学者提出，中国房地产市场的一个特色，就在于房地产立法主要是从管理角度立法，而不是从房地产权利的确认和保护的角度进行立法，所以房地产立法中存在着过多行政干预、过多国家利益保护和轻视民事权益的倾向。实际上，所有这些立法的思路或出发点都是：土地使用权是国家出让的结果，仍然是国家所有权的一部分，国家无论基于所有者还是管理者，均有权力管理土地使用权和土地上的建筑物。这样，两种权力混在一起自然使国家管理权力过分膨胀，使房地产产权人的权利萎缩（高富平，2000）。因此从"元规则"的意义上说，房地产市场可以解读为"国家巨人"同"市场侏儒"之间的较量，虽然从市场运作的实际情形看，由于制度执行机制不尽合理，尤其是对各级政府权力缺乏有效的监督，国家的"铁砂掌"易于为市场行动者的"棉花拳"所化解。

（2）多部门分割治理。孙立平在自己的博客中曾经指出，在近些年来的社会经济活动中，政府部门似乎成为越来越活跃的行动主体，他称之为"部门利益化"倾向。为说明这一现象的存在，孙立平曾以房地产业中建设部的表现为例。在各地房价扶摇直上、民怨沸腾的时候，建设部一直强调中国的房地产市场是健康的，不存在严重的泡沫。并且如果根据建设部向社会公布的空置房比率和收入房价比等统计数据来判断，也很难让人相信房地产市场有泡沫的存在。但这些数据与其他部门公布的数字相比明显偏低，和公众的感觉亦相距甚远，使人很难相信其真实性。

孙立平认为，部门利益形成的直接原因，是一些政府部门掌握着制定政策和行政收费的权力。国家基于财政原因的默认和纵容，导致各个部门在利益驱动之下，将公共权力部门化，部门权力利益化，部门利益政策化和法规化。房地产业的发展，调动了各政府部门参与房地产相关事务管理的积极性，也强化了各部门之间的利益争夺。凡是与土地、房屋建设、交易等有关的部委，均从自身的角度或利益出发，制定各种行政法规，每一种法律、办法或条例均只解决某一个方面的问题，因而出现了多部门、多角度的重复立法，导致一事多法，而不是一事一法。如国土管理局和建设部两个部门各自从自己的管辖范围出发，对房地产做出规范，导致许多制度难以统一。比如，房地产登记，既有建设部门颁布的《城市房屋权属登记管理办法》，又有土地管理部门的《土地登记规则》，给现实中产权登记制度带来困难。又比如，2004年，中央银行出于规避金融风险的考虑，建议取消商品房预售制度，但该建议一经提出，立刻遭到建设部的强烈反对，说明各个部门常常基于本位利益而形成政策分歧。

新制度的创设或采用是在已经充满了制度的社会中进行的，既有的制度遗产限制了制度创设的方式。从制度遗产的角度看，一些学者在20世纪80年代提出的"所有权虚置理论"（Sachs, Woo and Yang, 2000），有助于说明今天部门利益形成的深层制度根源。这种理论认为国有制有意在不同的机构之间分配同一财产的不同所有权。根据产权经济学中所有权的定义，所有权由两部分构成：排他的财产处置权和排他的财产获益权（Furuboth and Pejovich, 1974）。在社会主义经济领域，财产处置权分属于计委、物价局、劳动局、政府各工业部和企业的管理者。计委对长期投资及相关的资源配置有决定权，物价局对物价有决定权，劳动局对人事安排有决定权，政府各工业部门对中期投资和原材料及投入要素的配置有决定权，管理者对日常管理决策有决定权。所有权的另一部分，征集收入或承担损失的权力，在财政部和各工业部门之间划分，因此，没有单个人或机构对任一国有财产拥有完全的所有权。这种"没有真正老板的体制"，被称为"所有权虚置的体制"。这样一种制度安排模仿现代公司的控制系统，它是一种制衡机制。这种制衡系统对最高官员的重大特权，提供了一个有效的控制系统，以及管理这个系统的激励（Sachs, Woo and Yang, 2000）。改革开放以来，随着经营机制的改革，国有企业获得了很大程度的经营自主权。然而，尽管部门职能经过分分合合，各部门之间相互制衡的制度安排仍然得到保持。而随着政府对市场职能的强化，这一制度安排为市场经济背景下部门利益的形成准备了温床。

就房地产领域而言，基于房地产产品的特殊性，国家对于这一领域的监管是一个非常复杂的管理系统。举例来说，一个地块的开发，涉及城建、发改委（原计委）、规划、土地、市政、房管、银行、工商、税务、教育、园林、卫生、市容、建筑质量管理等多个部门，实际上几乎所有的政府部门均或多或少地拥有对房地产开发企业"指手画脚"的权力。这一由行业特性所造成的监管格局，使房地产市场成为深受部门分割治理和部门利益化影响的"重灾区"。其中一些要害管理部门对房地产业生产和交易的管辖权的明争暗夺，深刻地塑造了房地产市场的形态。

部门利益化不仅导致对国家和公民实质性利益的"合法"侵占，而且在象征层面上摧毁了公民对制度合法性和行政执法的正当性的信任，削弱了政府部门的行政权威和执政能力，因此大大提高了"对立性规范"在房地产领域受到广泛认同的可能性。

（3）地方政府的独立动机。法律和制度的效力不仅取决于它们的内容，还取决于它们的治理机制。我们不能忽视作为法律、制度和宏观政策的执行者——地方政府在房地产市场中的角色。

科尔曼曾经指出，"对政策作出的反应包括中介人解释和实施政策。除非人们了解中介人的动机，否则难以预料所阐释的政策与实施中的政策有哪些差别。"（科尔曼，1990：751）对于中国的房地产而言，中央政府和各部委陆续出台的政策、法规和宏观调控措施，仅仅构成了房地产市场发育的制度背景因素，作为中介人来执行这些政策、法规和措施的地方政府的行为，则在更为现实和直接的意义上形塑着这一市场的形态。

一般而言，对于不必承担政策风险、不求有功但求无过的地方政府官员来说，执行上级的命令并不困难。然而，一旦我们分析地方政府的动机就会发现，在房地产领域，地方政府具有自己独立的激励机制，这决定它不可能成为中央的政策和法规的忠实执行者。

中央政府包括财政制度在内的各项改革，使地方政府在支配地方资源方面拥有较大的自主空间。这种决策权和管理权一定程度的分散（decentralization），适应中国地区间差异显著的国情，被很多人视为中国经济持续增长的制度激励。与上级讨价还价的寻求父爱式的政治游戏结束以后，地方政府主要靠推动地方经济的发展来谋求自身的稳定性和合法性，尤其是以此来"显示政绩"。当然，上级政府对地方政府仍然具备一定的垂直控制能力，这种垂直控制主要是通过一些与官员职位的升迁直接挂钩的政绩指标来体现。

分权改革和地方力量的崛起，也冲击了地方政府的管理体系。由于经济发展和城市建设是考量地方政府官员政绩的主要标准，而一个城市的建设面貌，直观有效地充当着地方政府的形象工程，一个城市的 GDP 水平，则充当地方政府的政绩工程。这一现实塑造和强化了地方政府致力于城市建设的政治动机和经营城市的执政理念。所谓经营城市，本质上是政府零投入或少投入，按照市场化的原则吸引社会资金来建设城市。而土地作为地方政府的可支配资源，常常肩负招商引资、带动地方经济发展的重任。在政府的操作之下，低廉的土地价格，可以使一个地处边缘、经济沉寂的地区顷刻间成为淘金的热土。

"任何一宗土地都代表了利益，因此，任何一种地方势力都是基于土地的利益结合。"（Molotch，1976）就中国的情形而言，进入市场的任何一宗土地当中，无一例外地都包含着地方政府的利益。地方政府不仅依靠出让土地获得财政收入，而且可以通过操纵土地使用权来引导城市空间的布局和形貌，筹集基础设施建设所需的巨额资金，并且通过降低外资进入的土地成本来吸引外部投资。正因为如此，房地产业的发展，在满足政绩需要、刺激地方经济发展的同时，强化了政府权力在整个城市发展中的主导地位，有效避免了政府权力的边缘化。

房地产业对于地方政府的战略意义，令地方政府成为与国家、部委同等地位的博弈者而不是命令的忠实执行者，这必然使国家、部委的宏观调控措施和行政律令在执行的环节大打折扣。

三 研究策略

1. 研究问题与研究角度

在对房地产市场作出"高度嵌入性"的诊断以后，意味着我们放弃了关于市场的实质性假定,更加接近我们展示市场之经验多样性的理论目标。然而,这同时也意味着,我们失去了系统的市场理论的引领,陷入孤立无援的困境。好比丢掉现成的"认知地图"(cognitive mapping),没有路标,甚至找不到路径,在荒野中踽踽独行,唯一的参照和慰藉,是黑夜中给人以鼓舞和希望的"北斗星"——经济社会学文献经常提及但其义晦而不彰的嵌入性,其中的艰难可想而知。

该如何来描述一个经验意义上的房地产市场?这成为必须面对的首要问题。我们认为,"市场体系不是一个地方而是一个网,不是一个地点而是一系列相互协调的举动。"(Lindbolm,2001)因此,刻画一个经验意义上的市场的关键,在于市场参与者通常采用怎样的协调机制?这里所谓协调,当然既包括一般意义上的市场行动者相互之间的协调,也包括市场行动者同制度环境之间的协调。

描述中国房地产市场的协调机制,有助于我们回答一些理论和现实问题。首先,透过我们的理论焦点,即市场机制与制度基础之间的关系,来研究一个特殊的市场类型,对于市场理论的拓展来说,是一种有益的探索。其次,探索中国房地产市场的运作模式,作为一种知识积累,可以提升我们对房地产市场的一般运作机制的理解。既然视之为高度嵌入型市场,就意味着我们要从全然不同的角度来展现房地产市场的运作模式。最后,在现实的层面上,我们还可以通过对中国房地产市场的运行机制的了解,澄清制度基础和市场机制各自在什么意义上参与了中国城市土地增值的过程,又怎样影响了城市土地增值收益的分配,从房地产市场的角度来展现中国社会当前的阶层结构和分化机制。

明确了研究方向以后,还需要寻找一个合适的角度来披露中国房地产市场的协调机制。这里我们选择"关系"。前面曾经论及,社会关系是市场的一个组成部分。然而,社会关系在什么意义上是市场的一个部分?根据我们的理解,市场中社会关系的形成具有两种不同的根源,它既可以在市场行动者之间利益组合(constellation of interests)的基础上经济性地产生,也可以作为制度基础与市场机制之间的媒介而政治性地生成。在后一种情形中，社会关系能够有效地传导和隔绝各种制度力量，其赖以产生的基础，是市场行动者策略性地利用制度环境对于自身市场能力的影响力。因此，制度环境对市场秩序的潜在影响力越大，这类社会关系就可能越活跃。正因为如此，作为一个探测装置，社会关系特别能够满足对高度嵌入性市场的研究需要。在本书的研究当中，笔者希望通过社会关系这种特殊的市场协调机制，分辨和过滤出一些制度性因素和传统意义上的市场因素对房地产市场的影响力。

"关系"是一种中国式的社会关系缔结和运作方式。在我们看来，"关系"运作的本质是将弱关系强化，从而提升社会关系的资源动员和利益组合能力。我们研究市场中的"关系"，固然是出于对这一传统文化之现代命运的审视，但更为重要的，是为了借助"关系"这一特殊的文化"透镜"，间接地观测国家和制度在市场中的作用。根据我们的推测，中国的关系文化同几千年的官僚政治有莫大的关联，甚至关系文化在纯粹的经济交换与官僚制度两种不同的制度框架中以不同的方式发展。因此，在这项研究中，我们把房地产市场中某种类型的"关系"假定为官本位制度向市场领域渗透的标志。我们甚至认为，离开对市场的制度基础或者制度环境的讨论，对于市场经济条件下"关系"的命运就不可能形成正确的认识。因此，这两种看似毫不相干的"问题意识"，实际上是互为表里，某种程度上可以相互阐发。

2. 研究地点

20世纪末期以来，房地产研究的主题之一，就是受经济全球化的影响，房地产业的传统特性是否正在改变。有学者认为，对于不动产的开发和所有越来越"去地方化"，并且可能被城市范围以外的力量所决定（Sassen, 1991）。不容否认，经济全球化因素已经对中国房地产市场产生了一定冲击。如学界一般公认，近几年上海房市深受国际资本的影响。国际资本的强势介入，使上海"已经不是上海人的上海"。但基于我们的研究目的，我们有意地要过滤全球化因素的影响，选择地方性特征相对比较浓厚的J市作为研究地点。当然，可行性的考虑也是我们选择该市的主要理由之一。

J市作为M省的中心城市，虽然在政治和文化方面具有独一无二的地位，但是经济却不是M省最发达的，南部的几个城市近年来的经济增长势头都超过了J市。这在一定程度上降低了该省居民对于在J市投资和居住的向往程度，使得J市房地产市场的消费群体仍然以当地居民为主。

相对于消费者的高度本地化，在房地产的生产经营方面，近几年来J市则出现所谓的"三外"现象，即外行、外地、外资进入房地产市场，带来经营模式的多元化交流和竞争。如国内电器零售行业巨头SN公司和肉类食品巨子YR集团，均涉足J市的房地产业，可谓外行企业的先锋；足迹遍布全国各主要城市的房地产业领军企业K公司，在J市也成功开发了几个楼盘，可谓外地房地产企业的代表；外资企业的代表则当属新加坡某集团，在J市开发数个经典楼盘，创造出骄人的业绩。但总的来说，除了屈指可数的"三外"企业之外，J市现有约300家在册房地产企业当中，仍以专门从事房地产经营的本地企业为主。这些企业依赖天时、地利、人和等有利条件，在竞争日趋激烈的房地产市场中，拥有各自不可替代的生存优势。其中在本土企业中，既有具有国有背景的大规模的开发公司，也有依靠项目起步的中小型民营企业。总的说来，由于J市的外地、外资、外行企业基本上都着眼于长期和大盘等固定投资，因此符合传统关于房地产市场的理解。

值得一提的是，虽然房地产市场地方化特征显著，但近年来J市房价的涨幅却一直居于全国前列，属于需要对房地产业进行重点调控的东部"热点"城市。这说明全国房地产业所暴露出来的"问题"，在J市表现得较为突出，加上中国房地产业的问题有从东南沿海热点城市向其他区域扩散的趋势。因此，大致说来，J市的房地产市场对于全国的房地产市场具有一定的代表性。另外，最为重要的，由于本书试图探讨"关系"在多大程度上折射出制度基础对于市场的影响，就这方面而言，选择J市这样的省会城市是非常适宜的。在前期调查中，笔者曾经接触过到J市投资项目的浙江省宁波市的房地产开发商，比照在J市和宁波市开发的经验，他们坦承，在宁波市，他们主要依靠商业化运作立足，而在J市，与政府机构的不断接洽却至关重要。这提示我们，不同城市房地产市场的运行环境存在一定的差异性。J市作为省、市两级政府所在地，官本位体制对房地产市场的渗透较为显著。相比之下，宁波只是普通地级城市，因此房地产市场受行政体系的影响较小。

3. 调查对象与方法

社会学家帕森斯在用其四功能范式分析生产要素时，将整合功能赋予了企业家，认为是企业家将那些流动的生产诸要素——土地、劳动力与资本——综合或组织到生产过程之中。在房地产领域，房地产企业家的资源动员能力和整合功能是相当突出的。一般认为，在房地产业，一个主要的行动者就是开发商，他们启动和协调了开发的过程。虽然其他的行动者，比如地方政府、金融机构、建筑单位和房地产中介，也是极为重要的，但是开发商把开发的行动具体化，并且是开发商的实践把结构条件和行动者的知觉之间的相互关系融为一体（Charney，2001）。因此从房地产开发商的行为模式中，基本上能够透视出整个房地产市场的运作机制。

就"关系"研究而言，由于"从房地产领域中所存在的各种关系来说，开发商所涉及的关系范围最广，种类最多"（赵春访谈资料），因此开发商的"关系"基本能够满足"关系"研究的需要。更进一步，根据笔者的判断，从中国当前房地产开发公司的组织结构来看，真正承担启动和协调职能的，是房地产开发公司的主要经营者。有鉴于此，笔者在实地调查中重点考察"关系"在房地产企业主要经营者从事开发和经营活动中的作用。当然，作为补充，我们同时也调查了部分建筑商、代理商、设计单位等不同类别的房地产领域行动者对于"关系"的运用和理解。需要说明的是，根据性质和用途，房地产产品分为商用和民用两类，而为突出房地产市场与社会结构分化之间的关系，我们把讨论范围限定在民用房地产这一类别上。在实际调查中，有些房地产开发商曾先后甚至同时从事两种不同类别的房地产项目开发，本书只选用民用房地产开发项目的案例进行分析。

由于本书的主要目的是探索"关系"在房地产市场中的形态和作用，而不是探究"关系"在房地产市场中的水平或者程度，因此样本的代表性问题并非至关重要。实际上，就质性的把握而言，"无论是证实了一次，还是一千次，效果是一样的。"（成伯清，2001）此外，对于本书所探讨的问题来说，需要被调查者的高度信任，因此也不适宜进行大规模的抽样调查。为此本研究采取了深度访谈和个案研究相结合的调查方法。在2003年11月至2006年1月这两年多的时间当中，重点对J市12位副总经理以上级别的房地产开发公司的企业家进行了深度访谈，他们中的每一位都至少被访谈过两次。笔者与12位企业家的亲属、朋友、司机、秘书、同事等进行过不同程度的交流和接触。此外，还对房地产领域各种职业的从业人员进行过一般性的访谈，其中包括银行信贷员、建筑设计师、律师、基层售楼人员、学者、代理公司经理、建筑公司的中层领导、房地产公司的员工等。

由于所研究问题的敏感性，所有访谈都是通过调动个人的关系网络才得以实现的。虽然如此一来，访谈对象的范围、数量，深受笔者之前和研究过程当中建立的关系网络的限制，但对于敏感性问题的研究来说，借助关系网络收集到的资料，其真实性无疑更易于得到保证。这是因为，一方面，由于笔者较为了解访谈对象的"底细"，令访谈对象很难编造事实或敷衍了事。另一方面，作为这些企业家关系网络中的一员，笔者有机会接触这些房地产企业家的亲属、朋友、司机、秘书、同事等，便于对从企业家那里获取的访谈资料进行交互验证（Denzin，1989：237）。此外，在这项研究当中，对房地产领域不同职业的从业人员的访谈，虽然只是辅助性的，但对于房地产开发公司企业家所提供资料的单一性来说，构成了有益的补充，有助于研究者全面"构建"房地产市场的"现实"。从这一意义上来说，这些辅助性的访谈，也起到一种来源不同的资料之间交互验证的作用。

4. 调查内容

房地产商的交往对象主要包括以下几类：政府部门，相关行业的企业，其他社会机构（如媒体和评估机构），潜在与事实的消费者，其他城市居民。在项目经营的不同阶段，房地产商接触和动用的关系对象各有侧重。房地产项目的开发流程，大体可分成三个环节。一是前期的项目审批阶段，业界人士称之为"跑前期"；二是设计、施工阶段；三是销售阶段。其中，在前期开发商主要面对一些政府部门，以获得政府对项目开发的许可；中期主要面对一些业务合作单位，如材料供应商、建筑设计机构和建筑商；而后期则主要面对代理商、媒体和消费者。当然，这种划分不是绝对的。笔者注意到，由于竞争激烈，有些代理商从一开始就介入到项目当中，就产品的规划设计和市场定位提供咨询。而在中期，为了实现向后期的顺利过渡，即把即将竣工的房屋合法地推向市场，也要同房管局、物价局等有关部门发生关系。此外，由于房地产是资金密集型行业，并且当前主要依靠银行贷款筹集资金，因此在以上任一阶段，开发商都免不了同银行发生关系。从总体而言，前期易受政府行政管理体制的影响和干扰，而中后期的操作则分别面向上游的供应商、服务商和下游的代理商、终端消费者，故而易受市场因素的牵制。这符合本书在理论上将制度环境因素与纯粹市场供求因素加以区分的设想。因此，在经验研究中，通过考察"关系"在以上三个阶段作用和性质上的差别，就可以辨明"关系"与制度环境因素和纯粹市场因素的不同结合机制。

在发表的题为《商业中的非合同关系》的经典论文中，麦考利（Macaulay, 1963）想回答一个看似简单的问题：在商业往来中什么时候订立合同，什么时候不订立合同？这项探索性研究也将围绕一个麦考利式的经验问题来进行：在房地产领域，什么阶段"关系"重要，什么阶段"关系"又变得不那么重要甚至有副作用呢？并且，有必要考察"关系"的作用具体体现在哪些方面。根据我们对房地产业的了解，"关系"的作用可从其所获取的资源来加以区分。在房地产市场中，有价值的资源可能是土地、项目、客户、资金、信任、服务和信息等。

除了对于不同环节"关系"的重要性及其作用加以比较和分

析外，笔者还对"关系"的实践格外加以关注。具体说来，在访谈中，我们试图了解：①怎样选择"关系"对象；②建立"关系"的步骤，是在事前还是事后建立"关系"，是直接还是间接建立"关系"；③建立和维护"关系"的手段和技巧，如口惠、宴请和赠送等；④"关系"的动态转化机制，即促使"关系"的性质和作用发生转变的机制是什么，其中特别注意了解"拉关系"的一方为何能够提高"关系"对象的帮助动机，而"关系"对象的帮助动机又是如何得到提升的。另外，由于目前房地产市场呈产权多元化的形态，国有企业、股份制企业、民营企业和外资企业并存，它们不仅内部经营机制不同，而且在经营环境上也存在显著差别。在调查中，也将注意考察不同产权性质的房地产企业在"关系"策略上的差别，其中主要涉及国有企业同民营企业这两大主要类型。

第五章
房地产市场中的"关系"(上篇)

接下来将具体描述房地产市场中的"关系"。这里所谓的描述,其实是间接意义上的,因为所描述的内容既非来自于笔者的切身经历,也非来自笔者的亲身观察,而是出自房地产企业家的叙述。希望通过他们的叙述,通过归纳、剪接与拼合,尽量再现"关系"如何纠缠于房地产业的各个环节,如何构成了房地产企业家经营活动的线索以及他们生活世界的纽带。

之所以选择房地产市场这个场所(site),而不是其他场所来实施"关系"调查,并非基于什么先见之明,事先就认定这个领域的"关系"本身具有某种特殊性或典型性,而是出于可行性的考虑。过去的十几年中,在笔者所结识的企业界朋友里,很大一部分集中在房地产业。其中一些朋友还不是一般的相熟,而是有着密切的日常交往。在笔者看来,依靠这些房地产业的朋友,虽然不能保证收集到的资料十分全面,但至少可以肯定,资料的可信性要比调查其他行业更有保证。事实上,这些朋友确实构成了本书的核心访谈对象,收集到的绝大部分有价值的一手资料均来自他们。在访问这些朋友的基础上,笔者又通过间接关系调查了一些原先并不熟识的房地产企业家,他们所提供的资料,虽然有助于刻画这一行业的运作模式,但对于深入理解这一行业的"潜规则"却帮助不大。

当抱着了解房地产业中的"关系"这一调查目的接近笔者的朋友,也就是本书的重点访问对象时,我们之间面临着角色的重新调整,即由熟悉而非常随意的朋友关系,转换为严肃的访问者与被访者的关系。笔者经常碰到这样的场景:当一本正经地面对面坐下,对方的面部表情就会出现"调整",流露出一丝拘谨和不自然。我相信对方也会从我的脸上看到同样的表情。不过,这种突然的生疏感，通常并不会对调查产生实质性的影响，因为它很快就会过去，双方会逐渐适应彼此的新角色。但问题在于，几乎总是，当对方逐渐明了笔者的访谈意图之后，会产生强烈的心理反应，这种反应中夹杂着复杂的情绪，混合着质疑、回避和共鸣。

确实，在一开始，"关系"能否成为学术研究的对象，受到一些被访者的质疑——要知道，他们可都是大专以上学历，不少还上过研究生进修班，另有一位被访问者当时还是博士研究生。有的被访者认为，"关系"中虽然有很多的"学问"，但这些"学问"都属于日常实践的范畴，根本无法形成书本知识。如有的被访者指出：

> 每件事涉及的"关系"都不一样，处理的方法也不同，很难用一句两句话说清楚。（赵春访谈资料[①]）

确实，许多被访者一开始都会表示，这个问题没法说清楚。他们所面临的叙述难题，折射出"关系"研究所面临的困境。一方面，作为本土概念，"关系"熔化在黏稠而模糊的日常生活当中，国人普遍地对"关系"虽"习焉"却"不察"，即便有所省察和反思，多数也是出于日常生活实践的需要，而不是作为一个确定的概念或领域。这给系统地整理和分析"关系"现象带来很大的困难。而在正统的政治话语当中，"关系"早已与暗箱操作、私下交易、贪污、贿赂、腐败等时弊相提并论。一旦"严肃"起来，"关系"还真上不了"台面"，被访者虽个个都是搞关系的行家里手，但却似乎羞于谈论，并力图表明自己的事业和成功，根本就不是依靠"关系"，而是全凭自己的"本事"——当然，远见卓识和超人魄力，是他们经常引以为豪的个人品质。不过，好

[①] 被访问者的姓名均经过笔者的技术处理。考虑到文本的可读性，处理后的名字仍保留了中文常见的姓名形式，而不是简单地以字母或符号来代替。凡书中涉及楼盘或公司的名称，或其他有关人士时，则以英文字母表示。

在经过笔者一再的意在把"关系""去妖魔化"的解释以后,他们通常都能开始以中立客观的立场,来大谈"关系经"。另一方面,作为研究主体,面对活生生的"关系"实践,要想把它概括或提升为客观性知识,笔者的"装备"十分空虚,特别是在最初的几场访谈中。在现有的社会学知识体系当中,很难为"关系"找到一个恰当的位置,更缺少适当的学术工具来解析它。若是硬把当代中国的"关系"现象纳入到现有的社会网络分析知识中去,未免有削足适履之嫌。因此,不仅被研究者很难用一两句话概括"关系",作为研究者,笔者也很难为研究对象提供叙述"关系"的合理框架,这加剧了研究的困难。

同时,由于"关系"的外衣之下,往往充斥着权力和金钱的交易,在这种情况下研究"关系",等于是揭露社会的阴暗面,会冒很大的政治风险。为此,有被访者提到:

> 这种事都是你不能在书上写的。(郑石访谈资料)
> 真正系统地写"关系"是怎么运作的,谁都不敢。(潘洋访谈资料)

并且,作为朋友,有被访者甚至友好地提醒笔者,像笔者这种心思单纯的人,是很难把握"关系"背后所涉及的不光彩场景的。有一个好朋友甚至预言,由于很少有人愿意冒险提供这方面的资料,做这种研究是不可能的。当笔者一再强调研究"关系"并不是要揭露黑幕,而是把它看做一种日常生活的实践和社会运作的构成机制时,他又笑称:"你选错地方了,这个行业主要是靠关系,但这里水太深,你探不到底。"

不过,无一例外,他们都感慨于"关系"在房地产业中的重要性。一方面,他们认为"关系"重要,这在目前各行各业中都具有相通之处。有被访者提出:

> 我们国家实行的是社会主义市场经济,实际上我认为呢,社会主义市场经济本质上或者说一种特定的形式,就是关系

经济。(齐杰访谈资料)

另一方面,很多被访者强调,由于房地产业自身的某些特殊性,强化了"关系"的重要性。这些见解激励笔者进一步思考"关系"生存的制度环境。

然而,一被问到他们自己如何处理"关系",也就是对于自身的"关系"实践,被访问者普遍具有躲闪和回避的倾向,即便平时是无话不谈的朋友,即使笔者再三保证绝无"泄密"的可能。概括起来,被访者的应答策略可分为五种:一是喜欢以别的楼盘、别的公司作为实例,讲起这些内容来,被访者侃侃而谈,甚至乐意提供各种细节。而一旦谈及自家的企业,则明显有所迟疑。有被访者无法回答下去,干脆推荐笔者阅读地产小说,并且肯定地告诉笔者其中的描述与现实几乎没有区别,只是现实中的"关系"是不可说的。笔者遇到的最严酷的访谈情境则是,被访问者明显受到笔者提的问题的刺激,激动地离案而去,致使访谈被迫终止。显然,笔者违背了在他们看来有些事只能做不能说的游戏规则。二是谈及自身时,尽量描述那些常规性的"关系"经营实践,如逢年过节的请客送礼、提供用车便利等,这些"联络感情"的方式社会容忍度较高,并且一般不会涉及违规违法等内容。三是有些被访者也会谈及自身的一些非常规的"关系"实践,但通常都会经过一定的模糊处理,如尽量避免谈到"关系户"的职务和就职机构,或者两者当中仅择其一加以提供。四是提供预期不会给自己和他人带来不良影响的案例。如当事人已经出国、转行或者安全"着陆",这类事件往往发生在若干年前,追究当事人责任的可能性极小,当然也不太可能因为披露内情而遭受对方打击报复。五是提供已经在法律意义上作出处理的案例。这些案例已经成为公开事件,没有隐瞒的必要。

根据笔者的分析,被访者的顾虑出于以下两个方面的原因。一是企业家更愿意展示自身的业务经营能力,而不是"拉关系"的本领,即使是在朋友面前,也是如此。虽然后者可能被认为是对企业经营至关重要的,但毕竟不够光彩,也不值得张扬。根据笔者的访谈经验，这对于处于上升时期的民营企业家来说，尤为突出。他们更愿意"掩盖"历史上的"污点"，树立循规蹈矩、合法经营的形象。对于被访者的这种心态，笔者一般从学术立场出发，强调"关系"本身的中性化色彩，并将"关系"纳入"社会资本"的范畴，使之"正当化"，从而淡化被访者对于"关系"的负面认识。

二是由于长期依赖于"关系"，"严守口风"、"滴水不漏"几乎已经成为"职业操守"。有位被访者曾经提及：

> 有些事情做的时候只有两个人知道，只要对方不说，自己也不说，永远也不可能有第三个人知道。这既为保护别人也为保护自己。（李季访谈资料）

据其他朋友透露，这位被访者自己在"下海"之初，任一家房地产公司的财务主管，曾因该公司老总涉嫌贿赂而被检察部门"弄了进去"，检方希望从他身上找到突破口，抓到证据。在连续审讯了近30个小时之后，由于他咬紧牙关，没有松口，最终检方无奈，只好放他出来。涉嫌受贿的某官员未受到追究，因此非常感激他。两人之间的"关系"经过如此严峻的考验后，非但没有受损，反而更为坚实，一直持续至今。被访者"严守口风"的"惯习"，给笔者的调查设置了很大的障碍。对此笔者除了强调会对访谈资料匿名处理之外，还向被访者保证在书中进行技术上的加密处理，如张冠李戴，以让"有心人"无从寻找追查线索。有位被访者甚至提出，书写好后需经他"审阅"同意后才能出版，对此笔者也慷慨应允。

在田野调查当中，除了想方设法消除调查客体的重重顾虑外，作为调查主体，笔者的角色定位也经过了一番调整。

在进入田野的初期，笔者强烈地感到，自己正在揭开房地产市场光鲜、繁荣外表之下所隐藏的一些秘密。一时间，笔者感到了角色错乱：我究竟是一个研究者还是一个侦探？笔者曾经按捺不住地想乔装暗访，应聘到房地产公司"卧底"，以期对某些楼盘的经营内幕有更清晰的认识。在想象中，笔者仿佛是城市角落里一名形迹诡秘、不为人知的侦察员，以调查为世人所不知的秘密为乐。但最终笔者意识到，笔者的任务是提供一幅关于房地产企业对外协调模式的图像，而不是揭示具体某一事件或某一案例的全部细节和真相。既然笔者的职责不是法官，不必通过提供完全确凿无误的证据来对某一个个案作出判决，最终笔者调整了自己的调查目标，即不再纠缠于细节，包括不再对笔者的访谈对象寻根问底，以免让被访者感到"形象受损"，甚至安全受到威胁。事实上，在访问的过程中，笔者不仅努力消除被访者的各种抵触和不安情绪，而且调动他们对于"关系"的反省意识，参与到笔者的研究当中，与笔者合作完成一次学术之旅。在这方面，笔者的亲和力和心思的单纯，起了很大作用。

回顾两年多的访谈经历，自感不是笔者进入和介入了被访者的活动，而是被访者介入了笔者的研究，他们像一个个诚恳负责的资深导游，不仅对"关系"这一"名胜"提供生动有趣的讲解，而且还贡献着他们对这一问题的深刻感悟。下面的记述，可谓一篇记录笔者与所有被访者共同旅程的"游记"。

一　"关系"的意义

对于"关系"在房地产经营中的意义，笔者所访谈的企业家无一例外地都给予了充分的肯定和强调。归纳起来看，被访者从以下三个层面说明了"关系"对房地产经营的重要性。

第一个层面涉及对房地产行业特性的理解。在业内人士看来，房地产业是靠协调各种关系而生存的"特种"行业。

> 房地产商需要和方方面面打交道，除了终端的消费者之外，几乎没有什么部门房地产商不和它发生关系。为此很多业内人士称房地产业属于"特种"行业。（赵春访谈资料）

房地产企业必须协调各方面的关系，而且关系协调的结果，直接影响到企业的经营,只要一个环节的关系没有理顺,生产经营就可能会陷入停顿。从这个意义上说,房地产企业的自主性较低,对环境的依赖程度非常高。

> 其他行业,相对的面单一一点,部门少一点。房地产企业一个是面比较广,从居委会一直到市政府。再一个是一环套一环,少一环进行不下去。(李冬访谈资料)

房地产行业的这一性质,决定了:

> 搞房地产开发大部分都是协调工作,对专业技能的要求并不高。(李冬访谈资料)

而在所有的协调工作当中,与政府部门的协调被认为是最为重要也最难把握的。

> 跟政府部门的关系更为重要一些,同合作单位的关系次要一点,在可控制范围之内。(赵春访谈资料)
>
> 现在环境好一点了,向服务型政府转变,以前如果搞毛了,一个小科长都可以把你的项目搞垮。(赵春访谈资料)

因此,"关系"在他们看来也是解读房地产市场竞争的重要线索。

> 房地产最难的,就在"关系"的处理,每个项目每个问题都不一样。(李季访谈资料)
>
> 本身房地产竞争,就是"关系"的竞争,另外,在操作过程中,进一步利用"关系"进行资本运营,这个就叫"关系"运营。(王强访谈资料)
>
> "关系"太重要了。房地产开发一定要处理好各方面的"关系",否则寸步难行。(刘群访谈资料)

第五章 房地产市场中的"关系"(上篇)

笔者注意到,在一些类似的表述当中,开发商实际上把环境协调能力直接等同于"关系"运营能力。而在逻辑上,两者之间并不存在必然的联系。假如环境对房地产企业设定了明确而又合理的要求,并且房地产企业遵照这些规则来约束自己的行为,合法合理地追逐利润,"关系"的重要性又从何而来呢?然而现实却是,调查对象普遍认为,"关系"是当前房地产企业用于适应环境、满足环境要求的主要手段。这正是需要解释的一个现象[①]。

第二个层面,涉及"关系"的具体商业价值。比如,"关系"被认为决定着土地的获取机会。土地是一个房地产开发企业的主要生产资料,也是当前房地产公司巨额利润的根本源泉。以尽可能低廉的价格,获得理想区位的地块,是每一个房地产开发商的追求。然而,在过去土地实行协议转让的年代,土地使用权的获取机会极不平等。

> 有"关系"才能拿到地,拿到好地。(齐杰访谈资料)
>
> 如果不和(国土局)用地处的人有"关系",就不可能跑下这块地。它要考察你的资质啊、能力啊。如果是块肥地,有人找他了,他不会给你!(李冬访谈资料)

J市市区最有名的"肥地"之一,是现御景花园所在地块。这一地段位于主城区,临山面水,又地处传说中的龙脉之脊,故御景花园被称"龙脉之上的天价山水豪宅"。其中位于该花园东端的嘉宾楼,依山傍水,J市的湖光山色、古城遗韵可谓一览无遗。

据了解,御景花园的开发者是利来实业公司。该公司成立于1993年,为港资控股的房地产公司,于1998年投资兴建御景花园。传说中其前任老板是当时J市某位领导的亲属。

> 他如果不是靠"关系",怎么可能拿到湖边上的地?人

[①] 事实上,这是一个暴利行业,而且按照法规很多企业是没有条件和能力开发的。但为求利,他们克服种种困难,进行种种变通,使项目启动。

家知道他想要这块地，谁还敢和他竞争？竞争也只能做陪衬！（李冬访谈资料）

在开发用地实行协议转让的年代，"关系"而不是资金才是进入房地产市场的主要门槛。

那真的是比谁的胳膊粗，它并不是比谁的钱多！（吴豫访谈资料）

对于土地的获得来说，金钱常常显得苍白无力，相比之下，"关系"却能够轻而易举地转化为"金钱"。

也有采用隐蔽的办法，拿到土地后，不参与具体的开发。我通过渠道帮你搞定项目，然后再在初期转让股份。（周伦访谈资料）

J市东郊景色宜人，空气清新，是理想的居住场所。经过多年的开发，如今那里已经成为J市主要的中高档住宅区之一。耐人寻味的是，其中某项目本以"经济适用房项目"立项，最终却以高档住宅面目上市。按规定，凡"经济适用房项目"用地无需经过"招拍挂"，而是由政府直接划拨，条件是项目建成后必须限定售价、定向销售。如今项目性质改变以后，土地成本保持不变，但收益却成倍增长。项目变更是非同寻常的举动，它涉及多个部门，并且由于其中牵涉的利益重大，其权限已上归到城市主要领导。因此，在这一案例中项目变更所需要的活动能量，实非一般房地产企业所能企及。有被访者暗示，现任某领导的子女直接参与了这一项目的开发并在中途获利后稳妥退出。对于这样的案例，除非作为当事人，局外人是很难知晓其中的细节的。因此，这一案例真实与否，不得而知。然而，业内人士普遍乐于以"关系"思维去感知和理解房地产领域中的各种现象，这本身比一两个确凿的事例更能说明"关系"在这一领域的作用。

第五章 房地产市场中的"关系"(上篇)

在笔者调查的项目个案当中,水岸家园也是以"经济适用房项目"获得土地和立项,最终却以商品房的名义公开销售的。根据齐杰的介绍,当初公司明确地把"经济适用房"作为一种取得土地的策略。

> 发改委我们不熟悉嘛,找熟悉的人带我去见他,再把他请到这里来,带他去看地。"关系"一好,他就帮你出主意。说实在不行呢,你们就搞个经济适用房(项目)。卖房子的时候怎么办?到时候可以转嘛!(齐杰访谈资料)

1998年7月,国务院发布《关于进一步深化城镇住房制度改革加快住房建设的通知》,这一通知不仅基本终止了福利分房,而且明确指出,中国今后将推行"住房分类供应制度","建立和完善以经济适用住房为主的住房供应体系"。为此后来建设部曾下达文件,规定各地住宅建设70%~80%应建经济适用房,以销售给中低收入家庭。然而这一规定事实上成为一纸空文。很多以"经济适用房项目"获得的土地,中途摇身一变,成为商品房项目。市政府关于建设"经济适用房"的宏伟规划,成为那些有"关系"、有活动能量的房地产开发商获得土地、项目以及丰厚利润的捷径。

经营性土地实行"招拍挂"以后,"关系"对于土地获取机会的影响下降了,但"关系"的作用仍然不可小视。据了解,在貌似平等和公正的土地竞拍当中,仍然隐藏着各种各样的不平等和不公正。

> 同样是拍卖,人家的地是净地,你这块地为什么就是毛地呢?一块土地,有的人可以分开运作,有的却要钱先交了才给你。(周伦访谈资料)

在拍卖过程中,通过"关系",可以操纵地块开发条件和竞拍资格,限制竞争对手进入以减少竞争对手的数量,从而变相地提高竞得几率和降低竞价。

> （"招拍挂"以后）比以前是规范了，但设置条款还是有余地的。经常搞擦边球的东西，比如有块地规定以前绿化过多少亩地的，还得是全国一级企业，每年开发多少平方米以上，另外近两年拿地但开发未完成的，不能参加竞拍……设置这些条件的时候，是量身定做，但肯定也有理由。比如说，为什么要每年开发多少，说明开发质量是稳定的啊！（赵春访谈资料）

钱村地块就是"定向型"招标的实例。该地块位于 J 市 M 区，是 PB 公司通过竞拍获得的。根据钱夏的叙述，当时为使 PB 公司顺利以低价竞得这块土地，J 市某局和 M 区的区政府运用了很多技巧。

> 之前跟 M 区已经签订了价格协议，为了保证拍卖时不超过这个价格，怎么办呢？区里要想办法设置障碍，让别人不敢去挂牌竞价。怎么设？所有这块土地的拆迁由摘牌单位自行解决，这句话就吓跑了很多人。在 M 区里拆迁必须和政府关系好，才可能拆掉。否则哪年哪月才能拆掉？第二，原来这块地里有一所小学，要求小学必须安置好，还回来一个 50 亩地的小学。第三，因为离飞机场近，有航空限高。另外，里面还有河道，需要退让 15~20 米。把这些全部都设置好后，让人来报名，讲好哪天哪天报名结束。要是没人来，只有 PB 一家，自然就取得这块土地的开发使用权。（钱夏访谈资料）

不仅可以在土地开发条件上"量身定做"，"关系"到位后，还可以在报名过程中设置小小的陷阱和障碍，以便阻止竞争对手的参与。

钱村地块招标报名截止的前一天晚上，有一家公司（以下简称 X 公司）似乎了解了一些内幕，于是通过第三方打电话给钱夏

第五章　房地产市场中的"关系"（上篇）

所在公司的总裁，要挟说也要来参与竞拍，届时将尽可能抬高价格。

他说，我每一亩只要提价 100 元，举一下手，你就损失 2000 万元。讹诈，你知道吧？（钱夏访谈资料）

公司总裁一面谎称尚未决定是否参与竞拍，一面连夜召集部下，商议对策。应急对策之一，是授意 J 市某局负责竞拍报名工作的人员，设法阻止 X 公司报名。有趣的是，正像很多政府文件一样，关于钱村地块的拍卖公示文件当中，除要求报名者提供诸如法人身份证、营业执照等证明文件之外，还列有"及其他相关材料"的字样。某局的工作人员就以此为借口，要求 X 公司提供一些"其他相关材料"。

比如上个月的盈利表，问拿了没有，没有就回去拿。要是拿来过了时间，那就对不起，失去报名资格。（钱夏访谈资料）

遗憾的是，第二天 X 公司的人赶在上午上班时间之前来报名，并且及时地在下午下班时间之前提供了被要求补充的"其他相关材料"，所以取得了钱村地块的竞买资格。

另外，有了"关系"之后，在参与土地竞拍时，开发商可以获得一定的信息优势。具体说来，与某些职能部门的"关系"除了有助于及时了解有关竞争者的信息之外，还利于对外操控有关地块的信息。

钱村地块拍卖信息在媒体公示以后，好多公司打电话到某局询问，也包括上海的、浙江的。我们事先就跟接电话的讲好，说这块地怎么怎么不好，另外还让他们把咨询记录在第一时间通报给我们。（钱夏访谈资料）

以上事例只说明了"关系"对于土地获得机会和土地成本的影响。实际上,"关系"对于房地产开发商的实用商业价值远远不只土地获取这一个方面。

"关系"决定了能不能获得项目信息。政府和老百姓之间信息是不对称的,你不跟政府有密切的关系,是不可能获得相关信息的。只有能获得这方面信息的人才有竞争的资格。(吴豫访谈资料)

甚至,"关系"还决定了能不能获得房地产开发项目。

一个项目,为什么别人拿不到,而你这个房地产企业能拿到……"关系"就是金钱。别人拿不到,你能拿到,这不是钱吗?(齐杰访谈资料)

也正因为如此,"关系"被认为在房地产经营中具有战略性意义。

只有发展"关系",才可能有企业的发展。(王强访谈资料)

"关系"就是生产力。(李冬访谈资料)

第三个层面,肯定"关系"对个人职业生涯的影响。

在房地产业,拥有优良的"关系"网络被认为是成为优秀房地产企业家的必备条件。

一个朋友支撑系统,造就了职业经理人。如果没有这批人就不可能在这个领域做好。他没办法调动资源呀,环节太多了!这个行业的特点决定了必须这样。这也是工作需要。(潘洋访谈资料)

第五章 房地产市场中的"关系"（上篇）

实际上，房地产企业家的大部分日常工作，就是协调各种关系。

> 以前有人跟我说，应该用70%的精力来协调关系，20%的精力用来工作，10%的精力用来处理突发事件。我当时刚入这一行，不太理解。我想应该用70%的精力来工作，20%的精力处理关系，倒过来才对！但是经过这十来年的切身体会，我感觉到这话很有道理。（齐杰访谈资料）

不仅如此，房地产企业家还必须具备高超的"关系"运作能力。

> 搞房地产企业就是搞关系平衡。如果你整天忙于应付，搞救火，那你不要搞企业了。（李季访谈资料）

外部的"关系"资源，也是房地产企业家在企业内部获得权威和动员资源的基础。SC是J市某局直属的一家国有房地产公司。1996年齐杰上任的时候，该公司已经负债累累，濒临破产。

> 我从来没干过这种工作，但是因为不知道深浅，就临危受命。职工寄希望于我和市长有"关系"，甚至是和市长是亲戚，那样的话肯定就把企业搞好了，当然如果是省长的亲戚就更好了。结果发现我什么"关系"都没有，很失望。（齐杰访谈资料）

由于齐杰新来乍到，在行业系统里缺乏根基，公司其他上层领导都不买他的"账"。作为总经理，他甚至长期没有"签单权"，请客吃饭的发票需经过公司的书记签字才能报销。他试图借助公司其他人员的"关系"网络来打开工作局面，但也是阻碍重重。

> 由于我行业里头人不熟,根本没法开展工作。找了半年,地都没找下来。有个领导批评我,来了半年,还没"出台"呢!要出来表演一下,对不对?所以我也很着急。当时我们有个副总,专门负责跑前期。我说你把这些人介绍一下。一直到调走,才把他的同学啊,处长啊,叫到一起吃顿饭……他担心一介绍给我,自己就没地位了。(齐杰访谈资料)

最终,齐杰通过一位与自己私交不错的分管局长打开了局面。

> 他这么多年肯定熟,对不对?他亲自带着我去,做建委、计委的工作,这样一来局面才慢慢地打开了。(齐杰访谈资料)

由于"关系"的稀缺,房地产开发公司普遍欢迎那些在行业系统内拥有"关系"的人士加盟,当然,这些人士往往有着政府部门的工作经历。例如,为运作钱村那块地,SB公司就专门高薪聘请J市M区的前国土局局长担任该项目的副总裁。PF公司的某位副总,原在J市房管局工作,1996年下海加盟ST房地产公司,专门负责前期工作,在他的带领下,该公司创下10个月内结束前期工作的辉煌业绩。2004年他转入PF公司,负责营销工作。据介绍,由于这位副总与房管局的渊源深厚,房管局专门开辟一个窗口,对前来办理产权证的PF公司某大型项目的客户实行"一站式"服务。据说全市享受此等特殊待遇的有史以来只有两家[①]。

房地产企业借助高薪水、高职位,把外部的"关系"资源整合为企业内部拥有的"关系"资源,以促进企业和项目的生存与发展。理所当然地,在内部管理上,"关系"资源的多寡、"关系"处理能力的高低也是评价员工能力的一个常规标准。

---

① 另一家为SN公司。享受特殊待遇的两个项目都是江东大盘,建筑面积均超过100万平方米。

我们说某个人很有本领，能力很强，实际上是说他有"关系"，有社会资源。（王强访谈资料）

有一定的"关系"是工作能力的表现，证明你有能力。我一出马，就能搞定，你们干什么去了？（吴豫访谈资料）

"关系"是你的本领，你的能力。你跑断腿都不成，他一个电话就搞定，那不给他当处长给谁当？（齐杰访谈资料）

一个人没有文凭，没有能力，光凭会搞"关系"，在房地产行业可以很轻松地找到年薪10万元的工作[①]。（李冬访谈资料）

从以上房地产业界人士的叙述来看，"关系"在这一行业具有压倒一切的重要性。然而，"关系"究竟在房地产经营中具体发挥了哪些作用？对此我们不妨通过房地产项目的开发流程来加以深入了解。

二 前期：一百多个公章

前面曾经提到，整个房地产开发的流程可分为前期、中期和后期三个阶段。其中前期是项目的准备阶段，指一个房地产项目从开始筹划到取得政府有关部门批准的这一阶段。一般说来，只有顺利通过这一环节，房地产项目才能合法地破土动工。这一阶段的工作在房地产业有一个专门的名称，叫"跑前期"。

一个房地产项目的立项需要取得若干政府部门的批准，从而需要经历一个漫长的前期准备阶段，这构成了目前房地产业区别于其他行业的一个重要特征。这个漫长的前期究竟有多长？根据PF公司某副总提供的资料，在1996年前后，他参与的一个项目，整个前期"跑"下来，费时10个月，而当时一般房地产项目前期准备工作大约需要一年半的时间，因此算是创了一个纪录。这

[①] 在J市，大学讲师年薪为3万元~4万元，普通教授年薪为6万元~8万元，年薪10万元相当于外企高级白领的收入水平。

位副总清楚地记得,在这期间,一共盖了138个公章。这意味着他们一共"跑"了大小138个部门,这其中还不包括同一部门的不同级别。而相比之下,2004年PF公司的一个大型项目,整个前期共盖了118个公章,情况略有改善。据了解,自2004年以来,房地产项目前期工作一般费时一年。

跑前期最主要的目标,是取得"四证"以证明这一项目的合法性。这"四证"包括:国有土地使用证、建设用地规划许可证、建设工程规划许可证、建设工程开工证。这些证明性文件分别由国土局、规划局、建委、发改委等部门核准发出①。但在此之前,由于用地时不可避免地要涉及房屋、绿化、文物古迹、测量标志、市政、交通等方面的问题,因此为表明项目符合相关主管部门的有关规定,必须由这些主管部门出具相应的证明性文件。此外,按照规定,房地产项目还需要缴纳五项"规费",即教育附加费、白蚁防治费、基础设施建设费、商业网点费、人防费,只有这些费用缴清,才谈得上"四证"的获得。当一个房地产项目结束,这些证明性文件完成了它们的历史使命后就寿终正寝了,而新项目的合法性,还需要继续重复上述过程才能够取得。这导致房地产企业根据项目需要,广泛而又频繁地同各个政府管理部门打交道。

不仅如此,项目合法性的取得过程还有另一个特点,即不能够分别地、同步地进行操作,而是必须按照一定的程序和步骤逐个加以完成。从争取立项开始,一环紧扣一环,在前一道手续当中未获得许可,就不可能顺利进入下一个"关节"。如果在一个关节不幸"卡壳",整个项目就被迫停滞甚至夭折。而为使项目顺利开工,并缩短开发周期,房地产开发商普遍希望在前期能够尽快获得四张"通行证"。

---

① 当然,从媒体的报道来看,也有极少数"来头"很大的企业,就敢在未获得合法手续的情况下"破土动工",大搞"违建",等大楼竖起来后再让它身份合法化。造成"既成事实"迫使政府有关部门认可,是一种不常见的违规做法。

第五章　房地产市场中的"关系"（上篇）

"跑前期"被认为是在房地产开发所有环节中难度最大的一个环节。在这一环节当中，政府明显处于强势，而开发商处于弱势，开发商是"受控"的对象而不是"自主"的行动主体。用民间的俗语来说，开发商此时是"人到屋檐下，不得不低头"。

首先，频繁而又广泛地与政府部门打交道的房地产开发商，要被迫适应某些政府部门的"官僚主义"作风。J 市相当重视政府机关的工作作风，有一位房管局的局长曾经在实行"末位淘汰制"的市民万人评议中黯然辞职[1]。然而，目前的整顿似乎仅针对面向民众的窗口性部门，这些部门民众的意见确实比较集中和强烈，而对于面向企业的窗口部门，政府部门的"官僚主义"作风似乎并未得到明显的改善。

> 要是派个新来的大学生去跑前期，肯定连门都找不着！不出一个月，就得气死！那可真是门难进，脸难看，事难办！（吴豫访谈资料）

> 你每天拿着支票去（交规费），不认识人就根本交不掉……为什么？你理不顺啊！（吴豫访谈资料）

对于企业来说，时间就是金钱，甚至是生命。房地产开发企业为避免节外生枝再拖延时间，被迫适应政府部门的"官僚主义"作风。为此，曾经跑过外勤的房地产企业工作人员，据说都磨炼出过硬的心理素质。长期从事房地产业的郑石曾经负责过前期工作，面对冷漠和刁难，他的办法是平息不满、磨炼意志和开阔胸怀。

> 有时到江边一坐就是三个小时，只有这样才能平静下来。（郑石访谈资料）

---

[1] 有被访者认为，房管局局长下台的真正原因是因为房管局的低效率妨碍了 J 市房地产市场的繁荣。

谈及从业感受，郑石颇有感触：

> 在房地产行业，你不到35岁就不算人才。干这行得有度量和反应能力，这需要多年的磨炼。（郑石访谈资料）

其次，由于规则内容本身的弹性，预留给政府部门的官员以一定的裁量空间，这时事情往往就取决于政府官员手中规则的执行标尺，而这切实地影响到房地产项目的生产成本、利润空间或者开发周期。

> 交五项规费，现在大概是一平方米270元，认识的人说不定100块钱就搞定了。（李冬访谈资料）
>
> 规划局不认识人，设计方案不可能（利润）最大化。（吴豫访谈资料）
>
> 跟你讲，在中国，处长的权力大得不得了。他笔一挥，你就多赚几百万元，甚至上千万元。（王强访谈资料）
>
> 销售许可证早一天给你，迟一天给你，都没准。规定是工程得完成2/3，这个怎么算？差一层两层，算不算？若完成2/3才开始递材料，等拿到销售许可证时房屋早就封顶了。"关系"好的话，我先不拿，放到你那，等到完成2/3的时候再拿。（赵春访谈资料）

再次，房地产项目同一般的工业生产项目不同，由于政府制定的规则内容不够明确，给政府部门随意使用权力提供了空间。为了免遭来自政府部门的"合法伤害"，房地产企业只有对政府官员曲意顺从。

> 你要（审批过程）快一点吧，顺利一点吧？有时候中国的政策是比较模糊的，比如说规划审批，他说你违规。怎么叫符合规范，怎么叫不符合规范？"关系"好就过得很快！"关系"不好，毛病不说透，一拖就一两年，这种情况经常

发生。(许海访谈资料)

规划没有细到门开多大,什么地方不能放玻璃吧?"关系"不好,可以让你的项目做得不伦不类。会不会故意刁难?应该说多数是比较客观的。只要是房地产企业,大家都知道不管帮不帮忙,都要把"关系"搞好。(赵春访谈资料)

虽然近年来,政府部门加强自律,如规定15个工作日办结等,但即便如此,当政府部门若以"文件不够齐全"为由拖延不办时,房地产企业也无可奈何。

美国国葬规定得很细,光是文件就堆满几间屋子,那我们可没规定得那么细。少个文件要补充,15天,退回去重来!累死吧?有"关系"就不同了,他会告诉你哪一步哪一步。(郑石访谈资料)

程序细节定不下来,执行下来就有很多偏差。你说政府部门违规,它也不违规。(赵春访谈资料)

另外,社会对于政府部门的行为缺乏有效的监督手段,致使政府部门的不合理行为,很难在短期内通过正常渠道及时、妥善地得到纠正和解决。企业和政府"较真",就意味着和自己过不去,因为你的事情日后还要落在你所投诉的这帮人手里。

投诉?找它的麻烦,不就是自找麻烦吗?(赵春访谈资料)

最后,房地产企业自身存在这样或者那样的问题,本身就违反了政府的有关规定。比如房地产企业为节省资金成本、扩大利润空间和缩短资金运作周期,经常采取撤资、虚假注资、偷税漏税等不法手段。这些违规的行为,按照规定,行政执法部门应该给予很重的处罚,但由于监管部门受部门利益的驱使,致使房地产企业的违规行为,常常能借助"关系"的运作,找到通融和折中的解决办法,从而化险为夷或者大事化小小事化了。

PB公司下属的一个房地产项目公司涉嫌撤资,经某局核查,情况属实。按照规定,需接受注册金额5%~10%的处罚,合计罚金在60万元~90万元之间。钱夏代表公司与某局交涉。钱夏先询问该局是否需要添置办公设备、办杂志或拥有第三产业(言外之意就是他们公司可以"帮忙",要么直接出钱,要么给他们提供盈利机会),对方的回答是不需要或者没有。后经请客、送礼等多种方式,终于得到一个有价值的答复,该局下属的一个协会需要一笔钱。这笔钱的数额随着双方"友情"的加深,从20万元降到15万元,直至降为10万元,达到PB方认为能够接受的水平。

> 对他们来说无所谓,他们想处理谁还不是处理谁?一开始我们以为公司内部出了内奸。和该局的人熟了以后,就私下里问起他们是怎么查出来的,好把内奸给揪出来。不问不知道,一问吓一跳!原来,某局要盖办公大楼,上面拨不出钱,就给了一个尺度,说把500万元以上的企业都清理一遍。实际上,口子开了以后,只要200万元以上的全清理了。(钱夏访谈资料)

类似的,某房地产公司由于偷税漏税,按规定应缴罚款500万元,后经多方斡旋,实际罚款只有20万元。

正因为是与"弹性十足"(这个词出自一位被访者之口,包括两层意思,一是善于扯皮,一是尺度灵活)的政府部门打交道,房地产项目的前期操作,实际上就不是循规蹈矩的程序性工作,而是具有特殊的性质,业内人士称之为"培植关系网,组织吃喝玩"。

> 外部的婆婆妈妈很多,很复杂。对于他们,我们用尽各种各样的手段,目标就是交朋友,最终一个目的是"利"。(郑石访谈资料)

第五章 房地产市场中的"关系"(上篇)

当然,这并非一件容易和快乐的工作。

> 这个公关呢①,就连舞厅的小姐都不如。为什么呢?小姐可以陪你,但不高兴了还可以不陪。那你管着我,我就得把你摆平。(郑石访谈资料)

在企业内部,外勤人员根据各自拥有的"关系"资源进行细致分工,即所谓"铁路警察,各管一段"。

> 他是跑水电的,我是跑规划的。你让我去跑水电,猴年马月才能搞定!跑这个口子的人因为有"关系",知道这一行的门道,懂得怎么才能给公司节约资金。(李冬访谈资料)

三 中期:政府权力的渗透

1. 开发商的市场地位优势

开发商在项目前期主要是同政府部门交往,对政府部门的依赖性较强;到中期阶段以后,主要是同合作伙伴打交道,其自主性明显增加。

> 跟政府部门的关系显得更为重要一些,同合作单位的关系显得次要一点,在可控制范围之内。(赵春访谈资料)

从市场权利的分布来看,中期阶段开发商的自主性,来源于其对房地产市场中人流、财流和物流的协调。在这方面,不妨参照杰瑞菲等人的市场结构分析框架。杰瑞菲等人借助"商品链"(commodity chains)概念分析市场行动者之间的结构性关系。所

---

① PDL 把"培植关系网"的工作称之为"公关"(public relations),这也是很多人的习惯用法。有趣的是,中国很多企业界人士普遍把与政府官员缔结的私人关系误解为本来是现代企业面向公众的"公共关系"。

谓商品链，指的是在产品抵达终端消费者之前对包括生产和分配在内的所有步骤的组织（Gereffi，1994）。从商品链的角度观察市场，大部分的市场交换是有组织地进行的，也就是重复发生、经过协调，甚至由那些在链条中占据关键位置的企业强行掌控着的（Gereffi，1994；Gereffi and Hamilton，1996）。

杰瑞菲和汉密尔顿认为，市场行动者在市场中地位的排序，取决于市场的进入壁垒（Gereffi and Hamilton，1996）。而根据他们提供的判定标准，房地产市场作为资本密集型市场，属于生产者驱动链（Gereffi，1994；Gereffi and Hamilton，1996），即房地产开发商在整个市场当中享有经济权利，他们在这一行业当中，组织人流、财流、物流等资源的配置和流动，亦即把持着关联企业进入这一行业的入口。

至少在目前中国的房地产市场中，房地产开发商对于上下游企业的支配地位是十分明显的。只需举出房地产业的两个惯例就能够说明房地产商的支配地位：一是建筑商一般需要为开发商垫资；二是代理商为获得代理权需要缴纳一笔不菲的保证金。这些所谓惯例，无一不是在开发商普遍资金紧缺的条件下为开发商提供便利的。当然，开发商的优势在于能够拿到土地——这除了关系硬之外，通常还要有一定的资金实力。对于开发商的这种优越地位，有位被访者的理解是这样的：

　　　　总体上开发商的资本量还是最多的，这就叫资本的魅力！（潘洋访谈资料）

这位被访者无意间道出了房地产生产市场（production market）的权利真相。

2. 开发商的双重地位与"关系"策略

杰瑞菲和汉密尔顿的市场结构分析框架有助于我们勾勒一个具体市场的自发性秩序（spontaneous order）。确实，单就市场行动者之间的地位排序而言，房地产开发商对整个房地产市场的掌控地位是不言而喻的。但与此同时，我们不得不承认，外部的政

第五章 房地产市场中的"关系"（上篇）

治和社会结构也会以特定的方式影响着市场行动者的协调和组织方式，而且可以肯定地说，这种影响在目前中国房地产市场秩序的形成中举足轻重。以上两个方面实际上构成了本书叙述中国房地产市场协调机制的双重叙述框架，前者可称之为经济权利（economic power），属于一种自下而上凸显出来（emergent）的权利协调机制，它建立在效用算计的基础之上；后者可称之为经济权威（economic authority），为自上而下渗透的权利协调机制，它建立在既有的制度和合法支配原则的基础上（Gereffi and Hamilton，1996）。这一分类与韦伯关于不同统治类型的认识也大体吻合。韦伯认为，有两种不同性质的统治，一种依靠市场利益，一种依靠权威。

据此可以认为，开发商在中国房地产市场上具有双重性格和地位。一方面需要服从来自政府的权威，另一方面享有对上下游企业一定程度的支配权。显然，优越和卑微——优势者，可对建筑商、代理商颐指气使；卑微者，面对主管部门的哪怕一个小办事员，也需要低声下气——在房地产商身上并存着，这两种地位之间极不协调。在笔者看来，中期阶段所涉及的"关系"，正折射出房地产商身处双重地位的尴尬，当然也体现出他们应对此种尴尬处境的策略。

在前期阶段，政府与房地产商之间属于权威—服从关系。开发商追逐"关系"，其目的无非是微调甚至控制政府的行为，使其有利于企业的生存和发展。在这一阶段，政府官员的优势地位是稳定和长期的，而来自政府官员的任何合作（不管是否属于收买来的），都是分次进行因而也是暂时的。就这一阶段"关系"的建立和维系来说，开发商固然采取积极主动的策略，但终归处于被动地位。笔者注意到，项目发展到中期阶段，虽然"关系"对于企业生存和发展的意义有所下降，但开发商对于"关系"经营的兴趣仍然十分浓厚。其中的原因耐人寻味。显然，项目步入这一阶段，开发商基本摆脱了前期阶段易受政府部门决策影响的脆弱状态，已经成为市场上强有力的支配者。但开发商似乎不大会气宇轩昂、居高临下地享受这种优越感觉，而是仍然小心翼翼地平衡和处理来自方方面面的"关系"。根据笔者的判断，这种情形与房地产开发商的策略有关：精明的房地产商试图利用其市场上的强势来扭转其相对于政府权力的弱势，亦即通过对业务伙伴的选择来回报或者发展与政府官员的"关系"，进而操纵政府官员的行动。当然，必须承认，这种策略的运作空间建立在这一阶段开发商地位由被动变为主动的基础之上的。从根源上来看，笔者认为，开发商处理"关系"的主动性得益于其在房地产生产市场中的支配地位，而"关系"的重要性本身却源于其相对于政府的弱势地位。因此，从另一种角度看，这一阶段的"关系"在本质上是政府权力向中期阶段转移和渗透的结果。事实上，一些政府官员之所以在前一阶段采取合作乃至主动帮忙的姿态，可能就是为后面收取回报做铺垫，即可以安排"自己人"去参与利润分享。

在此笔者把中期阶段的"关系"解读为开发商的一种经营策略，即借助"关系"来调整和优化自身的地位，进而使项目和企业的运作稳健和顺畅。但这并不等于说，把"关系"现象的存在，理解为房地产商一厢情愿的产物，实际上"关系"所涉及的上下游企业和政府官员都是抱着自身动因（agency）的"关系"实践者。一方面，上下游企业为了在激烈的市场竞争中胜出，成功地加入到房地产开发的"商品链"当中，会主动到政府官员那里去"借势"，即让政府官员向房地产商"施压"，以获取商业机会；另一方面，为了把自身的政治资本安全地转换为经济资本，政府官员也乐于"用势"，甚至不惜在自己所管理的行业中发展和培植自己的商业势力。并且，必须承认，作为一种横向协调机制，任何一次"关系"的运作，只有兼顾和协调卷入其中的各方利益，才能取得成效，这是"关系"发挥作用的必备条件。正因为如此，笔者认为，中期阶段的"关系"现象实际上是市场参与者各方基于自身地位和市场情势所达成的一个"解"（resolution），而房地产商对于"关系"的选择、权衡和处理，可以理解为房地产商根据对场域形势的审视和判断而作出的顺势而为的举动。当然，后面将提到，那些外围的

第五章 房地产市场中的"关系"（上篇）

行动者，特别是商品房的购买者，虽然也是房地产市场场域的行动者，但他们对这个场域的结构和过程是缺少影响力的。核心行动者不可能充分地考虑到他们的利益，更不可能达成他们所期望的理想的"解"。

另外，通过对中期"关系"的考察，笔者越来越认识到，"关系"的始因在政府权力，没有政府权力的潜在影响力，市场行动者对于"关系"运作的兴趣会大大降低。

> 基本上是一种金钱关系，是一种金钱关系的转移嘛。这种关系归根到底还是一种金钱关系，取决于权力关系，权力关系又转移为金钱关系。只不过金钱关系转移了。（齐杰访谈资料）

我们不妨比较一下开发商对不同类型"关系"的处理策略。对于以权力为背景的"关系"，开发商常常出于对项目全局或公司长远利益的考虑而舍弃当前的利益，而对于纯粹私人的"关系"，开发商越来越倾向于将其区隔开来并加以安顿和处理，不愿意因照顾"关系"而损害公司的商业利益。这在后面的分析中可以非常清楚地看出。

3. "关系"经营与项目管理

在今天的中国，只要一提到"开发商"，人们难免会加上"黑心"、"无良"这类带有道德谴责意味的修饰语。这类修饰语不单是谴责开发商的贪婪，而且还隐含着对开发商所提供的质量低劣的商品房的不满。人们很难理解，对于技术含量并不高的房屋建设来说，为什么总是存在这样那样甚至是严重的质量问题？

开发商对项目的管理，直接决定了商品房的质量。我们或许可以从开发商"关系经营"与"项目管理"的矛盾中揭穿低质量房屋背后隐藏的秘密。

对于房屋的质量来说，设计、材料采购、施工、验收等都是比较重要的环节。然而，由于"关系"的作用，在这些环节当中，对质量的考量被置于相对次要的位置。首先，我们看到，在这些对质量至为关键的环节,"关系"的活动异常活跃。在生意机会的诱惑面前,似乎各种可能的"关系"都被激活和运作起来。其次,在中期,开发商由前期的"关系"发动者转为"关系"运作的目标和对象。这在某种程度上成为开发商自主性和支配性地位的一个标志。然而,作为整个市场战略的一部分,开发商在这一阶段普遍把设计、建筑和材料的招商当成用来经营"关系"的资源,为此不惜放松对质量的管理。最后,开发商质量管理松懈的深层根源还在于,终端市场对于商品房屋的质量缺乏鉴别能力。这种鉴别能力的缺乏,一方面,与近年来商品房需求的强劲有关,教育区位、周边环境、服务设施、交通等要素的稀缺加剧了某些路段新造房屋的市场需求,出现排队抢购、一房难求的"盛况",这自然降低了人们对房屋质量的关注度。另一方面,与房屋这种产品本身的特点有关。通常来说,只有具备相关专业知识的人士才能够准确鉴定房屋的质量,而普通消费者不具备这方面的知识,只有在入住以后甚至质量隐患暴露以后才能觉察到房屋的某些质量问题。与此同时,商品房预售制度也助长了开发商对质量的忽视心理。购房者依照图纸交付房款,而从效果图、模型乃至样板房上当然是看不出质量问题的。房款落袋为安,从此开发商对质量问题就更加漫不经心。总的来说,由于房屋质量的好坏,对其销路和售价进而对项目的利润不会造成实质性的影响,这就为房地产企业在房地产项目开发过程中经营"关系"、上下游企业利用"关系"开辟了一定的空间。

当然,每个企业由于经营理念、成长阶段和生存环境的差异,其质量底线并不一致。如 SC 公司在开发某楼盘时,曾在全国率先提出"零投诉"的概念,并且从日后看该项目确实也基本保证了质量。

> 当然也有投诉,我们私下里提出要把投诉消灭在人家投诉之前。(齐杰访谈资料)

该楼盘曾被评为"中国(M 省)房地产成功开发模式典范"

第五章 房地产市场中的"关系"（上篇）

和"M省十大明星楼盘"。在项目建设过程中，在质量管理方面，齐杰坚持一个实用的原则：在保证房屋建筑质量的前提下，可以适当放松对于其他设施和材料的质量标准。

> 事先讲好必须使用进口的涂料，否则就不能交给他做。另外万一坏了，反正把它拆掉重来就是了。它不像房子，这个房子，是绝对不能开玩笑的，因为我们是朝着品牌发展，是百年大计。（齐杰访谈资料）

然而，对于赵春辛苦经营的PA公司来说，迫于项目的生存压力，为培植"关系"而放弃对质量的要求，则似乎是一种理性的选择。

JQ公寓是PA公司开发的第一个楼盘。该楼盘从购地到开发，历时近七年。期间由于资金严重紧缺，无力付清土地款，地块数次面临被卖方收回和法院查封的险境，项目始终搁置，无法启动。2000年，房地产市场回暖，企业看到一线生机。当时面临的情形是，只有把大楼建起来，赵春和他的企业才能生存下去，否则为免牢狱之灾，大概只能背井离乡，逃往他国（事实上，他也为此做了准备，以至于有关系人托朋友劝他不要出此下策，因为这会让很多关系人陷于被动）。

> 在中国国内，在市场经济刚开始或法制不健全的情况下，可能权力的影响很大，特别大。明知道他的产品不行，但只要不影响到我的底线，或者根基，或项目的生存，某种程度上这个项目我可以让他多赚点钱。比如哪个市长打电话给我，让我照顾某企业，我肯定会考虑一下。质量当然有差别，有损失，只要不突破我的底线。另外一条，利益。这不很简单吗？肯定有差别，瓷砖贴不好，就会从墙上掉下来；空调质量再差，也不会转不起来吧？质量上肯定有差别，但一个项目不是给一点钱的问题。（赵春访谈资料）

出于种种顾虑，赵春没有向笔者提供关于材料商、建筑商的详细资料。从商业的角度看，JQ公寓最终获得了巨大的成功。在地基打好、完成地上地下"正负为零"的建设之后，该楼盘即以预售的方式开盘上市。JQ公寓虽地处市中心地段，却闹中取静，与名牌大学和重点小学毗邻。凭借这一地理区位优势，房屋一开盘，在不到一周的时间内即被抢购一空。但在业主正式入住以后，该楼盘却暴露出很多问题，致使住户和开发商之间纠纷不断。其中除了学区错位①、会所未能按期交付之外，房屋本身还存在不少的质量问题。或许是因为疲于应付各种质量投诉，该公司的法律顾问PAL，不无夸张地评说道：

> 基本每家都有问题。住户一天到晚都在闹事。（PAL访谈资料）

4. 不同类型的"关系"

在项目的开发过程中，来自很多方面的"关系"，会想方设法说服开发商接受相关企业的产品或服务。

根据齐杰的说法，JLS项目启动以后，仅涂料一项，就有无数人通过"关系"找到他。

> 战友来了，处长也找来了，说涂料照顾一下，某一个局

---

① 即JQ公寓的学童不能到家门口的知名小学就学，反要到离家很远的一所普通小学上学。当初很多住户是由于看重学区优势而购买这里的房子的，如今感到十分失望。此事曾经披露于几家地方媒体。其中据某地方报纸猜测，这种状况是由于开发商与教育部门未能沟通好导致的。对此，赵春的解释是：当初我们并没有做虚假宣传，因为我们在售楼广告上只提到邻近某某小学，并未肯定学区就是该小学。至于住户自己作美好的联想，那是他自己的问题。再说，学区是由教育部门划定，开发商没有这个权利决定。一共才建一栋楼，难道我还要专门建一所小学不成？另外，当初卖的时候，我们的价钱也公道，并没打着学区的名义卖出高价。有些人买了高价的二手房，心理才不平衡，不应该由我们来负责任。（赵春访谈资料）
而根据PAL的猜测，当初因资金极为紧张而拒绝缴纳60万元的教育增容费，可能是教育部门未把JQ公寓纳入学区的直接原因。（PAL访谈资料）

第五章 房地产市场中的"关系"(上篇)

长来了,说某某涂料质量很好,经过省质量监督局鉴定,说你们工程一定要用我们推荐的涂料。后来又有领导找来了,说某某涂料是绝对可靠的产品,你怎么不用呢?(齐杰访谈资料)

在工程建设方面,要处理的"关系"就更多了,"关系"的来源也更为复杂。

我们是国有企业,建筑工程必须招标。招标办一公布这个信息,光是报名就80多家。按理讲我选择几家就可以了,但按规定还不行,不能随便把哪家去掉,去掉他,你要有正当的理由。你不看,怎么去呢?所以每家都要考虑到。甚至大部分我都去看过,还剩40多家。哎呀,这个情况很复杂。其中有某领导的亲属,打招呼嘛;还有就是老乡,你怎么处理呢?某市长打招呼,他通过我的局长找到我,他并不会自己出面。(齐杰访谈资料)

综合访谈资料可以看出,对于开发商来说,中期涉及的"关系"大致可分为三类:政府官员(其中包括国有房地产企业上级部门的领导)、亲属、朋友。其中,来自政府官员的"关系",又可细分为四种不同的情形。

一种情形是由于在项目中期阶段,某些操作步骤仍然涉及政府部门的许可和审批。某些"现管"的政府官员利用这一机会,向开发商推荐自己属意的企业,而开发商为了尽快获得许可,也乐意与政府官员所推荐的企业结成生意伙伴。

SC公司在开发JSL花园时选了JW设计院的方案。

实际上这家设计院是管这个地区的规划局某处处长推荐的。我当时考虑呢,既然有利于审批[①],算了!(齐杰访谈资料)

---

① 设计方案需交规划局审批。

按照规定，国有企业的房地产项目设计方案必须经过招标评审。

> 当时省 M 院啊，N 院啊，搞了好多方案。可参加评审的专家，全投了 JW 设计院的票。从事后分析，是处长事先做了工作的，我们也能感觉到。现在回过头来看就是这样。（齐杰访谈资料）

为赢得时间，甚至为了以违规的方法获得更大的利润，不少房地产企业都愿意为通过政府关卡而放弃对业务伙伴的自主选择权。

> 他会给你推荐，说谁做建筑模块是最棒的，让你去找他做。实际上他推荐的是不是最好呢？也不一定！但你要是找了他推荐的人，你在他那里通过得就快。要是找了别人，且有得等待通过呢！（李冬访谈资料）

第二种情形则是前期阶段与政府官员"关系"的一种合理延续和转移。对于前期政府官员给予的帮助，开发商并不急于以现金的方式马上给予回报，而是采取更为隐蔽和安全的方式，即将工程、项目、材料等方面的生意交给与政府官员有特殊关系的客户。

> 特别是在前边，别人不是帮助了你嘛，你不是也要回报人家的嘛。你通过工程啊、项目啊、材料供应啊，通过其他方面去回报。（李冬访谈资料）

> 举例来讲，某项工程需要使用涂料。那么多"关系"介绍过来，甚至很多还找上门来。最后选谁的呢？选前期帮助最大的，没有他的支持我们就生存不下去。这样选肯定不会错！我们也会去考察一下，看看质量如何，如果确实不行，那也就没办法了。确实行，哪怕价格高一些也没关系，只要

第五章 房地产市场中的"关系"（上篇）

你能做好。（齐杰访谈资料）

第三种情形则是对企业未来发展有一定价值的政府官员。有战略眼光的企业家，当然不会放弃与政府官员建立面向未来的"关系"。毕竟在某些政府官员能够为企业带来巨大商机的背景下，培植和强化与要害部门政府官员的"关系"，是房地产企业的日常功课。这些政府官员，常常是位居要职，甚至是一级政府的主要领导。他们常常利用自己的巨大影响力，给自己辖区或者家乡的建筑企业或者材料供应商争取商业机会。

甚至地方官员为了让他的辖区拿到项目，会亲自出面。当时 K 县县长、T 县县长①都找过我。他们俩以前在市里做过局领导。两个人甚至还比斗，看到底谁能拿到工程。他们跟我打招呼请我吃饭，这个饭也不好吃！（笑）后来我给了 T 县县长。反正我们早晚会到 T 县做项目。（齐杰访谈资料）

在 J 市，G 地的建筑公司原来多得不得了，有名的，像 DD、SJ，全是 G 地的。为什么？以前的省领导，包括 CH 这些人全是 G 地出来的，还有 GHY，多着呢！现在 N 地的建筑公司怎么不行了？G 帮倒了！这些人利用他的影响，是这样。要不工程你怎么给他呢？肯定有些内幕！（王强访谈资料）

根据笔者的判断，开发商之所以愿意买一些官员或者官员亲属的"账"，即给他们介绍来的客户提供生意机会甚至利润上的让步，还与开发商自我形象的塑造有关。开发商常常把与某些高级官员的交往当作吹嘘的资本，给人以神秘莫测、能量巨大的印象，这在政府权力影响巨大的环境下，有利于他们进一步拓展企业和项目的发展空间。

当然，与政府官员搭上的"关系"，并不只有符号的意义，在一些关键的时刻，这类交往也确实能够发挥巨大的作用。很多

---

① K 县和 T 县都是 J 市下辖县。

年前，笔者曾经参加过一次高级宴会。那次宴会的主宾是某中央高层官员的侄女和侄女婿，主人是开发商赵春，印象里那次宴会只是几个家庭之间一次轻松的聚会，孩子们唱歌跳舞，大人们频频举杯。但过了差不多一年，笔者听说赵春正在运作的一块土地，迟迟未能取得中央某部委的批文[①]，如果任其拖延下去，可能导致整个项目夭折，前期的投入也将付诸流水，而那相当于赵春的几乎全部家当。在生死攸关的时刻，正是通过那位官员的关照，赵春才得以渡过难关。

第四种情形是国有企业的上级领导。对于这类官员，国有房地产商一般都是无条件服从。按照齐杰的说法，"你连自己的领导关系都处不好，你这个总经理还怎么干啊？"当然，相关领导在你帮忙以后也会"心里有数"，往往在其他方面给予照顾或者另找机会给予补偿——动用的当然是国家或集体的资源。

除了政府官员之外，开发商的亲属、朋友也会卷入项目的招商过程。对于这类与权力无涉的纯粹的私人关系，开发商面临的主要是私人情感与企业利益之间的矛盾。

在本书的分类中，近亲属关系属于强关系，是任何企业家都无法回避的。那么，在中期阶段，一旦亲属关系卷入招商过程，开发商该如何处理呢？

赵春的叔叔曾在他的公司里任副总，利用职务之便，收受某消防产品推销员的贿赂 20 多万元，承诺在建的 JQ 公寓使用该品牌的消防产品。赵春却拒绝采纳叔叔的建议，选择了另一个品牌的产品。最后该推销员找上门来，想要回那 20 多万元钱时，赵春的叔叔却宣称自己早已把这笔钱挥霍一空，赵春只好代叔叔把钱还上。即使这样，在赵春父亲的恳求之下，赵春仍然在公司中为叔叔保留了一个闲职。

如果说叔叔成为赵春的包袱，那么周伦的哥哥则堪称企业家亲属的另一种典型。2004 年末，周伦的公司成功转让了一块市中

[①] 直至 20 世纪 90 年代后期，土地的转让仍需经过土地转让方的上级主管部门批准，这令土地的转让过程产生很多变数。

第五章 房地产市场中的"关系"(上篇)

心的土地①。当时公司面临财务难关,元旦、春节将至,公司却无力支付工程款和员工的奖金。当时政府对于拖欠支付农民工工资等问题十分关注,为避免上了政府的"黑名单",公司急需将手中的余地转让出去借以资金周转。而在土地快速、成功转让的操作过程中,周伦的哥哥起了关键的作用,他为公司找到了对这块地有兴趣同时有支付能力的大客户,因此他的牵线可说是为公司的发展立了大功。周伦的哥哥并不是公司的员工,平日靠在房地产业引荐客户、促成交易来谋生。

> 首先,他是老板的亲戚,第二,他也确实能找到比较好的队伍或者比较强的合作伙伴。嗯,这个可能是一个相互尊重的过程。这个可能要花很长时间,一开始可能是偶然的,他促成了一件什么事情。他也需要对老板负责,他要是老是推荐一些差的人,后续的机会就没有了。有点像掮客中间人的角色,我帮你什么价钱成交,我拿多少钱,介乎于透明与不透明之间。人家也知道老板是让他拿钱的。最后开出来的条件,我不会因为你在这里捞了好处,就做无原则的让步。做成一单生意,回报的数额是非常大的,要付10%左右②。(李季访谈资料)

周伦的哥哥凭借他的特殊身份成为一个成功的掮客。其中,除了个人的才智和社交手段等方面的原因之外,强关系所带来的信任无疑也是很重要的一个因素。

在以上两个案例当中,某种程度上,开发商在处理亲属关系的过程中,对于项目本身成本、收益的关注超过了对于亲情的考虑。这对于一个谋求项目和企业发展的商人来说,是可以理解的。但这两个案例所涉及的企业 PA 和 PE 公司都是民营企业,所受的

---

① 为合理规避土地转让的巨额税金,该地块是以合作开发的名义转让的,PE 公司保留了10%的股份。
② 因某种原因,李季对该公司的情况较为了解。

自上而下和自下而上的监督与约束都较少。因此，如何处理与亲属的关系，完全取决于企业家本人的自律。而对于国有企业来说，情况就有很大的不同。通常来说，国家对于国有企业的软约束利于企业家照顾亲属的利益，但在国有企业特有的监督机制下——假设其能够正常发挥作用，企业家显然并不能过于张扬地照顾亲属的特殊利益。

齐杰所在的公司是国有企业，在处理亲属关系方面一向谨慎从事。

> 像我嘛，我们兄弟也蛮多的。其中我的大弟弟经常想着点子在我的公司做生意，介绍别的朋友来接工程。确实，接一笔就够他发一笔财的。但是我从来不允许。我说你要做，必须做到几点：第一，你不姓齐；第二，公司人不认识你；第三，你有很高的水平，哪怕你做了呢，人家也不知道，你要以一个公司做依托。万一做不好，追究责任，不要给我找麻烦。为此有次我们和几个朋友一起吃饭，他跟我吵得一塌糊涂。但事后通过一件事情让他心服口服。快改制的时候，别人找出各种理由让我下台，其中一条就是，说我有个弟弟跟公司做了好几笔生意。我表示，如果查出做了一笔，我立即辞职。后来一查，果真一笔都没有。这回他才晓得其中的利害。（齐杰访谈资料）

至于朋友关系，房地产商一般会理性地加以处理。

齐杰的老同事、老朋友 W 力荐一家园林公司承担 JLS 花园的绿化工程，但齐杰最终回绝了 W。

> 按照当时的市场价格，整个小区绿化下来只需要 600 万元，他开价 1680 万元，等于我要送 1000 万元给他。可能吗？（齐杰访谈资料）

G 是王强的老朋友，彼此经常在一起打牌喝酒。有次 G 介绍一家玻璃公司给王强,希望王强的房地产项目考虑购买该公司的产品。经 G 的引见,供需双方见了面,并且一起吃了饭,相处甚欢,王强当时也表达了采用该公司产品的意向。但此后很长时间 G 都没有得到王强的回音,经询问才知,王强已经买了另一家玻璃公司的产品。G 为此十分恼火,觉得王强不够朋友。对此王强的解释是:

> 我当然要为项目考虑,不能太顾及朋友情面。(王强访谈资料)

四 后期:回避"关系"的艺术

房地产项目的后期,是指房屋竣工之后的销售环节。在商品房实行预售制度的条件下,按照规定,房屋的销售在多层建筑封顶、高层建筑建成 2/3 即可开盘销售。然而,实际的情形则是,项目动工之后,地基和地上建筑的高度达到"正负为零",项目的销售就非正式地开始了。这种预售可能是以内部认购、交付定金等方式进行的。开发商把预售的房款和定金用于楼盘的建设。如此操作,银行的配合也是很重要的。

> 银行看准了这个项目的前景,一般也愿意提前进入,发放个人贷款。(某银行信贷员访谈资料)

因此这里所谓后期是一个不准确的概念,它不一定是在房屋建设竣工之后才开始的一个环节,而是单指房屋的销售环节。在这一环节,主要涉及商业化的操作,即通过各种商业化的手段说服房屋的潜在购买者对该楼盘发生兴趣,进而产生购买行为。因此,在这一阶段,"关系"的作用并不显著。

对房地产来说,在销售这个环节上,已经基本没有"关系"的作用。以前房子卖得好不好,有没有"关系",会差别很大,现在差别很小。他买你的房子不仅考虑"关系"的好坏,位置、地段、交通、质量等都得考虑,那么在这个基础上,两栋房子差不多的话,可能"关系"的作用就比较大。不能说"关系"一点都没用。(许海访谈资料)

以上只是表明,房地产企业不靠"关系"来销售房子,但依靠"关系"生存的房地产商,到了销售阶段,仍无法彻底摆脱"关系"的困扰,这些"关系"问题有时甚至相当棘手。比如熟人前来购买房屋,要求给予价格优惠。有些熟人对优惠的幅度抱有过高的期望,开发商很难满足他们的要求。另外,在房源紧俏的情形下,大幅度的让利,对项目的利润无疑构成一种损害。所以在销售阶段,开发商面临的主要问题是如何回避"关系"和尽可能地减少"关系"所导致的利益损失。

开发商对于关系户,有一种制度化的回避方式,那就是启用代理商。在房屋紧俏、排队抢购的时期,据说"傻瓜也能把房子卖出去",但房地产企业一般都会正式地同专业的销售公司签订代理协议。不可否认,代理商拥有专业化的销售手段,可以在一定程度上提高商品房的利润,但开发商启用销售代理的另外一个不为人知的原因就是,代理商可以充当关系户与开发商之间的一道"挡箭牌"。

开发商"关系"太多,找代理商很重要的一个原因就是回避关系。手上有张牌他可以推。(刘群访谈资料)

但在房屋的销售上,开发商也并非一味地逃避"关系"。对于重要的"关系",他们愿意让出自己的一部分利润;对于不那么重要的"关系",只要不愿直接回绝的,他们亦给出一定的让利空间,虽然这个空间很小,只是象征性的。

对于那些重要的"关系"我肯定会让,这个有时候能让出去,是好事。让给你该让的人,这是好事嘛!但有时你不

第五章 房地产市场中的"关系"（上篇）

想让，就推给代理商。我们会设计一些空间，有些人绝对要给个面子，简单地处理。对此，要制度性地处理。（王强访谈资料）

在 J 市楼市大旺的 2002 年前后，据称只要盖得像个房子的模样，都能卖出好价钱。在这样的市场环境下，代理公司很难展现自身的销售特长，因此属于整个行业当中一个可有可无的链条。有些外埠进入 J 市的代理公司巨头，由于没有施展才能的空间，未及站稳脚跟就悄然退出 J 市市场。剩下的，是本土背景代理公司之间的相互厮杀。房地产商则利用代理公司之间激烈的竞争，图谋解决自身的资金短缺问题。他们单方面要求代理公司交纳一笔不菲的代理保证金，从而提高了代理公司的市场进入门槛。不过，由于大量行业外和非本土资金跟风涌入 J 市的房地产市场，代理公司经常凭借身居本土的人脉优势，为这些业界新手和外来者提供一些所谓的业务咨询，其实质是帮助开发商疏通各种关节，如此倒也养活了不少名义上的代理公司。当然，也有个别代理公司通过为这类地产新军订立风险销售合同而赚得盆满钵满，令地产公司追悔莫及的。

PL 公司是 J 市房地产代理行业的后起之秀。这家公司刚成立不到五年，就取得了骄人的经营业绩。不仅在 J 市成功代理了几个大型楼盘，还声名远扬，在重庆创造了一起堪称经典的售楼案例。在笔者面前，潘洋毫不避讳 PL 公司的商业成功同"关系"经营之间的关联。在潘洋看来，在企业刚起步的阶段，实力薄弱，不靠"关系"，是根本不可能取得代理资格的。他的公司所代理的第一份业务，是通过巧妙地利用"关系"而取得的。

那是一家国有的房地产公司。当时争取代理权的时候，是通过另外一个中间人，这个中间人跟我是签订协议的。所谓的协议，其实就是我付给他一定费用，算是顾问费。这当然是虚置的一项业务。他找到了这家房地产公司母公司的分管局局长，跟他打招呼。局长跟下面交代了以后，我们的代理权很快就落实了。这里面也牵涉怎么摆平底下基层的既得利益，因为底层发现不让我做也不行了，也跟我做了沟通，当然我也有利益上的让步。我们这个项目落实了以后，很快地，那个局长，又给这个公司安排了别的项目。（潘洋访谈资料）

当然，在获得机会之后，潘洋没有浪费他的商业才能，让PL公司逐渐显示了在市场运作方面的不凡实力。在PL公司迅速成长的那几年，正逢房地产业发展异常火爆的时期，随着各路资金的大量涌入，业内的竞争也在加剧，代理行业迎来了它们的曙光。随着房地产市场竞争日益加剧，在选择代理公司时，开发商越来越看重代理公司的销售能力，因为这种能力能够在开发商项目利润上直接体现出来。因此，一般说来，这一时期开发商对代理商的挑选是十分谨慎的。

PA公司开发的JQ公寓即将面市的时候，赵春想找一家合适的代理公司。除了研究各个代理公司的资料，他甚至自己假扮成买房者，几次到代理公司的售楼中心私访，几经比较，他选中了代理公司PXJ。后经谈判，PA公司与PXJ公司正式签订了代理合同。在JQ公寓销售大获成功以后，PA公司与PXJ公司继续合作，甚至在PA公司的一个商业项目当中，PXJ公司还作为该项目的出资方之一，与PA公司合伙注册了项目公司。当然，必须指出，PA公司毕竟是一家民营房地产企业，对于国有房地产企业来说，由于激励机制的差异，对代理公司的选择标准自然有所不同。

五　与城市政府官员的"关系"

上述开发流程中的"关系"，只涉及隶属于地方政府的各个职能部门，并不涉及地方政府本身。房地产企业与地方政府官员的"关系"是怎样的？

中国城市近些年来一直保持着超常规的发展速度，其中地方政府官员的作用很大。他们不仅有着强烈的政绩动机，而且由于拥有相当程度的自主权，因而能够有效地调动辖区内的行政资源，完成任期内的各项政绩目标。

众所周知，经济发展和城市建设是考核中国城市政府官员政绩的主要标准。除了城市的 GDP 水平是衡量地方政府官员政绩的一个关键指标外，一个城市的建设面貌，则直观有效地展示着地方政府的政绩。这一现实，塑造和强化了地方政府致力于发展房地产经济以及加快城市建设的执政动机。20 世纪 90 年代以来，各大中城市普遍认同一种"经营城市"的城市管理理念。所谓经营城市，本质上是政府零投入或少投入，通过对公共资源的调配来吸引社会资金，以达到建设城市和发展城市经济的目的。在经营城市的过程中，政府的作用只是"划场地、定位子"，真正投入财力和物力的则是各类企业。在这方面，土地作为地方政府的可支配资源，充当了政府的主要经营资本。早期房地产领域流行的"以地补路"就是一个例证。所谓"以地补路"，实际上是政府委托企业从事市政工程和市政交通的建设，事后给企业划拨一块土地作为补偿。另外，政府还操控土地的出让价格来带动地方经济的发展。如为了招商引资，有意压低工业用地的价格，简化土地出让的行政程序。因此我们看到，在低廉土地的吸引之下，一些地处边缘、经济沉寂的城市瞬间成为淘金的热土。而自 2004 年商业性土地实行"招拍挂"以后，城市政府越来越看重从土地出让中所获得的实际经济收益，因此各地纷纷建立所谓的土地储备机构，用于囤积和垄断土地买卖。不仅如此，在笔者所调查的 J 市，于土地挂牌和拍卖之前，政府还对同一地区的土地加以整体规划和概念化包装，并且出让的时机也完全是根据政府的需要而定。如此操作之后，土地价格的确得到了提升，大大提高了地方政府的土地收益，但政府本身却成为名副其实的土地经营者和垄断者，价高时卖出，价低时囤积。即使在土地遭遇流拍的时候，这种情形在 J 市最近几年几乎频频发生，城市政府仍不愿服从市场规律将土地低价出售，而是将土地牢牢握在手中。其后果是：一方面地方政府难以承担地方房地产市场的监管和调控职能，对地方房地产市场的潜在风险视而不见，甚至成为中央政府宏观调控政策的抵制者。另一方面，在地方市场上，提高了房地产企业经营土地的风险，抬高了商品房的价格，使得辖区居民沦为身背供房重负的"房奴"。

地方政府无论是为了有力地促进 GDP 的增长，还是为了获取高额的土地收益，都有着繁荣房地产市场的强烈意愿，而这显然符合房地产企业的利益。然而，这种结构意义上的利益一致，并不必然导致现实中的利益共谋。因为这些潜在的获利机会，并不是均等地分摊在每一个房地产经营者的头上的。对于具体的房地产企业来说，要想搭乘地方政府开动的经济快车，还必须通过揣摩政府的政策意图，以及适当的"关系"经营。

对开发商来说，为取得上车的门票，或者为了跳跃式地从次等车厢升至头等车厢，头脑灵活、顺势而行是很重要的。所谓顺势，就是要顺应地方政府官员的政绩目标。政府对某一区域超乎常规的重点推动——这是近年来各地方政府普遍采用的手段，为房地产开发带来巨大的商机。前面提到的云湖小区，是超常规发展的典型，一批房地产企业也因此得到了快速的发展。参与这一小区的住宅和商业项目开发而获得巨额利润的房地产企业家周伦指出：

> 我们和政府官员的关系，并非一般所想象的，请他吃饭抽烟的问题，他有他的利益，他要税源收入，招商引资。地方政府不就是干这个的吗？政府为什么支持你？他们也希望尽快建成，所以才讲究效率，一路绿灯。当然我们也请这些官员出国考察，又是欧洲又是美国。（周伦访谈资料）

有访谈对象这样评价企业家与政府官员的关系，"官员要绩，企业要利，只要两者合拍，再不好的关系也会好起来。"（赵春访谈资料）但显然，在很多情况下，政府的绩和企业的利并不是平等的关系，企业的利必须依附于政府的绩，因为"房地产企业离开政府这棵大树，是活不下去的。"（李冬访谈资料）

因此，企业为自己的"利"同政府的"绩"之间的关系，被迫调整自身的目标。而这意味着企业必须不计一时一地的利益得失，要着眼于长期和全局利益，尽管如此可能要承担巨大的商业风险。

在J市，政府在筹建一场全国性的盛会——这显然是一场关乎政绩的盛会——的过程中，与房地产企业之间所建立的关系令人深思。为了能够少出资甚至不出资建设大批的会议场馆，J市政府充分发挥了"经营城市"的理念。为此政府先是在主要会议场馆的周边、地处仙湖沿岸的湖东地区勾画了一幅美好的开发蓝图（比如政府允诺将优先开通地铁、筹建数十所中小学），大张旗鼓地修桥、铺路、开博览会，以此为契机，分批分块地出让湖东的商业性土地。起初是以协议出让的方式让一些大地产商进驻，随即借助这些大地产商的示范效应，以拍卖的方式大量出让土地，造成众多的地产商不惜成本抢滩进入。而据业内人士透露，这些企业在满足政府期望的同时，也得到政府在项目规划设计方面的让步（如提高容积率），或者在这一城市的其他项目上得到相应的补偿。

开发商和政府合演的"双簧"，也确实一度炒热了所谓的"第三商圈"，新闻媒体每天都能见到湖东地区的楼盘信息。然而，未及那场全国性的盛会开幕，湖东地区的房价就呈现虚高不下、难以为继的尴尬局面，个别楼盘为生存所迫，以隐蔽的方式大幅度降价，甚至一度传出银行为规避风险、集体封杀湖东楼盘的不利消息。显然，在中央实行宏观调控、市场低迷的情形下，协议转让的地块或许可以靠降价来维持生存，而在大量以拍卖方式取得的土地上，势必因开发商难以为继而出现"烂尾楼"。不久，市政府为收拾残局作出决定，市政府将整体搬迁至湖东地区，并且不时传出重点中小学将进入湖东地区的利好消息。政府的托市举动暂时化解了这一地区房地产市场的"崩盘"危机。

基于以上的案例，可以认为，企业同地方政府的关系，一定程度上是通过绩效和利润之间的互补来维系的。但真正的互补和双赢或许只存在于政府与大企业之间，就大多数的房地产企业而言，对政府的依附还是相当严重的。在这种情形下，政府官员同企业家之间的私人关系就显得至关重要。

六　小结

　　通过这一章的叙述，我们看出，"关系"是房地产企业普遍而又积极采用的一种经营策略。在房地产项目前期，房地产企业借助"关系"松动政府规则对项目的各种限制和约束；在中期，房地产企业纵容政府权力，乐得它们假借"关系"之名向房地产市场渗透，为此甚至不惜以降低房屋的质量为代价；在后期，为保护自身的商业利益，房地产企业建立起自卫的制度堤坝，想方设法地抵制"关系"对项目利润的侵蚀。在这当中，有两点值得关注。一是开发商对于"关系"的两种截然不同的建构策略。在项目前期阶段，他们急于利用"关系"来松动各种制度条件，解决自身的一些经营难题；在项目后期阶段，他们又想方设法把"关系"加以制度化处理，尽可能地减少"关系"所带来的利益损失。两者之间形成了鲜明对照。二是房地产企业在项目中期阶段，由于照顾"关系"而降低房屋质量标准的做法。这至少表明，对于房地产开发商来说，"关系"所带来的收益远大于降低房屋质量所带来的损失，显示房地产市场中存在市场机制失灵的问题。"关系"中所蕴藏的获利空间，激励着企业越来越多地投入到"关系"的经营中去，而"关系"的丰厚回报，则减轻了企业原本必须依靠降低价格和提高质量来获得生存的压力，也使房地产市场对材料、劳动、资金等资源的组织越来越受到"关系"的左右，最终导致市场优胜劣汰原则的边缘化。

第六章
房地产市场中的"关系"（下篇）

前一章对房地产项目进展中的"关系"作了全景式的展示。然而，到目前为止，"关系"一词还只是一具空壳，因为并没有交代被访者在叙述中在什么意义上使用"关系"这一概念。

事实上，在两年多的访谈过程中，笔者一直鼓励被访者按照他们自己的理解来谈论"关系"，以避免把笔者对"关系"的理解强加给他们。一般来说，只有当被访者提供的资料远远超出笔者的兴趣范围，笔者才会以一种适当的方式将话题转回到"关系"上。这种访谈策略，固然造成收集到的素材过于分散，加大了后期资料整理的工作量，但却保证了资料的原始性和全面性。现在该是整理"关系"的经验意含，并且尝试将其同文化性阐释相互对接的时候了。

除了挖掘"关系"的深层内涵，在这一章中，笔者通过概括开发商的"关系"经营策略来增加对房地产市场中"关系"现象的了解，最后还将"关系"与正式规则联系起来，展示"关系"这一微观社会结构对制度的操纵性。

一 "关系"的类型

许许多多的社会关系，推动着房地产项目乃至整个房地产市场的运转。然而，这些社会关系，并不属于相同的类型。从访谈资料来看，诸多被访者所谈论的关系，甚至同一个被访者谈论的关系，都并非是在同一种意义上的。为了区分不同性质的关系，笔者尝试把被访者谈到的各种关系加以分类。当然，在尝试分类的过程中，笔者也参照了个别被访者的实用"关系类型学"。如有的被访者谈到：

> 关系第一种呢，和自己有经济利益关系；第二种呢，是政治利益关系，所谓政治利益呢，比如政府领导跟某行长打招呼；第三种是朋友关系。（齐杰访谈资料）

> 官员除了考虑业绩，还会考虑个人关系。如果是朋友关系，纯粹是帮忙，还有一种是利益关系，他拿到好处。每一个具体事情都不一样，这里面很复杂。（赵春访谈资料）

这里，笔者根据特定关系中主导因素的不同，提出自己的一种分类框架。需要说明的是，所谓市场中的社会关系，其实主要是指一种长期性、重复性的交易关系，以同一次性的、保持距离的交易关系相互区分，并探讨前一种状况的成因。一方面，我们得承认，无论哪一种交易关系类型，由于发生在市场这一特定的场域之中，都不可避免地为关系主体的利益服务。然而，另一方面，笔者又认为，社会关系当中的利益不能简单地还原为物质的或者经济的利益，并且不同类型的社会关系当中，利益匹配的主导原则是有差别的。基于这一设想，本项研究把被访者所讲述的关系案例大致划分为三种类型：结构主导型关系、信任主导型关系和情感主导型关系。必须强调，三种关系绝非相互排斥的，常常是你中有我、我中有你，我们只能凭借其中的主要成分来对现实中的关系加以鉴别。

1. 结构主导型

所谓结构主导型关系，是指关系双方由于各自所占据的结构地位具有一定的互补性进而引发的相互合作。这里主要指的是政府官员与部分企业家之间的关系，以及国有企业家同私营企业家之间的关系。这种关系主要是结构或者制度原因导致的，双方的私人情谊和个人的品质都不具有决定性影响。

某些政府官员与某些企业家之间的结构性关系，得益于官员政治利益与企业家经济利益之间的契合，正所谓"官员要绩，企业要利，只要两者合拍，再不好的关系也会好起来"。但显然，

第六章 房地产市场中的"关系"(下篇)

要想一个企业的作为对于官员的业绩有明显的改善,就必然对企业的规模和影响力提出很高的要求。笔者认为,通常只有那些行业内的大型企业,才可能对于某一地区或某一地区局部区域的发展施加整体性的影响。换言之,在中国当前的制度环境下,只有当企业的实力发展到一定程度,才开始具备同政府进行平等协商的资格,从而摆脱单方面地受制于政府决策和官员意志的被动局面。而事实上,大多数企业都处于这种被动地位,因此才不得不花费大量的时间和精力用于发展和培植与政府官员的私人关系。

企业的规模与企业的关系经营之间存在微妙的联系。一般来说,当一个房地产企业的实力增强到一定程度以后,在关系经营方面会发生两方面的转型:一方面,项目或公司的发展对人际关系的依赖性会有所下降,在外部关系的处理上,结构主导型关系开始占据主导地位;另一方面,以大型企业作为平台,也就是在结构主导型关系的荫蔽之下,人际关系的发展会变得相对容易。有被访者甚至指出:

> (公司)做大了以后,它就可以创立品牌了,创立管理模式了。即使要发展品牌,还要建立更大、更强的关系网。只不过这时关系建立起来相对容易。两手都得硬!(李季访谈资料)

在这方面,K公司J市分公司或许是一个有趣的例证。这家分公司的老总曾经在J市的媒体上抱怨,由于缺乏有力的"关系",K公司在J市只能开发地处城市边缘的劣质地块和高价获得的二手地块。对此,有位访谈对象颇有微词:

> GH家园[①]它能说没有关系?怎么可能呢?那块地本来要

[①] GH家园是K公司在J市的标志性景点——仙湖边上开发的商品房项目。由于该楼盘呈桶状将仙湖围了起来,被市民认为是煞风景之作,且把公共景观私家化了。

建个公园！只能说，它到了一定阶段以后，搞关系变得容易了。一个小伙子出来闯江山，多么不容易啊！一个大公司，那它就容易多了。（周伦访谈资料）

事实上，有时为加强沟通，促进双方的互利合作，政府官员也会主动与房地产企业的经营者进行一些非正式的接触。

像某市政府领导包括市长会送礼给你，为了税源，你说我们要不要送礼给他呢？他们不送钱，送卡给你，里面钱还蛮多。怎么办呢？过段时间再送还给他。一般都是这样，你送给我，我送还你，只要不把你送的东西再送给你就行。（周伦访谈资料）

国有企业同民营企业之间的关系属于结构主导型关系的另一种类型。笔者访谈到的民营企业中，很多与国有或者由国家控股的股份制企业合作过，有些企业甚至就是通过与国有企业进行项目合作而挖到了"第一桶金"。有位来自国有房地产企业的被访者认为：

私企和私企的关系是利益的关系，国企和私企的关系应该是种糊涂的关系。（李冬访谈资料）

这其中的原因主要在于，到目前为止，国有企业的委托—代理机制很不完善，企业利益与企业家的个人利益之间存在严重的不对称，这导致有些国有企业家往往更在乎某项交易给他个人带来的好处，而不是整个企业的利益得失。因此：

国有企业和民营企业合作，是非常麻烦的。一般来说，国有企业出地。国有企业赚钱赔钱都没关系，关键是满足很多个人的利益。一块地1亿元可以卖给你，也可以8000万元卖给你。给底下办事人员点好处，再盖个章就行了。之后国

第六章 房地产市场中的"关系"（下篇） 145

有企业既不监督它，也不管理它。有时候根本就不想把一些后面的事情分配清楚。当然如果牵涉到私人，就很清楚了。双方愿意糊涂一点，为什么？对双方都有好处。一个项目最快完成得两年，双方说不定成为朋友，也有可能成为敌人，有些不谈好，反而有好处。你也不做，我也不做，最后多半做的是政府。为什么？政府它有压力。（李冬访谈资料）

显然，这种糊涂的结构性关系，容易导致市场的混乱和社会的不安定。

2. 信任主导型

在笔者的调查中，长期商业性合作关系为数不多。这种关系从源头上看，建立在对关系对象的能力、资质、信誉等方面的信任而不是双方私人交情的基础上。即使私人交情从中发挥了一定的效力，其效力也体现在它增进了双方的相互了解和信任，从而间接地促进互利互惠的商业往来。显然，这种类型的社会关系等同于西方网络研究者较为注重的长期合作伙伴关系。

信任来自于深入的了解。前述 PA 公司所开发的 JQ 公寓与 PX 公司签订了销售代理合同，此前双方的公司高层之间并没有发生任何私人接触。作为房地产行业中的经营者，PA 公司的老总赵春对 PX 公司的经营能力和业绩有所耳闻。但耳听为虚、眼见为实，他几次来到 PX 公司代理楼盘的售楼现场，假扮为购楼者，考察该公司的销售能力。考察满意之后，才通过正式的渠道与该公司谈判并签订了代理合同。此后，由于在 JQ 楼盘的销售中取得优良的售楼成绩，PX 公司成为 PA 公司的长期合作伙伴。

前述 PL 代理公司重庆某楼盘代理权的取得，更是具有某种传奇色彩。重庆的楼盘，由一家本部设在吉林省的大型房地产公司开发。一个偶然的机会，这家公司的老总，读到由 PL 公司实名赞助并由潘洋直接参与主编的一本房地产时评杂志，对 PL 公司产生了浓厚兴趣，立即通过电话与潘洋进行了交谈，对潘洋在电话中的应答极为赏识。不久之后，该公司确定了 PL 公司对重庆楼盘的代理权。

前面曾经提及，齐杰曾列举了承担 JLS 花园建设的若干家有"关系"的建筑企业，并对这些"关系"的来龙去脉了如指掌。但他也谈到：

> （这些建筑单位当中）也有一点"关系"也没有的，跟我们连认都不认识，完全是靠招标上来的。当然了，这种情况，也确实不多。还有一家 J 市 S 建筑公司也来干过几次，这家呢，倒不是因为什么"关系"，只是他们总在我们这干，上上下下都熟悉。（齐杰访谈资料）

信任主导型关系不仅得益于企业双方利益的和谐与互补，现实当中，很多企业之间表面上看来明显具有利益的互补性，但却不一定能结为合作伙伴。企业之间要想真正密切地合作，除了具备利益互补的先决条件外，有时还需要彼此之间的了解和信任，这是无论东西方商业文化中都十分强调的一个成分。信任能够节约信息搜寻的物质和时间成本，这对于开发周期较长的房地产经营来说，具有战略性意义。

> 如果说一个不熟悉这个领域的人，比如说从拿项目开始，就需要到市场上去找一个评估机构。对我来说不需要这样。因为我有一个朋友，我了解他的能力。如果所有的步骤都通过市场化的方式去做会非常非常复杂，效率非常低。对房地产业来说效率就是生命，因为拖着的话，成本非常高。在这个过程，你有一个非常好的建筑商，你非常相信他的能力。我就让他开始做准备工作，然后用一两个月的时间准备这个流程。包括规划设计单位，我找到一家，可能马上就让他进入设计状态，这对效率的提高作用是非常大的。（王强访谈资料）

但访谈资料显示，在目前的房地产市场中，这种类型的关系主要出现在后期的销售代理环节。并且有证据表明，当交易存在高度风险时,似乎一般性的了解和信任并不足够,只有强关系才能有效地化解交易风险,从而在关键时刻推动合作的进展。在前面提到的一个案例当中,周伦的哥哥成功地扮演了交易掮客的角色,他不仅在交易双方之间传递供求信息,加强相互之间的了解,而且由于他是土地提供者的哥哥,如同风险交易常常使用的抵押品一样,这一特殊身份,使他被土地购买一方"扣为人质"。

(对这种大宗的土地交易来说)交易双方的戒心是非常大的。土地是不是被抵押了,是不是有债权,有没有隐患,跟邻居有没有什么冲突,是不是在空管的航线上,有限高的问题,非常复杂。所以有朋友来引荐,就相对可靠得多。因为一个项目就两三年,如果你隐瞒什么问题,谁都跑不掉。通过纯市场的信息,比如发布广告什么的,可行性比较小,因为约人来谈一次,都要花很大成本。(周伦访谈资料)

但显然,这种私人关系之所以能发挥作用,仅靠亲属角色是不够的,掮客自身的人格和信誉也为交易双方所看重。前述赵春的叔叔在个人与公司利益的天平上经常优先考虑个人私利而不顾公司利益,并且赵春深知这一点,对他不够信任,因而他很难胜任掮客的角色。

3. 情感主导型

所谓情感主导型关系,这里指以私人间的情感和互惠义务为主导原则的一种关系类型。毫无疑问,即使在情感主导型关系中,关系双方并未彻底放弃对个人利益的追求,只不过由于情感成分的加入,个体理性为关系理性所替代罢了。

谈到情感主导型关系,才真正回到本书的研究对象——带引号的、独具中国特色的"关系"。在本研究的被访者中,绝大多数人也极为看重这种情感主导型关系,并感到这是最为自然和本色的关系。因此,笔者至少可以认为,"关系"即情感主导型关系,而不是结构主导型关系和信任主导型关系,代表了房地产企业家的典型行为模式。有鉴于此，笔者在下文中会详细讨论房地产市场中的"关系"。

二 "关系"的内涵

1. "关系"的四重命题

有篇名为《关系感言》的杂文中有这样一段话："办事讲的是关系，若想办事凭关系，没有关系找关系，找不到关系没关系，花钱就能买关系，只要感情到了位，准能搭上真关系。"仔细推敲，这段话包含了有关"关系"的四重命题：

（1）"关系"是办事的必要条件。这个"关系"是指能够和特定位置上的人建立"关系"，这个特定位置上的人是"关系"的目标对象。办事要凭"关系"，这一命题其实揭示了当前中国"办事"的制度环境和文化所提供的有效途径。

（2）在没有直接关系的情形下，可以设法寻找间接关系，以期建立通往目标对象的桥梁。

（3）金钱有助于建立和疏通"关系"。显然，第二、第三命题涉及建立和疏通"关系"的方式和方法。

（4）只有"关系"双方间的感情达到一定程度，才能确保"关系"发挥作用。这一命题说明感情是"关系"效能的来源，对我们理解"关系"的内涵不无启发。

2. "关系"中的情感因素

根据前文的论述，在中国社会，"关系"是一种将弱关系加以强化的文化惯习。从学理上看，这种惯习的特点，是认可和实施一系列旨在将弱关系强化的社会交往活动，从而将弱关系"缺乏帮助动因"这一弱势以一种合乎文化要求的方式有效地加以克服。如此看来，一切"关系"活动，究其实质，无非是将"关系"朝着强关系方向推进的一系列努力罢了。而笔者认为，在弱关系强化的过程中，最核心的趋势是双方感情的深化。一方面得承认"关系"当中包含了目的性和社会交往的仪式性与规范性等复杂成分，其中目的性涉及强化"关系"的动机，特别是当

"关系"双方或其中一方所处的社会位置或拥有的资源,具有满足一方或双方工具性目标之可能性的情况下,弱关系的强化动机是相当强烈的,因此可以说,弱关系的强化动机取决于目标对象的结构性地位;仪式性和规范性涉及弱关系强化的程式和步骤的适当性。因为只有遵循这类仪式和规范,弱关系才能够顺利地得到强化。当然,这必然要求"关系"双方都浸染在同样的关系文化环境当中,不仅如此,个体还必须灵活地运用规范和仪式,来帮助自己尽快地与目标对象建立起合意的"关系"。另一方面,笔者认为,情感的突现和深化,是弱关系之强化的实质,也是"关系"动员获得实际成效的根本原因。换句话说,利益和仪式、规范充其量只能算是"关系"成立的必要条件,感情才是"关系"效能的源泉,是各种"关系"活动"攻坚"的重点,所以对于研究者来说,感情是描述"关系"内在特性的关键变量。

进一步地,笔者采用感情标尺来衡量"关系"的品质。这种处理"关系"的方式,从思路上来看,是将"关系"的外部条件与内在特性剥离开来,把"关系"这一原本多维度、多意含的本土概念加以浓缩和简化。这样做的目的,是使"关系"的操作性概念同"弱关系缺乏帮助动机"这一理论切入点逐渐吻合起来。实际上,这里是把现实中"关系"双方情感的增强,等同为理论层面上弱关系纽带强度的提高和随之而来的帮助动机的提升。

用感情来标识"关系"的品质,并非创新之举。早在20世纪50年代,以研究中国社会著称的弗瑞德就指出,感情是一种"关系的品质"。他认为,虽然这个名词经常用于社会地位相同的朋友以及远亲之间,它也可以将没有亲戚关系而又属于不同社会阶层的人联系在一起。这与笔者关于"关系"是对家庭之外关系的处理方式的判断十分相近。继而,弗瑞德还指出,感情是作为"削弱非亲非故者之间阶层差异的基本制度化技能"而起作用的(Fried, 1953: 103),同笔者所认为的"关系"具有一定程度的社会整合功能不无相通之处。弗瑞德还认为,感情与友情的差别在于"它包含了更多特殊的共同利益,更少的温情、更正式的接触,一种经过认可的相互利用"(Fried,1953),从而暗示了"关系"中的工具性成分。

为了更方便地分析现实中的"关系",围绕感情—帮助动机这一主线,笔者尝试将不同类型的"关系"加以排序。

Guo(2001)曾经把"关系"从低层向高层划分为工具维度、礼仪维度、道德维度和感情维度共四个维度。其中工具维度的"关系"来自于个人收益和损失的计算,属于最低层次。这种"关系"具有功利性特点,最不稳固;礼仪维度的"关系"主要来自于中国文化中的"人情",属于社会网络中与礼仪责任和协调交际有关的联系;道德维度的"关系"主要与中国文化中的"忠"与"义"有关,这种"关系"经常出现在上下级之间、施惠者与受惠者之间;感情维度的"关系"属于最高层次,也最为牢固。

上述分类基本涵盖了中国社会中不同类型的"关系",并且在这一排序当中,Guo(2001)对于感情维度之于"关系"品质的重要性给予了相当的肯定。但显然,他给出的四个维度,是高工具、高礼仪、高道德和高情感四种极端的"关系"情形,这种多向度的梳理思路虽不乏可取之处,却易于把"关系"得以发挥作用的结构性、规范性条件同"关系"自身的特性混为一谈。正如他曾经指出的,四种成分可以在同一例"关系"中并存,这提示我们,有可能从四个维度中提炼出"关系"中最为本质的成分。事实上,他所列举的四种"关系"或多或少都与情感维度有关。其中工具维度可谓零度情感下的"关系",这种高工具性的"关系"之所以存在,完全是由利益格局决定的,而与关系人的主观意愿或者动机无关。自礼仪维度到道德维度再到感情维度,实际上已经显示出在情感维度上的渐次递升性,对于卷入这些"关系"当中的人们来说,其帮助动机也应该是逐级递升的。为此笔者尝试把这一分类框架修订成一个基于情感差异的"关系"等级系统。

(1)以利益互补为基础的关系。双方之间没有任何情感的纠葛,仅仅是因为对方手中持有自己想要的利益,或者说对方能够

第六章 房地产市场中的"关系"(下篇)

给自己带来向往的好处。一旦失去这种利益刺激,"关系"即自单方或者自双方宣告解体。自由市场上的买卖"关系",是这种"关系"的极端形式。在这类关系中,相互交换的基础是对方能够满足自己的经济利益。由于根本不用为对方考虑,因此这种关系实际上已经不属于"关系"的范畴。相比之下,以政治利益为基础的"关系"就比较复杂。举例来说,一个市长可以向下属的局长打招呼,要求照顾自己的某个亲戚或朋友。迫于市长的权力和政治影响力,为了保住自己的乌纱帽,下属局长一般会让市长如愿以偿。但一旦市长不再是市长,而成为一个普通的政府职员,他的招呼就失去作用。显然,这类性质的"关系"有时也能够促发适当的帮助动机,但这是由当时的结构性条件即特定的资源分配格局所决定的,而非局长和市长之间的"关系"品质所造成的。

以利益互补为基础的"关系",虽然是"关系"的极端形式,却有助于我们把握"关系"的真正意含。西方理论当中有一种著名的博弈理论(game theory),这一理论的基本前提,是游戏双方的利益是独立的,尽管有各种可能的组合,但任何时候双方的利益都可以彻底剥离,个体永远都追求以个人为单位的最大收益,这是典型的个体理性假设。相比之下,关系理性假定双方互以对方为重,个体在考虑自身利益的同时,也考虑到对方的处境,把维持和改善对方的处境当成自身的行动目标之一。进一步地,笔者认为,这种关系理性之所以能够主导个体的行动,是由于关系双方具有一定的感情基础。反过来说,只有在与感情无关的情形下,个体才有充分的理由把个人利益当成首要和唯一的行动目标。从这个意义上讲,以利益互补为基础的"关系"中,行动模型应该是与感情无关的个体行动者之间的理性博弈。

(2)以共同认同对象为基础的"关系"。一般认为,"关系"的建立取决于是否拥有关系根基(*guanxi* base),而"关系"之根基,雅各布斯定义为具有共同的认同对象(Jacobs, 1979)。从西方有关网络的研究来看,比较强调长期的交往(long term relationship)是建立社会网络的基础,而对社会网络的传递机制缺乏应有的关注。毫无疑问，交往频率和时间是影响关系品质的一个重要变量，这一点恐怕在东西方都是成立的。但与此同时，笔者认为，在中国社会，由于上述认同机制（identification）的作用，社会网络被赋予某种"活性"，它在一定程度上打破了"时间"这一客观条件的限制。

在中国，很明显，"关系"具有很强的传递性（connectivity），它的发展并不限于一对一地通过长期交往而发展的单一模式，甚至也不局限于强关系群体内部的集体压力。比如，很常见的，一组由较强"关系"组成的中介链条，如同催化剂一般，使链条两端原本生疏的行动者很容易地建立起一定程度的"关系"。这意味着，"关系"的发展是有捷径的，在较短的交往时间内，可能建立起原本需要长期交往才能发展起来的深厚"关系"。这种时间上的经济性有重大的社会结构后果。因为随着时间、空间、精力等客观条件约束程度的降低，通过运作"关系"来解决问题的可行性大大提高了，因此会提高人们选择"关系"策略来解决问题的意愿和可能性。

从情感的角度看，一般来说，共同认同对象的存在，至少可以唤起双方的友好情感，使之超越了陌生人的隔膜而顺利进入一种"关系"当中。在中国这样一个凡事都讲求关系的社会当中，对陌生人的博爱胸怀是十分稀缺的，而打破陌生的疆界，就等于多了一道自我保护的屏障。

借助共同的认同对象而速成，"关系"的这种"优良品质"，是其在中国社会畅行无阻，也是梁漱溟所谓"关系无界"的深层原因。

（3）基于人情往来的"关系"。感情的加深具有渐进性，而日常的人情往来，是建立、维系和加深彼此感情的主要渠道之一，正所谓"日久生情"。在礼仪之邦的中国，有一系列的礼仪和规范指导社会成员进行日常交往，虽然这种礼仪、规范随着时代的变化而逐渐演变。一般来说，结婚、生日、生病、升迁、调动、子女升学等人生的重要时刻，或者节假日期间，拜访、探望、请客、送礼等，都是合乎礼仪的社会交往方式。"礼多人不怪"，人们一般都不会拒绝别人"施礼",有时即便试图拒绝,也很难找到拒绝的适当理由。"礼"一旦被接受下来,受礼一方便欠下施礼者一个人情。因为,"一个人受惠于人或接受了他人的礼物,他就应该回报……一个人如果不遵守这一社会均衡原则,他就会被人视为缺乏'人情'。"(福尔索姆,2002:21)这正是礼的"魔力"所在。

并且,根据胡先缙的说法:"人情不止是西方人所谓的感激(gratitude)。对一个西方人来说,感激是指一个有待偿付的债,一旦偿付了,则他的良心安而满足。可是,一旦人情之示于人,则即使最初之债已经偿付,则情谊之结永续不断。"(Hu, 1949,转引自金耀基,1992:29)金耀基认为,在中国,人情是一个"制度化的规范",也即一个人在与他人来往时,他会自觉或不自觉地遵从人情的规范行事(金耀基,1992)。而一旦发生人情的往来,就标志着双方的"关系"开始转向一种特殊的运行轨道,即各自开始将对方纳入自己的生活世界当中。

人情的往来,可能是一种以物质为媒介的社会交换,物质流动的过程,也是双方感情升温和帮助动机提升的过程。"人情"这个本土用语当中的"情"字,似乎也透露了其中的玄机。正如阎云翔曾提及的,它应该被理解为"在感情基础上的私人关系"(阎云翔,2000)。在日常生活中,有人情往来的"关系"双方也会互相帮助,虽然在这种性质的"关系"当中,帮助通常不会超出小恩小惠的范围。

(4)以恩情为基础的"关系"。受恩于人,即在人生和事业的危难时刻,得到别人的帮助,与前述仪式性的互惠在回报的义务上是有很大区别的。按照中国传统,施恩是一种美德,而报恩近乎是一种强制性义务,忘恩负义为世人所不齿。并且,既然"滴水之恩,当涌泉相报",对于大恩大德,受恩者当甘愿为报恩而舍弃个人的利益,甚至是自由和幸福。2005年,中国曾经爆出一条"蛇头教授郑家栋,偷渡六个'妻子'到美国"的新闻。通过后续报道我们获知,郑家栋幼年家境贫寒,受到过亲戚朋友的慷慨帮助。多年后,经过个人的努力,他在学术上取得很大成就。

而相比之下,那些曾经帮助过他的亲戚和邻居的生活却每况愈下。这位教授出于报恩的心理,不忍拒绝亲戚朋友的请求,才一而再再而三地作出帮人偷渡这种违法的事情。很多人唾弃其身为儒学大师却做出违法的行为,殊不知,他的做法,十分切合一种关系社会的伦理精神:不顾恩人的请托而刻板地遵从规则,不仅是无能的表现,而且会被标上薄情寡义、过于自私的可怕标签。

(5)共同体"关系"。桃园三结义中,刘、关、张发出"不求同年同月同日生,但求同年同月同日死"的生死誓言,今天,"一起下过乡,一起扛过枪,一起分过赃"也可算是一种共同体"关系"。"共同体"意味着发自不同身体的"心"高度协调、节奏一致,正所谓"力往一处使,心往一处想"。这种"关系"几乎等同于家庭成员之间的亲密关系。

3. 房地产商的情感技术

从获取的访谈资料来看,房地产企业家对"关系"的叙述,除了对工具性因素、仪式性因素给予了充分强调以外,还颇多地运用交情深浅、是否是朋友这类语言来标识不同"关系"之间的差别。某种程度上,这隐含着情感强度是衡量"关系"的标尺的假定,以及对于情感因素影响"关系"效能的肯定。如有被访者提及,拉关系就是交朋友,只要成为朋友,办起事情就容易得多。

> 跟你讲,搞公共关系,就是针对不同人,怎样跟他成为朋友?至于成为朋友,那什么话都好说。(郑石访谈资料)

很多被访者都提到,朋友间情谊的深浅决定了"关系"作用的大小。

> 中国的人际关系是怎么处的?其实人的朋友分三六九等的。有些朋友你只能让他去做顺水人情,有些朋友可以担当风险。其实应该说,房地产的关系网和中国其他任何领域的关系网,没有任何差别。(潘洋访谈资料)
>
> 交情的深浅决定了他在这件事情中冒风险的程度。(齐

杰访谈资料)

由于深谙情感的重要性,房地产开发商理所当然地把情感的培养列为"关系"攻坚的重点。调查中,房地产企业家津津乐道于他们发动"情感攻势"的经验和技巧。

首先,为了培养情感,"拉关系"的一方要主动满足对方的一些物质和精神需求。

> 上下班要用车子,派个专车,司机专门给他打工,不要钱。但也不能招摇过市,说我给谁谁谁用车子。他家里面有人生病了,帮他求医问药!有老年人,给派个保姆!他有个人爱好,帮他上个层次!喜欢书法,给他介绍名师,不认识名师他提高不了!喜欢古玩,陪他去买,交点学费也不要紧!(李冬访谈资料)

> 他有个女儿,有精神病。因为父母地位比较高,高考失败了,受不了,导致精神错乱。我们带她看病,当然钱是由我们来付,还派人去照顾她。那时候真是凭感情。(李季访谈资料)

其次,进入"关系"对象的内心世界和私密空间。"拉关系"的一方要对对方的喜怒哀乐细心揣摩、迎合甚至产生共鸣,让对方从内心深处接受自己,缩短双方的心理距离。

> 没有层次、没有文化,只会干这些(吃吃喝喝的)事情,也不行。你如果能和他沟通,那就容易了,一边交流,一边切磋。还有他见你干过几件漂亮的事情,认为你有能力,也会愿意跟你共事。(李冬访谈资料)

> 看你是不是很聪明,有些人很愚,领悟不了。你必须了解这个人的爱好。投其所好,这些都是必须要做的工作。(李季访谈资料)

> 一个人,他跟你在一起,吃几顿饭,吃十次饭,感情不

见得有多好。吃过饭呢，确实容易加深感情。要是他愿意跟你一起洗个澡，才说明你们之间感情不一般了。（李冬访谈资料）

怎样才算关系到位了呢？我们有一个衡量标准，就是你胡吹海吹都不算，如果你能跟他一家老小在一起吃饭了，那才算关系到位了。（郑石访谈资料）

第三，换位思考，处处为"关系"对象着想。"拉关系"的一方在为对方付出，让对方感到愉悦的同时，还要确保对方的安全，让对方感受到各项安排的体贴和周到。

比如说这个人，喜欢娱乐，请他去娱乐，其实这就是享受。要不然他就得自己去消费。用这样一种方法，既让他享受又不用送钱给他。他喜欢旅游，就安排他去旅游。你买单，他那边不留什么痕迹。他喜欢钓鱼，找个非常好的地方，给他安排好，让他去钓鱼。应该说，直接的金钱交易，一般来说，真的是要关系非常非常铁的。（许海访谈资料）

总之，时时换位思考，处处以对方为重，是培养感情、发展"关系"的秘诀。

显然，一旦双方"关系"中出现感情的成分，交往的模式就会随之悄悄发生改变。起初可能是：

你付出一点，给你说一点，你再付出一点，根据你付出的情况再说一点。一般直接去找他他不接受。（李冬访谈资料）

但随着感情的"升温"，政府官员开始为企业着想。

"关系"到一定程度就谈感情了。不是你求他，而是他为你出主意。（王强访谈资料）

他手把手地教你，说那个你不能那样画，哪儿有毛病也会明确地给你指出来。（李冬访谈资料）

而同政府官员的感情，也确实常常带来丰厚的回报。

王强有意识地经常与国土局、规划局等职能部门的一些官员一起打牌娱乐。

> 我们之间的交际很模糊，你来我往，经常也没什么事，就在一起玩玩乐乐。不是说今天有个事情请你帮忙，就把你请来，那样效果往往不好。这样经常性地交往，就能资源互补。比如我会尽我所能让他去赚钱。我会创造些条件让他去赚钱，合理合法地，当然他必须是在我的帮助下，有些是在我的控制范围之内的，有些也可能是我的朋友控制的资源。比如前面炒房子的比较多，发现投资机会，只要你拿10万元出来，我保证你能赚到5万元。我让他们去赚点钱就是了，这点小钱我也不会去做，5万元、8万元我不高兴去赚，不如交给他去赚！一般比较聪明的人用这种方法。你让他赚钱的时候并没让他帮什么忙，你也不知道你会有什么事情要他帮忙。你帮了他，他自然会想着要帮你，也不一定是他职权范围之内的，他反正在行业里有影响力。有时他会主动打电话给你，说有个项目你想不想做？要不要帮你打个招呼啊？（王强访谈资料）

让王强颇引以为豪的是，虽然经营的只是一家小型公司，但在一次举行公司重大庆典的时候，除了一些业界名流外，还有几个重要职能部门的头头脑脑也前来祝贺，这大大提高了他在业界的地位。他对如何运用与政府方面的朋友关系似乎很有心得。

> 有很多是一种威慑力，别人也不知道你和他们到底是什么关系。比如说，我要竞争一个项目，我可能请这个公司的老总吃饭，我可能叫了一些朋友来，朋友也不说任何话。这

个作用是很微妙的。你跟竞争者旗鼓相当的时候，它能起到一定作用，对方把项目给你，也是做了顺水人情。但如果说相差非常大的，公司很小，但它就是成了，那里面肯定是有内幕。（王强访谈资料）

潘洋提到一件他亲历的事情，这件事所涉及的"关系"似乎已经超出了日常交往的层面，而属于恩情的范畴。

> 我们之间经常是你来我往嘛。有一天他对我说，他那个女儿现在要上初中了，让她上哪边学校呢？哪边哪边要交多少钱。我就说："你就不要舍不得那点钱，人家想交还交不上呢，还差这点钱吗？什么时候那件事情定下来了，你到我办公室来一下！"过了一段时间，他打电话告诉我："我那个事情定下来了。"我一听，就说了一句："那你来一下。"他拿钱的时候，没任何条子凭证。我说："你拿去吧！"这个人后来被抓了，判了四年刑。最后法庭认证只是赠与关系。最后定下这个数字的时候，我的这个没包括在里面，就是说没有列入这个数字。像这种事情，可能房地产开发商做得非常多。他曾经帮过我一些忙，当然帮我的忙跟他的职务没关系，和他坐牢也没关系。（潘洋访谈资料）

在访谈中，没有接触到共同体"关系"。商场上的利益关系是变化莫测、扑朔迷离的，在这种场景之下，关系双方真正发展为情感上的共同体几乎不太可能。而且，真正的情感共同体关系，由于缺乏灵活性，对于企业的商业利益来说，经常是一种制约而不是有利因素。也正因为这一缘故，精明的企业家出于自主性的追求，不会轻易让自己陷入这种受制于人的被动状况。

> 铁杆关系？这个倒没有。我从来不认为，要在行业系统里找什么铁杆支持者。因为第一个，我社交面太广，不用特别依赖哪个人去发展。第二个，我觉得跟任何人打交

道,都要保持适度距离。如果太密切,这个领导一倒你也
跟着倒霉。万一跟着倒了怎么办?像某区区长的秘书,就
"双规"了,才刚刚宣布嘛。跟得太紧,不合适。但是呢,
我也注意协调好领导啊、朋友啊、同事之间的关系。既相
互协调又相互信赖,方便开展工作,这也是工作搞好的基
础。应该说朋友相处,完全可以相处到亲如弟兄,但是在
一些重大原则方面,我觉得要有自己的见解、观点和适度
的约束。不能超出自己为人处世的原则。否则要犯错误,
得不偿失,对吧?(齐杰访谈资料)

房地产企业利用官员不慎留下的违法乱纪的把柄,要挟和迫使对方为自己的商业利益服务的事例,倒是经常见诸报端。只是这种被迫捆绑起来的利益共同体中,已经没有丝毫的情感成分可言,因此基本上可归入结构型关系中去。

4. 情感的文化意含

从理论上说,情感未必是普天下都适用的动员帮助的"利器"。如在讲究自我依赖的某些西方社会中,为避免失去对自身行动的决策权,人们多半会躲避和拒绝别人的无缘无故的"好意"。退一步而言,即使接受别人的恩惠,个体亦未必放弃既定的行事原则,不会处处以别人为重,乃至落入别人的操控。因此,这里所谓的情感对行为的驱动作用,必须到中国文化中寻找恰当的解释。

中国文化不仅不像西方那样主张个体之间的相互独立,还反其道而行之,着力于打通人与人之间的界限。"仁者,人也",儒家文化以二人关系来定义人,否定孤立个体的存在价值,而且力图以"心"来突破横亘在人与人之间的身体疆界。"仁"就是"人与人之间的心意感通,亦即是'以心换心'"(孙隆基,2004:13)。经过"由吾之身,及人之身"的心意感通过程,"人我界限"得以克服。中国人认为,"个体"只有在一个包含人与我的"人情的磁力场"中才能自我完成,而儒家的着眼点正是在这个场中人我感通的过程(孙隆基,2004:16)。

心与心的交融和感通，大多是以物作为媒介，依托社会交换来完成。只不过在中国文化中，社会交换的最高原则是心的交换，是"以心换心"。这意味着，把自我交付出去，让别人渗透进来，达到不分你我的相互依赖。因此，在中国社会中，社会交换首先不是以物为重心的为满足生存需要而进行的资源交换，而是以"心"与"心"的交融共感为要义、实现存在价值的必由之路。在中国文化中，个人没有也不希望有牢固的自我疆界。他们宁愿让人与我之间相互渗透，彼此依赖。因此，中国人有"在家靠父母，出门靠朋友"的倾向。这与西方信奉加尔文教的国家——尤其是美国——刚好相反。后者强调的毋宁是"上帝只能帮助自助的人"（孙隆基，2004：147）。

"心意感通"不仅划定了有意义的生活世界的范围，而且在相互依赖和相互渗透的情形下，个体的自我利益诉求显得不合时宜。在这种双方心意感通的过程中，理想的情境必须是处处以对方为重（孙隆基，2004：13）。

出了这个范围，个体的行事原则就截然不同。中国文化"二人"定义"一人"的设计，就是让双方具"体"地感觉到对方的"心""有到"自己"身"上时，才需要去"做人"。一旦越出了人情的磁力场的温暖包围，自己就不知怎样去"做"，也无须去理会（孙隆基，2004：72）。

从这个角度看，"拉关系"无非是想让对方具"体"地感受到自己的"心"用到对方的"身"上，克服自己与对方之间的界限。由于在中国社会，只要别人对自己好，自己就必须"以心换心"，否则就是"没良心"。在这种道德律令之下，另一方的心理防线是很容易被攻破的。因此，所谓的情感突现，正是在一方的情感攻势之下彼此之间最终实现了"心意感通"。

在中国社会，个体的生存意义就在人情磁力场中。生活世界被感情化了，自身的智力、意志力与判断力也被感情化了。在"以心换心"、处处以对方为重的处事原则下，在位者是不可能固守死板的制度原则来配置资源和机会的。用孙隆基的话来说就是："既然中国人的'心'包含了感情、思想、判断与意志，结果就

被要求将这一切通通交出去,在'身不由己'的情形下,自然连'身'也交出去。"(孙隆基,2004:29)

把"身"交出去,就是把身家性命一起托付给对方,或者准确地说,是托付给一种关系网络。在这张网络中,介入方都是"自己人"(We-self)。在这种"命运共同体"之中,"一荣俱荣,一损俱损",利用职权帮着自己人做点事情,也就再自然不过了。

总之,在中国社会当中,若是没有感受到对方对自己的心意,不经历"心意感通"的过程,个体就会认为对方是与己无关的"他者",因此是很难产生帮助对方的意愿的。这或许在一定程度上能解释情感对于"关系"的驱动作用。

同时,由于中国人的"心"包括感情、理智、意志与道德判断等因素。这意味着,一旦俘获了一个人的感情,便控制了这个人的心,也就在一定程度上控制了他整个的"身"。因此,从古到今,不乏有人利用"心"的这一弱点来追求工具性目标的例子。这进一步解释了,为什么在当前中国社会,"多数意在拉关系的活动发生在人际关系本应该是职业化和工具性的领域"(阎云翔,2000:222)。

房地产市场是一个讲求竞争和制胜的活动领域,以情感攻势来获得向往的利益,亦在情理之中。在这个领域当中,一切都离不开投入与产出的计算,就是情感攻势也概莫能外。故此,在笔者的调查中,有被访问者毫不讳言:"'关系'处到什么程度,是企业经营的成本问题。"

5. "关系"的商品化动向

值得注意的是,笔者在调查中发现,虽然房地产经营者早期普遍乐于发动感情攻势,近几年却越来越多地利用金钱攻势来调动"关系",使房地产市场中的"关系"日益偏离情感领域而走向赤裸裸的商品化。

在笔者所接触的案例当中,前述 PL 公司曾经以支付顾问费的方式,由中间人负责疏通"关系",最终成功地获得了一个房地产项目的代理权。SC 公司也曾有过类似的经历。

> 2003年，我们的项目四期规划局那边老是批不下来①。当时T区分局的局长是ZH过去的部下，这个ZH原来是河西处处长，前面一、二、三期跟他打了不少的交道。2002年左右ZH下海，开了一家设计咨询公司。我请他吃饭，说我委托你来帮我们办这个事情，但我个人不能答应你什么东西，要在公司里开个办公会，集体通过了才行。后来公司里一致同意，只要事情一办下来，ZH开发票过来，就付酬金给他。当时我企业要发展，必须要把这个项目给批下来，就得这么做。后来我找过N区规划局的局长，最后通过某副市长找到规划局，才总算批下来了。（齐杰访谈资料）

> 2004年的春节，ZH请我吃饭，管我要钱。我说你没有给我做事，我凭什么给你钱？就这么一直拖延。他的手段比较恶劣，让"朋友老大"找我谈心，到我这来上班，要债。最后决定给他10万元。（齐杰访谈资料）

根据笔者的分析，关系的商品化趋势是由两个方面的因素共同导致的。

一是一些资金雄厚的外行企业进军房地产业，带来了新的经营模式，从而使这一行业的风气整体发生了变化。

> 这些房地产企业都特别有钱，雇了一些人跑前期，用项目的钱来铺路。这些人大多数是搞第二职业，对公司不负责任，死劲地砸钱。一来二去，把那些当官的给惯坏了，整个行业的风气也跟着变坏。（李冬访谈资料）

不难理解，老房地产企业在情感积累方面占据优势，但在资

---

① 据介绍，批不下来的原因主要在于，从1997年的项目一期到2003年的四期，历时七年，其间J市的规划条例有了很大变化。"整个规划的条例是在变化的。以前没有阳光权的问题，以前能盖，现在不能盖了。"（齐杰访谈资料）为弥补预期利润损失，必须要加高楼层。由于相邻的一个楼盘已率先加高到22层，SC公司也把项目四期设计为22层，因此加大了获批的难度。

金方面较为短缺,在这种情形下,运用感情上的搓、揉、拿、捏功夫,不失为一种较为经济、有效的外部关系处理模式。而对于新的房地产企业来说,在情感积累方面极为欠缺,这是它们进入房地产行业的一个十分不利的因素。但这些企业,在房地产市场存在暴利的背景下,大多是凭借雄厚的资金实力而进场。因此,它们选择直接运用资金来快速地调动"关系",也在情理之中。

"关系"商品化的另一原因来自政府方面。或许是由于政府内部对"肥缺"的争夺过于激烈,近年来,J市政府职能部门的人事流动十分频繁。这种经常性的变动,对企业的"关系"资源存量是一种破坏。因为人事发生变更以后,原来的老"关系"不管用了,企业对新上任的人员又得重新交际一番。感情投资的成本与产出函数发生改变以后,企业感情投资的意愿也就大大降低了。

"关系"的商品化,给"关系"实践本身带来的冲击是巨大的。如果说在以前,人们注重"关系"中的情感因素,是出于对人际关系和谐的注重乃至人生意义的追求,是对于古老文化惯习的遵循和实践,那么,在"关系"商品化以后,"关系"中的情感因素和价值内涵越来越淡化,可用于兑换资源的交换价值日益突出。而"关系"的副产品——长期交往积累起来的信任,由于能够为"关系"中的交易双方提供安全保障,越来越为"关系"的实践者所重视。

单次交易,风险很大,长期处下来的"关系"更可靠一些。在中国,交易成本还是比较高的,应该说交易成本相当高。(潘洋访谈资料)

在当前的情况下,这种交易成本几乎是一些涉嫌违法乱纪的秘密交易的唯一限制因素。因为事情一旦败露,不仅官员要受到政纪和法律的追究,企业也会受到有关部门的查处。正因为如此,人们对于交易对象是否可靠,有着格外严格的要求。在这种情况下,"关系"中的信任因素被强调。只是如此一来,"关系"在其生成条件、培育重点以及发挥的作用上，与前述主要作为一种感情装置的"关系"就有了本质的区别。

首先，一般来说，在信任型关系中，人们会挑选值得信任的人作自己的"关系"对象。

> 比如说，今天晚上我要去见几个朋友，土地局的、国土资源厅的，他们找我干什么呢？打牌！我们之间是非功利的交往。因为大家都比较忌讳。现在公务员高度紧张，交友不慎的话，是有高度风险的。像我们也很清楚，一般人，比如说风险比较大的那些官员，我们也不愿意跟他打交道。只求在方便的时候，在不违背你原则的情况下，相互帮忙。（王强访谈资料）

其次，长期"关系"由于获得了"关系"对象较为充分的信息，因而能够提高关系双方的相互信任感。

> 我前面讲这个行业里有违法犯罪的事情，这个做起来很难的，必须找到他相信的人，否则他肯定不让你做。所以有些事情必须把准备工作做在前面。（潘洋访谈资料）

最后，信任程度高的"关系"，使交易的安全系数大幅度提高，因此能够提高某些暗箱交易的可能性。

> 也有一些更铁的关系是这样的。比如说我的钱放到你那里，我根本不用把钱拿出来。你现在花不安全，那我让你花不是害你吗？反正大家心里都有数，等到你认为安全的时候我会让你花的。这种是到了非常铁的时候。我相信你的人格。人民创造历史是无穷的（笑），办法非常多！（王强访谈资料）

笔者认为，这里所谓"关系"是否非常铁，主要是"关系"

对象的为人是否足够精明可靠、口风严密，行动者对这一点的注重，是基于对个体安全和利益的精密计算，而与双方之间是否有深厚的感情并没有太大的关联。显然，与感情不同，信任并不能强化帮助的动机，但它能为秘密交换提供安全系数，从而提高秘密交换发生的可能性。关系双方参与这种秘密交换的动机，也是来自交换本身预期带给双方的收益，也正因为如此，笔者更加确信，在性质上，这种"关系"属于商品化的"关系"。

三 "关系"经营策略

房地产业的老板常常会踌躇满志并有种运筹帷幄的感觉，这似乎也成了一种房地产文化。地产大亨不仅登上财富榜的显要位置，甚至左右舆论，臧否国家政策。这些表演性举动，对于今天的中国民众来说，似乎已经见怪不怪、习以为常了。据笔者的观察，房地产企业家这种良好的自我评价，除了来自他们相对雄厚的经济实力，还源自他们高超的关系经营能力。正是由于熟谙各种关系经营之道，加上有巨额资金作为后盾，关系加金钱，这一"糖衣炮弹"无往而不利，最终让他们在一个权力本位的社会中产生一种"万事皆有可能"的美好错觉。在笔者的访谈中，被访者自然也时常不经意地展现出他们春风得意的一面。他们不仅拿自己的进口宝马车与政府官员的国产奥迪车作比较，还发出"官员也是人嘛"的感慨，以及"没有什么是不可以通融的"等豪言壮语。那么，在他们的"关系"经营当中，到底有哪些制胜的法宝呢？

1. 分清主次，上下兼顾

中国有句俗语："阎王好打发，小鬼难缠。"房地产商同位高权重的政府官员发展"关系"的同时，还必须对普通的政府办事员给予足够的重视。这就是所谓的"从基层开始，不能光走上层路线"，因为如果"关系搞不好，一个小科长也可以把你的项目拖垮"。

关系是从上到下都要搞的。比如市长搞定了，局长没搞定不行，局长搞定了，科长没搞定也不行。这还只是与权力部门的关系。还有居委会，还有好多其他方面的关系，可能涉及企业外部形象的，也都要搞好。（许海访谈资料）

除了不时听到上述"警语"之外，在访谈中所收集到的一个案例也发人深省。

在房管局的一个科室，一位房地产项目副总来到一位办事员的办公桌前，说道："你们处长已经同意了，你看给办一下吧！"

"那你去找我们处长办吧！"（吴豫访谈资料）

据知情者事后的了解，这位科员是因为看不惯房地产商目中无人的作风，才不自觉地表现出"蛮横无理"的态度。当然，这位办事员并不是想彻底毁了这个项目，他也没有这个能力，更没有这种兴趣，只是想给这位副总点"颜色"看看。但即使这样，也让这个房地产公司破费一番，涉险从他的手里过关。

对于基层的办事人员，开发商们有一个不成文的原则，叫"欺老不欺少"。另外，基层职员的胃口相对较小，开发商也乐得满足他们。

小部门的职员就是想要好处，要两包烟，你给他就是了，两包烟算什么？（赵春访谈资料）

根据被访者的经验，一般来说，在职能部门办事，最重要的两关是科长和处长，只要处长同意，局长一般都会签字通过。然而，由于个中原因，开发商经常会走一条"科长不同意找处长，处长不同意找局长"，甚至是通过市长来找局长的"曲线救国路线"。即便如此，如果不了解政府机关的潜规则，也同样会遭遇挫折。

第六章 房地产市场中的"关系"(下篇)

> 我们的人员非常不会做工作。当时有个具体做工作的人员叫叶昌。我们局长带他去找土地局局长。结果我们那个叶昌你猜怎么说?"我们看中那个地了,找了两个处长都不同意,局长您就把它给我们吧。"我们局长说,你们怎么找这样的人跑前期啊,怪不得半年都跑不下来。最起码你不能讲处长不同意吧?这样你不明摆着让局长违规操作吗?(齐杰访谈资料)

当然,房地产企业家的精力和企业的资源毕竟是有限的,因此他们常常重点地与处级以上的官员发展"关系"。房地产企业经常与一些业务主管部门发生工作关系,这正好为房地产企业家与这些部门的头头脑脑发展"关系"提供了"理由"。

> 请他们来指导,顺便交交朋友,要是等发生事情了再去求人,就比较被动,那叫"临时抱佛脚"。(王强访谈资料)

正如前面提到的,几乎任何的政府部门,都可能与房地产企业发生工作上的关系,在这种"多头"管理的结构中,要想和每一个部门的领导都发生点私人关系,几乎是不可能的。因此,房地产企业也会面临出了问题后,与现管的官员事先没有一点交情,又找不到任何中间关系的棘手情况。由于企业不甘心公事公办,这时候就必须硬着头皮"拉关系"。

> 正常工作时间去谈。天天去,办公室里全是人。第二次有意在吃饭之前去,说能不能赏脸一起吃个饭。他说,今天不行,有安排了。他也确实忙,天天都有安排。等到第三次邀请他,他就不好拒绝了,都是人嘛!等到他同意和你一起吃饭了,事情就有眉目了。(钱夏访谈资料)

2003年以后,民间盛传J市中小房地产企业"集体出走"至中小城市,以克服自身资金不足的问题。到一个新的城市去拓展业务，显然会面临"关系"缺乏的问题。对此，房地产商是如何应对的呢？

> 在外地开发一个项目必须考虑的一个问题，是要有个人可以帮你建立关系网，通过他来和方方面面沟通。这样呢，重要关系事先就能处理好。当然，不可能所有部门都顾及到，出了问题了，比如被举报，这时要想办法沟通好。在可能的情况下，缩小损失。（王强访谈资料）

2. 采取主动，占尽先机

事后"关系"跟事前"关系"相比，无论在性质上还是在效果上，都有着天壤之别。这里所谓事前和事后"关系"，以开发商有事需要帮助的时点为准，"关系"建立在这一时点"之前"还是"之后"。这两种情形，在性质上的区别在于，事前建立的"关系"，把"关系"的建立和维系与"关系"的动员分离为两个不同的阶段，而事后建立的"关系"，等于为动员"关系"而仓促建立"关系"，不仅建立"关系"的目的性无处藏身，"关系"本应具有的情感成分也荡然无存。因此，事后"关系"已不能称其为"关系"，其效果也会大打折扣。

虽然在房地产市场中，几乎所有的事前"关系"，都有明显的工具性成分，但事前"关系"，由于符合"关系"的礼仪和规范，在事件发生之前已经把双边关系界定为不同于公务的私人关系。须知，"关系"在中国社会是处理公务的重要参照框架，同样一件事情，在"关系"的框架之内还是框架之外进行处理，适用的规则就不同，因而结果也会有很大的不同。开发商都深谙这一点，因此对那些重要的"关系"，十分注意日常的培养和维护。

> 再有十来天就过中秋节了吧，对面就是市房管局的办公大楼，不信你在过节的前两天来看看，门口进进出出的都是夹着公文包的人。来干什么？送红包啊！一般给个小办事员就算400元吧，实际可能比这还多，你想想看，两三百家房

地产公司，就算50家来送，一个小办事员就拿到20000元的过节费。到了办公室不能说是来送钱吧？只要说科长我有件事想找你一下，小科员就知道是怎么回事，立马走开了。（李冬访谈资料）

规划局有监管处、法规处。平时跟他们这些人关系处好了，一旦有什么违章的事情，好说。关系没处好的话，要是你违规了，真的把你给"杀"掉，你说是国家财产，他不管！（李冬访谈资料）

3. 利益为重，兼顾安全

企业要生存、发展、壮大，必须依赖"关系"，这是企业热衷于"关系"之道的根本原因。

我只能这样说，在社会主义市场经济体制下，第一，对大部分公司来讲，没有"关系"不可能起步；第二点，在取得了初步的优势以后，是靠"关系"来发展壮大的；第三，要想发展规模经营，必须要靠"关系"才能成功。只不过到了一定规模，发展"关系"比较容易。（齐杰访谈资料）

而是否符合企业的根本利益，是企业发展"关系"的一个根本原则。

我们考虑关系，最终是从企业的长远利益、根本利益来考虑的。（李季访谈资料）

另一个方面，企业在发展"关系"的过程中，又必须注重自己和关系人的安全。

当官的自己不用买衬衫，有人送；车子是公家的，私人也可以用。住房国家都考虑好了，至多装修的时候工钱少付一点，人家帮他装修好一点，不赚他的钱，但不能说材料让人家出。总之他生活成本很低。这么多朋友中，有求于他的人很多，过年过节送 400 元，结婚送 600 元，不算受贿，这样一年下来，一年 5 万元，工作 20 年下来也有 100 万元了。更高层次胆子更大的，一有风吹草动马上开溜。这种报道越来越多，但我们涉及不到。正常的人情往来这个比较多。送张卡总行吧，按面上的算。好车子 20 万元～30 万元，送是很大的罪，借就没有任何问题，没有几个人为几万元钱甘冒风险的。（赵春访谈资料）

以前大家比较呆，以为到自己的钱袋就是自己的了，根本不考虑安全不安全。现在政府官员也学精了，反腐倡廉嘛。你给他东西，一定得通过熟人，还要通过他们认为比较安全的方式，他们才会接。现在企业也不喜欢这个，又要与人沟通好，又要保护好自己；既要不让别人犯错误，更不能让自己犯错误。看本身的悟性怎么样，知识面怎么样。（许海访谈资料）

如何才能既利用"关系"取得利益，又较好地保护好关系对象和自己？对此，潘洋有自己的一套秘诀。

像我采取的方法也是一个关系网。我先跟你交朋友。这个朋友是一个圈子，是一群人，然后这里面会有舆论压力，这个帮忙不是违法的，或左或右是能够解决的。我可能也会给他一些好处，但非常有度。比如我请他多吃吃饭啦，这样来讲一般比较安全，一般不会有违法犯罪。（潘洋访谈资料）

潘洋的方法实际上是利用他与关系对象的日常交情即情感，以及一个联系较为紧密的社会网络内部的规范压力，来调动关系对象的帮助动机。这种方法的特点是，能使关系对象在他力所能及的范围内为自己提供一些"小小的"帮助，这时候"关系"或获取的利益空间，实际上是规则限度下限与上限之间的差值。

然而，正如我们所知道的，在房地产项目前期阶段，尤其是在实行"招拍挂"之前,通过"关系"可以获得重大利益,如取得一个房地产项目或者得到一块土地,这时候需要付给关系方巨额的回报,因此安全的问题就格外地突出。这时,在巨大的利益面前,情感的意义已微不足道,因为利益本身已足以强化交易动机。当然,与此同时,交易的风险也急剧增加,从而凸显了信任的价值。因此笔者认为,"关系"的发展存在一个拐点:一旦对于帮助的回报达到一定数额,高利益的驱动力就会替代情感的驱动力,同时高风险也提高了信任的价值。因为当"关系"中的信任达到一定程度,本身就能够充当一种安全保护装置,有效地规避各种制度的监督。

4. 善交朋友,广结人缘

房地产商的个人关系网络,在其职业构成上是非常广泛和多样的,远远超出房地产行业系统的范围。

在一次闲聊当中,齐杰这样描述他的核心关系网络的构成。

首先是跟前途相关的,政治上的朋友,能帮你升官的,起码能够帮你发展的;然后是业务上的朋友;从事商业以后,商界上的朋友,可以让业务的拓展突飞猛进;第四个,教育上的朋友,一个是有利于自身的学习提高,又能关照我小孩的发展。从幼儿园到中学,一路都上好学校,万一差个十分,照进!别人交钱我不交钱!临时抱佛脚?这不行;第五个,结交医学界的朋友。一个要保证你自己的、家人的健康,还要保证朋友的、领导的健康。人家都找不到好医生,你能找到;第六个,也要交一些知心好友。最起码你要生活吧,你不能生活在真空里吧?能够同甘共苦,能够一起打打牌跳跳舞,大家没有功利心理。你的老乡、朋友、战友、同事都值得你去交往,交往得来就多交往,合不来就不来往。不能交一些狐朋狗友。要趣味相投,有所选择。处理公安方面的朋友也要有。像黑道方面的,就是交呢,也不能深交。我和他不是一个类型的人。他帮你做成一件事,肯定能做成,但以后你就和他拖不了干系。其实这里是学问,关系到你的工作、

事业、家庭，这个问题就厚重了。（齐杰访谈资料）

显然，齐杰的关系网络在成员的职业构成上具有相当的广度。在这一点上，潘洋似乎也毫不逊色。

有政府的有企业的，三教九流的，什么样的都有。当然在方向的选择上，政府官员会是比较重要的一块，是最需要精心打理的。另外就是一些非政府官员，大多数是企业的人或老板，还有类似高校的老师，甚至中学老师。（潘洋访谈资料）

确实，笔者曾经注意到，潘洋在一次节日宴会中邀请了一位中学老师。那次宴会的主宾是一位著名学者，潘洋的大学老师，他对政府决策部门很有影响力，与省内房地产企业联系也十分紧密。此外，在座的有他大学时期的老师和同学。其中有几个同学已加盟潘洋的公司，还有的在政府和其他企业就职。因此那位中学教师格外引人注目。

"那个J大附中的老师，是你同学？"
"他是我大学时期的同学。"
"为什么要请一个中学老师呢？"

虽然笔者知道，J大附中是J市的顶级中学，但仍然看不出宴请一位中学老师的用意何在。虽然那位中学老师驾驶自己的私家车，显示出一定的经济实力，但他在学校只是一名普通教师，并未担任什么要职。笔者当时猜想，也许因为他们一直是情同手足的密友。

"附中老师太差了？附中它有很多家长，能够调动很多资源。他差到哪里去了？我那个朋友他很牛，他和建设部部长的关系都很熟。"（潘洋访谈资料）

第六章 房地产市场中的"关系"(下篇)

上述两个核心网络,具有以下的共同点。首先,网络成员虽然都与焦点人物有共同工作或生活的经历作为基础,但"关系"的拉近,本身具有理性算计的成分。其次,整个网络主要围绕个人职业或事业发展这一重心而建立。再次,在成员职业的多样化背后,隐含着吸纳逻辑的一致性,那就是尽可能吸纳那些支配或者能够获取有价值资源的人进入自己的关系网,从而使自己的网络结构优化起来。所谓有价值的资源,在中国,就是稀缺而又不根据市场原则来进行分配、需要通过"关系"来获取,同时又是对个人家庭福祉或企业发展有利的资源。在当前中国,商品极为丰富,对于普通人来说,还有什么是市场上购买不到的呢?在笔者看来,其中至少包括优质的医疗和教育资源。这也是为什么两人的网络中都包括了医学界和教育界的人士,尽管这两个领域与房地产开发并没有直接的关系。最后,这两个网络实例也说明,开发商的核心关系网络中,事先已经储存了丰富的稀缺资源,随时可以调动和转移,为自己或重要人物所用。

众所周知,在中国,教育资源的分配是极为不均的,且不说城乡之间差异悬殊,即使是同一个城市的不同区之间以及不同学校之间,教育水平也相差甚远,优质教育资源相当集中。因此,重视教育的中国家长,只要稍有条件,都不愿被以居所定学区的政策规定所束缚,竭尽全力将自己的孩子安插到所谓的名牌学校。前面提及的J大附中,在J市是许多家长和学生梦寐以求的学校。笔者的一位同事缴纳了十万元赞助费才使考试分数低于录取线两分的女儿跻身其中。如果说笔者的同事因为是政协委员,在教育界拥有很好的关系网络,因此不难解释其女儿能进入好中学。那么,笔者的一位近亲,2003年初到上海,虽然举目无亲,却仍能将女儿安排到上海的一所知名中学读书,就让人感到惊讶了。他由于工作的原因与上海一家设计院的院长很熟,而这位院长与某位开发商关系非同一般,这位开发商又与该中学的领导联系甚密,经过这一系列的"关系"中介,终于使其女儿转学事宜得到圆满解决。

近些年来,大学的入学机会,似乎已经失去从前以分数为唯一标准的公平性。据笔者所知,少量低于学校录取线的学生,通过"关系",也能以"点招"的名义,被一些高校合理合法地录取,当然,要适当缴纳一些费用。在笔者进行田野调查的两年多时间中,有两次访谈恰巧是在六月进行的。六月份对于很多高中毕业生来说,是黑色的六月。对于家长来说,则是焦灼的六月,先是为子女考试能够正常发挥而焦虑,随即又为报志愿和能否被录取到一个理想的学校而奔走。从常理看,房地产商与高校没有任何直接的工作关系,如果不是自己家人和朋友的孩子参加高考,应该完全是置身事外的。但笔者访谈中偶然碰到的两件事情却表明,房地产商实际上可能与这个社会中发生的任何重要事情产生联系,他们可以为素昧平生的人牵线搭桥、四处奔走。

2004年6月底的一天,笔者正在赵春的办公室进行访谈。在访谈的过程中,赵春接听了很多电话。其中有一个电话似乎是一位同乡打过来的,因为赵春立刻转换成了他家乡的方言。由于笔者恰好能听懂那种方言,所以才获知这通电话的内容:对方想问赵春是否认识某大学招生办的人。当时赵春的答复是:"另外一所大学我有很硬的关系,但这所没有太大的把握,要问一问别人看能不能帮上忙。"对方似乎回应说,根据小孩的分数,只能勉强争取目前这所学校。赵春随即拨通了几个电话,但似乎没有得到明确的答复,他随即拨回原来的电话,告知对方暂时不要心急,一旦有明确的消息会及时通知。笔者和赵春虽然非常熟悉,是交往多年的好友,但由于他相当敏感,并且守口如瓶,笔者后来就没再追问过这件事。

2005年6月底,笔者到PJ公司访问刘群。当笔者如约而至,他正在打电话,礼貌地示意笔者坐下后继续通话。从他的通话中能听出,刘群似乎是在帮人联系学校。为了不影响那天访谈的气氛,笔者在那一次的访谈过程中并没有问及这件事。但后来随着大家熟悉起来,有一次笔者就直接问及他那天电话里谈论的事情。通过他的解释,笔者才渐渐明白,这件事情涉及复杂的关系网络。事情起源于某公司的老总在舞厅里嫖妓,被警察抓了个正着。担心因声誉败坏而影响公司的生意,他急于请人帮忙销案。为此刘群联系了他所熟悉的某派出所所长A商议对策。这位所长认识负责办理这件案子的另一家派出所所长 B。经了解，B 的孩子当年参加了高考，成绩并不理想，他正为学校的事情一筹莫展。刘群就托教育界的朋友帮忙，把他的孩子安排到 W 市的一所大学就读。当然，作为交换，那位老总的不良记录也就不存在了。

以上两桩事情都是有关房地产商涉足教育领域的案例，它们难道只是一种巧合？当一次闲聊中偶然向潘洋提起上述疑惑时，潘洋的解释让笔者茅塞顿开。

> 这并不奇怪。因为房地产老总的资源面非常广，能够调动的资源非常多，找他的人也非常多，他能够提供给别人的资源也非常多。很多人解决不了的问题都去找房地产商。他是关系的一个结点。他们的资源确实很多，调动资源的能力比较强。（潘洋访谈资料）

不过，笔者的一个补充解释是，房地产企业家既是地产运营商，也是"关系"运营商。由于常常和不同的政府部门打交道，不自觉地积累了一定的"关系"资源。这些"关系"资源，并不总是能够直接在企业经营中发挥作用，看起来对企业也没有太大帮助，因此可说是常年经营"关系"的副产品。就是这些副产品，被"乐于助人"的房地产商有意识地利用起来，当作广结人脉、进一步做大做强的工具。这也就是所谓的"关系"运营。所谓"关系"运营，按照笔者的理解，其实是建设一个坚实而又宽广的朋友支持系统，使得朋友之间能够及时、有效地共享彼此的社会资源。

> 自己做不到的事情，可以问问身边的朋友，他们可能有办法。（齐杰访谈资料）

因此我们说，建立起由稳定的社会交换所构成的朋友支持系统，是房地产商"关系"经营的又一秘诀。

5. 慷慨待人，节约成本

任何社会网络在其建立、维护乃至动员的过程中都是要付出成本的。为企业利益而实施的"关系"行为，自然也要纳入企业的经营成本，所以存在一个成本控制的问题。

> 人与人相处有难与易、深与浅，人是可以交往的东西。走到哪一步，企业也有经营成本的问题。（赵春访谈资料）

在企业的"关系"成本中，既包括为跑"关系"而付出的人力和时间方面的成本，但更主要的恐怕还是经济上的成本。一般来说，花多少钱办多大的事，企业一般都有一个基本的把握。

> 有这样的人，就看在他的审批中有多大的利润，也有的人很好，老好人，小礼品我也拿，但不会拿大的。这种人一般威信很高，你尊重我，我也尊重你。他凭自己工资不好解决问题，请他吃吃喝喝，给点小礼品。和政府官员打这么多年交道，一点私心都没有的，没看到过。也不能指望给点小礼品就让人做大事，没有人为一点小利冒那么大的风险。一般就是帮帮忙，稍微打点擦边球。（吴豫访谈资料）

> 如果是大人物直接找局里领导打招呼了，这个时候呢，你送东西给他，他不一定接受。那时候他干的目的是巴结领导，并不一定敢从你这里得到什么东西。（许海访谈资料）

但要想使一件事情办成，对于帮忙的人，到底该付出多少呢？对此只能凭个人的判断和感觉。

> 送过之后，也犯嘀咕，5000元钱，会不会嫌少？送10000元就好了，说不定事情办不成呢！（李冬访谈资料）

特别是对某些大宗交易，涉及方方面面的"关系"，不仅

"给"的方法,"给"的标准也很有学问。

> 要是人家帮你拿到上亿的土地的话,只给几万元是不可能的,但也要看贡献大小。一个项目可能是多重的关系(起作用)。每个项目都不一样。这个没有明码标价。(王强访谈资料)

一般来说,对于这种情形,精于算计并不是一种好的对策。

> 你想把事情做好,心态上就要平和,不能一次就把事做绝了。从土地获得的方面来讲,你用了这样的"关系",给得漂亮一点,你下次还有机会。大家都在这个圈子里混,如果做得太绝,后面还会遇到障碍。(李季访谈资料)

另外,同样的付出,怎样才能得到理想的回报,似乎也经过"精密的计算"。

> 如果非付不可,肯定付给成长性好的。(钱夏访谈资料)

所谓"成长性好",当然是指预期未来能从关系人身上获得高额的回报。这里很明显,房地产企业用于关系人身上的物质支出,如同购买股票一样,是一种"投资",只有预期未来能获得超出投资若干倍的利润,才"该出手时就出手"。这种利润空间的来源,是很难一下子说清楚的,有时企业在获取额外利益的时候,甚至没有特定的"伤害对象"。

> 他这种空间也是很微妙的。他不能过分地侵占公众的利益。由经济适用房改成商品房,原来是指定销售现在不指定了。你说他损害了谁的利益?由商用改成商住两用楼,短时间内也找不到伤害对象。没有人会找到你头上,说侵占了他的利益。取得项目的时候,计划盖写字楼,但市场比较疲软。

一旦从写字楼换成住宅，每平方米赚 8000 元到 10000 多元。（吴豫访谈资料）

但可以肯定地说，"关系"经营是一种赢利的买卖，这是房地产企业家乐此不疲的根本原因。

"拉关系"的目的就是创造条件，创造有利于我的空间，能把空间充分利用下来就是你的本事。（郑石访谈资料）

四 "关系"与正式规则

在特定的制度环境下，"关系"这一变数，究竟具有怎样的一种魔力，能够为开发商创造出利益的空间？

根据笔者的理解，"关系"的作用，同政府规则的制定与执行状况有很大的关系。

在中国，政府制定的规则不明确，似乎是一种常态。在房地产领域，这样的例子可谓俯拾皆是。2006 年被业界称为"国六条"的最新一轮宏观调控措施，就因为规定的含混不清而带来理解和执行上的困难。"国六条"最为核心的内容是"调整住房供应结构"，其中一条规定"90 平方米以下住房（含经济适用住房）面积所占比重，必须达到项目开发建设总面积的 70% 以上"。该项规定公布以后，关于 90 平方米应以建筑面积、使用面积还是套内面积为准，地下室面积是否列入其中等，民间就说法不一。房地产商普遍愿意把政策理解为总量控制，即针对城市所有在建项目进行总体上的比例控制，而非针对单一项目。可以肯定的是，无论是什么规定，只要其中有模糊的地方，相关者总是乐于朝着符合自身利益的方向去理解和执行。

政府部门一向喜欢以数字的方式来"一刀切"地控制局面，但又似乎对数字的单位漫不经心。2003 年初，PJ 公司在 J 市的 T 县以协议方式获得土地 7500 亩。同年 6 月，未及办理土地性质转变、征地和拆迁等手续，就遇到了国家关于经营性用地一律实

第六章 房地产市场中的"关系"(下篇)

施"招拍挂"的强硬政策,并且按照规定,半年之内所有土地转让事宜都被冻结。PJ公司的7500亩土地也被迫停止运作。

> 后来讲工业项目可以松动,也不需要"招拍挂",也不管是不是耕地。我们就忙变项。一看文件,3000万元以上项目要报国家批。那哪行?必须在J市就地解决。反正国家没写是人民币还是美元,我们就把它换算成美元,按美元总算没超过3000万。(刘群访谈资料)

显然,政府文件貌似精确实则不严谨的数字表述,最终带来的,只能是中央和地方、政府和企业之间无休止的数字游戏。当然,这种游戏如果没有"关系"参与其中,怎么可能玩得足够有趣和热闹?

笔者曾经提到,"关系"是企业对外部制度环境的塑造方式。显然,如果一种规则,它本身都不明确,其权威性是很成问题的。因此也就不难理解,房地产企业大都对制度缺少应有的敬畏。不仅如此,企业还想方设法地用"关系"来建构政府的规则及其执行机制。

> 关系呢,我觉得是这样,第一种是正当地处理关系。该办的事情却拖延不办,通过关系把它办妥了。这里不存在损害谁的利益,是双赢。可能关系不到位,他就不给你办。第二种是政策范围之内的,打擦边球的关系。这种也是皆大欢喜。第三,因为你找了很多关系,开始具有某种合法性。完全不合法,胆大妄为去做,可能吗?也可能,但很少。这里边就不是一般的关系。(齐杰访谈资料)

受以上资料的启发,笔者总结出了以下几种"关系"建构正式规则的方式:

(1) 利用"关系"来"人为"地提高政府部门的办事效率。
(2) 利用"关系"控制政府官员适用规则的尺度。

人都是这样，碰到同学、朋友、亲戚，可高可低时取最高线，没关系就取最低线，甚至服务都不一样。（赵春访谈资料）

有些政策是刚性的，没有选择的，有些政策是有弹性的。对企业来讲，弹性能够带来很多利益。要充分考虑到关系可能带来的利益。（周伦访谈资料）

(3)"关系"帮助企业在规则的灰色地带行走。

问：当涉及一种建筑规范的时候，你们是采取什么样的策略呢？
答：规范？当然是采取规范的下限了。谁都不愿意采取规范的上限。
问：这里涉及不涉及与掌管规范的一些人的关系呢？
答：这个就多了，涉及的东西太多了。这些都是你不能在书上写的。（笑）我们有句话叫"宁愿在监狱墙上走，只要不进去就好。"要合理使用规范，合理利用规范。（郑石访谈资料）

(4)"关系"使不合法的操作经过处理后变得在形式上具有合法性。

对银行来讲，政策要求严格控制房地产贷款，但并没有说房地产贷款一律禁止。领导说，那个项目那么好，怎么不给贷款？碰到这种情况，即使你不符合自有资金35%的规定，银行帮你做一做，可能就达到了。要那么公平、那么公正是不可能的。严格地来讲，自有资金必须达到35%以上，指的是在建工程的自有资金还是土地的自有资金，没有确切的规定。他有很多操作的技巧啊。比如原来是1000亩，分开来操作，先开发成300亩。关系好就可以解释，关系不好就会问你，为什么不是1000亩？他是商业性的企业，当然在操作过程中也具有相当的风险性。假如银行行长他也注意到风险性,他也会回避风险。银行行长分解风险,第一步呢,他找信贷员,第二步是法律部门,第三步是审贷会,第四步才是行长。想办法把贷款搞成功,想办法使它符合贷款的条件。(刘群访谈资料)

我告诉你,制度都是假的。制度是死的,而人是活的。(吴豫访谈资料)

(5) 利用"关系"完成和掩盖完全不合法的操作。

五 小结

"关系"一词,在汉语中具有广泛的含义。只有在特定的语境当中仔细推敲,才能获知言语当中"关系"一词指的是什么意思。在这一章笔者试图对被访问者所提到的关系加以类型学的区分,并从中分辨出我们最为关注的"关系"。

房地产市场中的关系大体可分为三类:结构主导型、信任主导型和情感主导型。这三种类型的社会关系,有两种不同的原因。一是市场自身的原因。我们看到,在房地产市场交易中,房地产企业为了克服某些市场交易中的不确定性,有意识地启用了社会关系装置。在这类情形中,由于社会关系充当了人格化的信任装置,有效地降低了交易风险,使潜在获益的交易成为可能。此即信任主导型关系出现在市场中的原因。社会关系进入房地产市场的另外一个原因,则是特定的制度环境。在房地产市场中,结构主导型关系明显源于政府宏观政策的导引。具体而言,现行的以经济发展为中心的政策导向,充当了经济资本与再分配权力相融合的催化剂。而情感主导型关系则与制度的执行机制有关,房地产开发商借助"关系"操纵规则,营造有利于自身的微观制度环境。

笔者把情感主导型关系等同于本土意义上的"关系"。从访谈资料看,行动者普遍强调了情感投资所带来的效果,因此情感极有可能是"关系"发挥效力的主要激励因素,相比之下,格兰诺维特所提及的交往频率、时间跨度、帮助等因素对于"关系"效力的影响并不十分突出。另外，据笔者推测，被访者频频提及情感主导型关系，可能与中国房地产市场的特点有关。因为在三种类型的关系中，虽然信任主导型关系是对市场机制的有益补充，但由于中国房地产市场的市场机制不够完善，很多不确定性因素能够借助政府的力量来加以解决，因此这种关系在房地产市场中并不是一种典型的关系类型。结构主导型关系由于对企业的规模和影响力有较高的要求，与J市房地产市场中小企业居多的情况不相吻合，因而也不常见。相反，由于同政府官员的良好关系，能够为企业带来很多实际的利益，因此很容易导致房地产企业同政府官员发展特殊关系。相较于贿赂，情感主导型关系的风险较低而收益适中，因此为房地产企业广泛采用。当然，从社会赞同和安全的角度来看，笔者的访谈对象不可能提供他们贿赂官员的资料。但显然，在"中等收益与低风险"和"高收益与高风险"之间，理性的天平会偏向哪边，是不言自明的。

第七章
关系密集型市场的成因与后果

市场运行的本质,是市场参与者之间行动的相互协调。传统的市场观念误以为市场的协调机制是唯一的和固定不变的:孤立的个体作出离散的决策,而敏感的价格机制,像一个自动装置,把匿名者结合为一个协作整体。然而,市场也可被看做是由有血有肉的个体行动者所构成的,在特定的历史环境下,他们的行动通过角色扮演、社会期待和文化共识结为一体。显然,笔者所展示的中国房地产市场,更接近于后一种情形。

在前面两章的铺陈中,我们已经深刻领略了社会关系对于房地产市场协调和组织的重要性。曾有人言,在一个理性行为能为个人带来优势的社会中,理性的方法会因被模仿而逐渐获得发展和扩散。如果这一论断成立,那么,依此推论,在一个"关系"能为企业带来优势的市场中,"关系"的方法也会因被模仿而逐渐获得发展和扩散。从我们的调查资料来看,中国房地产市场的情形正是如此。鉴于"关系"对于市场协调的核心作用,我们把中国的房地产市场称为"关系密集型市场"。

关系密集型市场何以形成?对此问题,笔者拟从房地产市场的两个特性入手来加以阐明。其一,房地产市场属于资金密集型市场;其二,如前文所述,房地产市场属于深度嵌入型市场。笔者认为,资金短缺构成了房地产市场运转的内部紧张,深度嵌入性则意味着,房地产市场的运行易受到外部环境,特别是政治制度方面的制约。在这两个方面,中国的房地产市场具有明显的特殊性,因而构成了笔者分析房地产市场发育路径的重要线索。笔者认为,房地产企业以关系取向的文化特质为策略装备,以松动各种外部制度约束为手段，有效地缓解了资金短缺的掣肘，在"东奔西突"中赢得市场生存机会的同时，也共同营造出了一种"关系密集型"的特殊市场氛围。

一　社会关系与资金运用

一般认为，从事房地产业需要大量的资金，也就是说，资金是进入这个行业的天然门槛。从经济学的角度看，之所以会有一部分资金流入或流出房地产业，是行业之间的利润差异自发调节的结果。然而，在中国转型经济的特定背景之下，在一定时期内，资金的匮乏是整体意义上的，市场的发育与资金由少到多的积累过程几乎同步进行。从市场培育的角度来看，房地产市场要想存在和延续下去，相关经营者必须拥有一定的资金以保证开发能力，同时商品房的需求者须拥有一定财产和收入以保证购买力。中国的经济发展如何造就一批有相当购买力的商品房消费者，从而以旺盛的需求拉动了房地市场的发展，这不是本研究所要解释的问题。这里笔者所感兴趣的是，在资金匮乏的背景下，一个房地产市场如何得以起步？或者说，资金的限制如何塑造了中国房地产市场的特殊秩序？众所周知，直到2003年，中央银行才对申请贷款的房地产企业自有资金比例做出严格限定。这一政策之所以能够出台并且具备一定的可操作性，是因为经过不到20年的运转，中国的房地产业中开始涌现出一批资金实力雄厚的经营者，至此，中国的房地产市场才开始具备了在资金方面得以规范化运作的基本条件。

中国有句俗语："没有金刚钻，莫揽瓷器活。"但相应的，也有另一句叫"四两拨千斤"。在物理学中，运用杠杆原理，以一个很小的力量撬动一个重量巨大的物体，是可行的。这一物理学的原理，颇适合用来形容中国房地产企业的资本运营技巧：房地产商以少量的，至少是不充足的初始资本金，用衔接紧密的"关系"链条，带动整个房地产项目的运转。不过，这里不是在颂扬企业家以小搏大的胆识和胸怀，虽然到底是什么构成了房地产

第七章 关系密集型市场的成因与后果

"企业家精神"（entrepreneurship）确实值得深究[①]。相反，笔者主要是借用这一隐喻，揭示在特殊的制度环境之下，中国房地产市场发育的微观社会动力。

在一部地产小说当中，乔萨生动地描绘了房地产老板出手大方、"打肿脸充胖子"的酸楚心理（乔萨，2003）。这也从侧面说明，"房地产老板"和"财富"之间的符号关联，以及房地产老板的言行与这种符号保持一致的重要性。实际上，这些财富的真正所有者可能是国家、银行、建筑商、代理商、其他合作者或期房的消费者，而真正属于他们自己的，只是其中很小的一部分。只是经由特定的操作步骤，他们成了这些财富的合法支配者。

现在笔者回到当初的问题：对于一个资金缺乏的房地产开发商来说，它运用怎样的资金筹措手段来获得项目资金的？根据被访者和相关报刊的披露，我们看到，在这一行业，存在以下一些常见操作步骤。

（1）在与政府或集体达成土地转让协议之后，开发商一般只需支付一笔保证金，保证金数额只相当于全部土地转让费的极小比例[②]，或者支付最低限度的土地转让金。所谓最低限度，是指土地转让金当中没有缓缴可能的那一部分。据了解，在实际的操作当中，开发商最不可能缓缴的，是付给上一级政府的那部分土地转让金。总之，开发商可在足额缴纳土地转让金之前，从土地管理部门预先获得土地证。当然，在2003年实行"招拍挂"以后，这种情况基本不存在了。

（2）获得土地证以后，开发商可以围绕土地进行各种操作，以期提高土地的价值。其中包括：通过影响资产评估机构，高估土地的价值；以高估的土地价值，从银行取得高额的不动产抵押贷款；通过影响政府的各个部门，使有限面积的地块产生最大的开发利润。这其中，大的变动包括变更土地性质，小的操作包括

[①] 在笔者看来，在中国房地产业发展的初期，所谓"企业家精神"，在于通过"关系"组合资源，从而创造交易优势和交易机会。
[②] 只在早期符合国家有关规定。

加高楼层、缩小楼间距、减少车库面积等。从这些操作可以看出,开发商经营活动的一个很重要内容,是对土地的价值进行"社会建构"。在特定的制度背景下,地块的潜在商业价值也确实拥有巨大的社会建构空间。

(3) 以银行贷款支付部分剩余的土地费用,如拆迁费、青苗费等各项动迁费用①,以及项目前期所需缴纳的五项费用。所有这些前期应该缴纳的费用,经过一定的操作,都有降低的空间。

(4) 之后银行贷款若略有剩余,可用于支付设计费和建立项目公司。

(5) 招揽建筑商。在中国,由于建筑公司对建设工程的竞争异常激烈,因此开发商能够开出苛刻的交易条件。原本应由开发商支付的工程建设费和建筑材料费,可由建筑商垫付。实际上,由于建筑商的生存本身非常困难,未必都有足够的垫付能力,因此所谓的"垫付",往往是以建筑商拖欠建筑工人的工资为代价才得以实现的。不难推测,最终这一行业的资金困难,被转嫁到由农民工组成的建筑工人的头上,进而造成一系列的社会问题。还好,由于国务院的介入,农民工工资拖欠问题,目前已经有所缓解。

(6) 项目一经动工,即可向银行争取项目贷款,并且借助各种名目提前销售,收取定金或预售款。项目开工后,就能够合法地出售"楼花",这意味着销售回款可以合法地充当项目建设款。

(7) 由销售代理商预先支付一笔保证金,有时这笔资金可以解决资金链中断的燃眉之急②。

(8) 当然,也可以在土地开发项目获批之后,以股份合作的方式与其他企业共同开发,由对方提供开发所需的后续资金。不过这意味着损失一部分利润,一般开发商都不愿把到嘴的"肥

---

① 显然,这种轻重缓急、优先次序的排列,并不是任意的,而是对所涉及的各方利益反复权衡的结果。归根到底,是一种权力游戏。在房地产商的资本运营中,充满了这种权力游戏。

② 对这笔销售回款的要求,实际上设置了代理商的行业门槛,也说明代理商市场地位的边缘性。不过这一局面正在改变中。

肉"拱手相让，宁愿苦苦支撑，等待转机。

（9）常见的手法还包括仰仗与政府丰富的人脉关系，不断地获得新的土地，获得新的贷款，以保证资金链条的连续性。这种手法易导致"圈地、挖坑、骗钱、走人"的欺诈事件。

（10）当然，对于经营多元化的企业来说，资本运营的方法更为多样。笔者所调查的一个房地产企业，母公司从事电器的连锁经营，拥有充足的现金流，从而保证了房地产项目及时还贷和获得后续贷款的能力。

归结起来，开发商的资本运作手法，不外乎在各个环节、以各种方式来降低资金成本和提高资金利润。这些策略主要有四种。

第一种是改变资金流动的时间表，通过"时间差"来达到以小钱办大事的目的。前述土地转让费用的缓缴，显然是违背相关政策的，但在现实中又是相当普遍的做法。这样的做法之所以可行，从制度上看，是由于土地产权的国有性质和对土地的实际代理者缺乏应有的监督和约束。而地方政府的经济开发使命，也间接地为上述做法提供了合法性支持。这类作法的畅行无阻，不仅间接降低了进入这一市场的资金门槛，难以保证开发商的基本资质，同时也提高了企业向政府部门求得通融的社会关系门槛，给没有社会关系的企业进入这一行业设置了障碍。

第二种是改变资金流动的方向。理论上，在房地产业，开发商运用自有资金和信贷资金购买土地和开发项目，这期间需支付给建设企业、材料企业和代理企业各项应付费用，待房屋售出之后，才有资金回笼，完成一次资本的循环。但在中国的房地产市场中，开发商的初始资金在获得销售回款之前已经经过了无数次的滚动，每一次的滚动，都带入了新的资金来源，无论这些资金来自银行、建筑企业、材料供应商、代理商，还是消费者。正因为"四两拨千斤"，房地产企业内部流行的利润计算方法是"自有资金盈利率"，而不是官方的利润率计算方法，后者的基数是项目总投资，与开发商的自有资金是完全不同的概念。这间接表明，在房地产市场，开发商的真正角色是开源者，他们用少量的初始资本，掀起了一股巨大的资本流动浪潮，把各路行动者的资金汇聚在一起,每一方都希望从货币的流动中获利。

第三种是降低资金成本。通过与政府部门的融通,尽量减少缴纳项目前期的各种费用。这可谓开发商节约资本金的基本技巧,在此毋庸赘述。

第四种是加快资本流动的速度。对于有限的资本金来说,如何充分发挥它们的功用,是开发商经营策略的一个重要部分。然而,无论多么精明的商人,都不可能把一分钱当两分钱用,因此,不断地挪用资金、拆东墙补西墙,是开发商常用的手段。前面笔者已经提到,很多开发商都采用虚假注资或撤资的方法,显然这种做法是违反有关规定的,也给交易对象带来交易风险。问题是在他们与行政执法部门的博弈当中,最终谁都不会是真正的输家。因为只要开发商处理"关系"得当,执法者很少会根据国家的规定来立案和处罚,而是以变通的方式通过收缴少量的罚金来解决问题。这无疑助长了企业通过违规来节约资本金的冲动。

上述四种策略当中,在笔者看来,第二种主要涉及的是房地产市场不同行动者之间商业利益的协调和分配,这是市场内部的地位结构使然。而另外三种策略,都需要政府方面的协作,因此都与房地产市场的制度环境直接相关。

二 制度基础与微观环境

1. 制度环境的适应问题

组织受制于它所在的制度环境,但企业如何适应制度环境?其中的动力机制为何?在笔者看来,正如动物对环境的调适方式多种多样,企业适应环境的方式也是多种多样的。与制度的要求保持高度一致,只是企业适应环境的一种方式,而营造一个微观的制度环境,操纵规则、蒙混过关,则是企业适应环境要求的另一种可能途径。

房地产业是与各级政府和各个部门互动十分频繁和广泛的行业。笔者把企业与政府部门之间的"关系"实践,理解为企业主动营造微观制度环境的举动。在笔者看来,营造一个顺畅的微观制度环境，是中国房地产企业获取经济优势（economic advantage）的来源之一。

2. 房地产企业制度环境的形式特征

以操纵规则来获得生存和发展的空间，企业的这种环境适应方式，既由企业自身在资金方面存在先天不足所致，还同制度环境的特点有莫大关联。关于房地产市场的制度环境特点，前文中笔者已经在不同的场合从不同角度进行了概括。在此我们从市场与科层制之间关系的角度，进一步加以剖析。

韦伯曾经写道："资本主义和科层制相互发现了对方，并且紧密结合在一起。"韦伯视角的价值在于，"它超越了关于什么政策可能支持市场的讨论，把议题引向，要想成为私人企业家群体的有力对手，国家应该具备怎样的制度结构。"（Evans, 1995: 31）在这种视角下，国家的各项制度，对于市场行动者来说，最根本的作用在于，明确了哪些经济利益是值得追求的，哪些是应该受到限制甚至禁止的。

一般认为，在社会主义国家中，国家管理经济的手段效率较低，与经济行动者的利益不相一致（Stark, 1990）。这一论点其实批评了社会主义国家制度安排不尽合理。有学者认为，这种不合理性会导致对立规范的出现，进而产生非正式经济（Stark, 1990）。这里姑且不论中国现行房地产制度在其内容上的合理性问题，单就这方面而论，由于一些制度过多地考虑了政府管理者的利益，而不是经济行动者的利益，因而具有明显的不合理性。这里只讨论中国房地产制度的形式不合理问题，因为仅此一个方面，已经足以让我们领会，中国的房地产企业是在一个怎样的制度环境下从事经营活动。并且基于调查资料，笔者认为，面对制度的形式不合理性，中国房地产市场行动者采取犬儒主义的立场，以"关系"来操纵规范，而不是如斯塔克所说的创造对立规范。

作为规范和约束房地产经营者的各项制度，至少在其形式上应该具备公开性、稳定性和连续性、明晰性、健全的执行机制。

就公开性而言，一些房地产制度，并没有公布于众。很多的文件都掌握在政府的手中，市场行动者通过正常渠道无法获悉这些规定的详细内容，结果是这些规则成为政府官员垄断的信息和知识。在这种情形下，由于房地产项目常常具有个殊性，对于如何合法合理地处理一些特殊问题，房地产商可谓云里雾里。无奈只有通过"关系"来获得这些知识。当规则内容只能通过人情交换的渠道传递给特定的市场行动者时，一个直接的后果就是市场行动者之间信息不均等，另外也不利于民众监督政府的行为。

就稳定性与连续性而言，中国的房地产制度完全可以用"多变"来形容。比如，对于房地产经营者来说，商品房的标准每年都在发生变化。房地产是一个生产周期较长的产业，规则的多变性无疑为开发商的经营活动带来很大的困扰。笔者的调查发现，J市近几年拆迁补偿标准、车库面积、阳光权、环保性能等方面的规则变动过快，每一次变动都意味着土地成本和收益的重新核算，为开发商的经营活动带来很大的不确定性。这种变动固然是时代的发展和进步过快使然，但与政府相关部门在制定规则时缺乏应有的前瞻性也有很大关系。在这种规则多变的环境下从事经营活动，开发商依靠"关系"来变通规则，稳定经营环境，似乎也在情理之中。

在规则的明晰性方面，政府制定的房地产规则就更难如人意了。对此前文中已经举例说明，这里不再赘述。

当然，如前所述，在执行机制方面，房地产制度也存在不少问题。地方政府与中央政府的目标不一致，各个部门追求部门利益，都在摧毁着各项房地产制度的权威性和合法性。

3. "关系"与微观环境的塑造

笔者把房地产市场中的"关系"，视为房地产企业营造微观制度环境的努力。这种努力不断进行着，体现了企业积极适应环境的能动性。一些案例显示，企业甚至利用制度的漏洞，弥补自身在市场能力，特别是资金方面的严重缺陷，表现出房地产企业的顽强生命力。但必须承认，利用"关系"来适应制度环境，也是房地产企业的无奈之举。在规则存在不稳定性、执行部门具有裁量空间、执法部门任意执法的制度环境下，企业十分脆弱，因此设法用一种

"关系"装置舒缓来自环境的约束和干扰。特别是由于房地产项目生产周期较长，所以开发商对环境的易变性施加必要的控制，是十分必要的。只是久而久之，随着企业间争相仿效，"关系"大行其道，制度环境也在发生微妙变化：这种营造微观环境的应对策略，养肥了"国家代理人"，从而导致制度环境的"反扑"——"国家代理人"已然习惯了"雁过拔毛"，任何企业若不遵守这一潜规则，就会遭到政策制约，而这是企业所不愿见到的。企业与政府之间的交往逐渐模式化、制度化，从秩序上看，"关系"这一通道，创造了政府行为和市场行动之间暂时的均衡状态。然而，如此一来，市场的混乱状态在所难免，房地产企业也深陷于自己一手参与创造的制度环境当中无法自拔。

三 文化特质与利益组合

接下来的问题是，精巧的"关系"装置，如何能够融化政府科层体制的冰冷规则？政府部门与房地产企业的"协作"如何成为可能？

通过笔者的访谈资料，不难看到，"关系"运作的实质，是房地产企业和政府官员从中获得了自己期望的利益。"关系"的这种性质，很容易让人把"关系"与寻租（rent-seeking）画等号。这正是对于"关系"的阐释易于引起分歧和争议的地方。而笔者认为，寻租虽然可以部分解释"关系"的目的，如人们扩展"关系"的意图，大多是要通过政府机制来影响财富转移的机会。从这点来看，"关系"可谓典型意义上的寻租（Tullock，1993）。但是，寻租并不能解释"关系"的内在动力和运作逻辑[①]。从所获得的访谈资料来看，笔者更倾向于把"关系"阐释为一种文化策略行动。首先，已有学者指出，寻租的概念具有经济还原论的色彩，它忽略了政府官员的政治动机（Bates，1990）。确实，从我们的访谈资料来看，被访者关于"官员要绩，企业要利"的说

[①] 对于"关系"与贿赂的区别，可参见 Smart（1993）。

法已经表明，在政府官员的偏好结构中，绩效是重要的组成部分。这意味着所谓的结构主导型关系属于有选择的联合行动，从中特定的官员与企业各得其所。对于这种情形，用寻租来解释未免过于平面化。其次，寻租概念也忽略了政府官员与企业家利益协调机制的社会性。如有被访者强调，"关系"绝非一手交钱、一手交货的买卖性质。"在关系网中间，是要花钱办事，但如果说这个交易是明码标价的，那谁都可以做。"（潘洋访谈资料）很多案例都表明，"关系"遵循的是一种互为对方着想的互惠（reciprocity）逻辑，而非纯粹的金钱逻辑。如有访谈者提到，开发商为了保持与有关人员"关系"的持续性和出于对自身声誉的考虑，通常都会尽可能地表现得慷慨大方。开发商在此所遵循的慷慨原则，与目前开发商在消费者心目中极端精明、吝啬的形象形成强烈反差。显然，"投之以桃，报之以李"这种慷慨，属于社会交换的美德，与一次性交割的经济交换在原则上相悖。第三，正因为互惠逻辑占据主导地位，"关系"比简单的寻租活动更易于保护当事人的安全。很多访谈对象在谈及与政府的"关系"时都强调，至少从操作的角度来说，一次性交割的贿赂关系，因双方缺乏信任，可靠性和安全性大大降低，因此，被越来越多的游戏者所弃用。第四，"关系"是以情感为基础的，不仅"帮忙"（favor）之类的说法，为人们利用公权追求私利的行为提供"托词"，为这类行为提供合理性外衣，而且人情的相互亏欠，相对密集网络中的社会压力，本身也是政府官员发出所谓寻租行为的动力因素。

基于以上的区分，笔者认为房地产市场中的"关系"，是具有丰富文化意含的社会结构，不宜用贿赂、寻租这类概念简单地加以肢解。

按照笔者的思路，中国人有一套人与人之间根据彼此关系的性质而相互区别对待的文化系统。其中"关系"是基于"情感差异"的复杂社会分类系统，是社会交往的认同与差异化策略，是个体生活世界布局与延展的手段，它决定了个体之间互惠原则的适用范围。从互惠的角度来看，虽然互惠是自古以来几乎任何社会都普遍存在的社会行为，然而，互惠在具有普适性的同时，也具有鲜明的文化差异。"关系"代表了中国式的精巧互惠模式："关系"的疏密和远近，规定着互惠的范围、程度与方向，因而从中可以预知社会分子结构的结晶图式。这样一种互惠文化，之所以在房地产市场中大行其道，其根源在于房地产市场虽然身陷各种制度的包围，但这些制度本身由于内容和形式的不合理，在效力上是非常微弱的。换言之，笔者认为，关系文化在一种弱的制度环境下，指引着利益组合的方向，它以其特有的互惠逻辑替代了科层制的制度逻辑。事实上，在笔者看来，在中国的房地产市场当中，"关系"毋宁是一种先在的文化范畴，它把这一市场中某些参与者的行动协调起来。并且，由于"关系"更多地通行于企业家同政府官员之间，促成他们之间的利益结合，因此可以认为，在中国房地产市场中所存在的"关系"现象，在本质上是掌握经济资源和政治资源的精英之间的策略性网络，他们通过社会性的操作手法，进行着各种稀缺资源的交换。

四 关系密集的后果

1. 市场的失序和脆弱

密集的"关系"和局部行动者之间的协调，必然导致房地产市场总体上的混乱。价格的飞涨、质量的低劣、频发的欺诈，无不在向世人昭示着这一市场的混乱格局。而一旦我们掌握了这一市场的内部运行机制，就不难找到混乱的根源。在一个市场中，当通过与制度环境的微调即可极大地提高收益时，企业自然缺乏改善内部经营管理和提高产品质量的动力。不仅如此，我们看到，房地产企业利用"关系"调适制度环境的活动，还直接导致权力向市场的渗透，让权力参与到房地产市场的资源配置过程中来。这种状况，破坏了企业之间的平等竞争，扭曲了市场的优胜劣汰机制，最终使市场沦为开发商实现利润和财富合法化的一个手段。

"四两拨千斤"的隐喻，也暴露了中国房地产市场的另一个致命缺陷：脆弱性。以社会关系这一精巧的社会装置，来推动一个市场的运作，本身需要各个环节精确无误的配合，只要其中某一个环节失控,就可能会带来多米诺骨牌般的破坏后果,几乎无法挽救。至少我们已经清楚地看到,自 2003 年以来,来自中央政府和部委的各种宏观调控措施,总能在房地产业内部带来不小的震动,如向中小城市的集体出走,企业间的合资、吞并与收购,这些症候暴露了房地产生产者抵御政策风险的脆弱性。实际上,在中国的转型经济中,国家政策目标、经济发展周期、城市规划条例、政府机构和职能的设置,甚至民众的维权意识,无不在不断的调整当中,所有这些外部环境当中浮现的不确定性因素,都牵动着房地产市场的神经中枢,都有可能导致房地产市场局部和全面的失控。

2. 社会结构的失衡

正如前面所指出的那样,"关系"仅在促进部分社会成员合作的意义上是一种集合行为(collective action),就整个共同体而言,它建设了基于自私的社会团结而非整体意义上的社会整合和集体行动。显然,在存在着密集"关系"的房地产市场中,场域参与者之间利益的分化只会更加严重。从表面上看,这种分化是围绕着获得暴利的开发商和背负沉重住房负担的普通市民之间进行的,实际上却绝不仅限于这两个群体。桑默丝(Somers, 1994)指出:"即使是马克思也表现出了实质主义的倾向,最明显地,他把阶级利益具体化,假定在同一个阶级类别中的行动者将会发出同样的行动,即使他们在交易流程中或者关系场景中处于不同的位置。"

桑默丝的论述提醒我们注意到房地产市场围绕"关系"而形成的阶层利益。房地产市场开辟了一股巨大的财富洪流,每个群体和个人都试图与这个市场发生关系,从中获取一份利益。政府部门的官员是这样,学者和媒体也是如此。显然,"关系"使他们轻而易举地搭上房地产财富的快车。但桑默丝未免有些夸大关系场景的作用,就各路精英利用"关系"获益这种情形而论,恐怕正是他们的"阶层类别",决定了他们在交易流程中占据的有利位置,至于"关系"经营的能力,只不过促进了精英群体的内部分化。

第八章 结语

本书通过"关系"这个窗口,对中国房地产市场的运行机制进行了深入探讨。根据笔者收集到的资料,房地产企业普遍重视与外部关系的处理,并且"关系"经营确实有助于房地产项目和企业的生存与发展。基于"关系"在房地产市场资源配置中的显著作用,笔者把中国的房地产市场称为关系密集型市场。笔者分析了这种市场形态的成因,其中房地产市场发育初期资金匮乏是造成这一状况的一个原因。房地产属于资金密集型行业,拥有较高的资金进入门槛,房地产企业借助于"关系"实践,松动了硬性的资金要求。调查资料显示,房地产企业普遍借助与外部环境的"关系"建构来节约资金成本、提高资金周转的速度和扩大资金的利润回报空间,从而达到"四两拨千斤"的效果。而外部制度环境的特征,是房地产企业的"关系"策略屡屡奏效的另一个重要条件。规章制度的不完善,政府不同级别和不同部门的目标不一致,政府管理权威的丧失,造成了非正式关系的盛行。房地产企业运用非正式关系来营造微观的制度环境,为各种合法和不合法的经营开辟空间。除此之外,中国文化中的关系主义特质,特别是善于强化弱关系的关系文化传统,也是造成关系密集型市场形态的重要因素。"关系"在其本质上是一种协作行动,在房地产市场中,不同的精英群体借助"关系"的桥梁进行策略性合作。关系文化不仅为这种共谋提供了有效和安全的操作途径,而且在这种文化氛围当中,"感情"之类的说辞还为这类联合行动提供了正当理由。从而,"关系"作为一种社会分化的机制,其密集的结果,就是导致资本与权力阶层的隐蔽结合和整个社会的两极分化。

除了揭示中国房地产市场的运行机制之外,本书也力图对一些相关的重大理论与现实问题的学术研究提供新鲜的"营养"。在此仅根据这项研究所获得的实证材料,对一些笔者所关心的学术问题提出自己的看法。

一 "关系"的分化论

每个时代的学者都有自己的使命和问题。在笔者看来,对于今天的"关系"研究者来说,面对中国所面临的划时代的巨大变革,也许没有比"关系"在这场变革当中的意义与命运更值得探究的了。在中国全面迈向市场经济的过程中,"关系"这一古老的文化习惯将走向何处?这是目前很多学者关注的问题。笔者注意到,对于"关系"在市场经济中的作用,当前学者有着不同的判断。这些判断可归结为三种:式微论、持续论和过渡论。式微论认为,"关系"实践在中国的城市经济中正趋于衰落,取而代之的将是与西方市场经济一脉相承的"法理秩序"(rational-legal order)(Guthrie, 1998)。与之相对,持续论认为,鉴于很多的商业交易都是在关系网络中完成的,因此中国所发展的经济秩序可被称为"网络资本主义"(network capitalism),它从根本上有别于西方的市场资本主义(Boisot and Child, 1996)。过渡论的观点介于这两种立场之间:在对当前"关系"之重要性的判断上,接近持续论,即认为在制度匮乏的状态下,关系网络履行了维护交易秩序的功能,从而肯定了关系网络存在的现实合理性;而在"关系"的发展趋势上,又回到式微论,假定"关系"实践在中国市场经济的发展过程中,只是一种过渡性的和即将消逝的现象(Peng et al., 2000; Xin and Pearce, 1996)。

根据对房地产市场中"关系"现象的考察,在此笔者提出一种"分化论"的观点,即认为"关系"在当前中国的市场经济中存在分化的趋势。分化论并不是针对以上争议所提出的一种折中方案,而是根据笔者的调查结果以及综合前人的论述所提出的审慎结论。

一方面,"关系"在某些活动领域确实有淡化或者作用下降

第八章　结语

的趋势。这种淡化或者作用下降的趋势，可以从调查资料中房地产商在项目后期对"关系"的回避态度中窥见一斑。从更深层面来看，这似乎表明，市场这种新生的现代社会制度表现出了对"关系"这种原生性组织的限制力量。但即使如此，笔者也并没有看到，开发商全然冻结"关系"、一味地追求利润的做法，他们至多是在市场原则容许的范围内，把各种"关系"以区隔化、标准化和制度化的方式加以妥善处理。

时至今日，只要对于制度经济学和新经济社会学的进展稍有了解，就很难再对社会关系在市场中的作用，持彻底否定的态度了。分歧在于，社会关系在市场中作用的空间和机制究竟是怎样的。然而，一些有关"关系"势将随着市场经济的健全而衰落的过渡论观点，显然没有充分考虑到市场与社会关系的相容性面向，因此不可能深入探究哪些样式的"关系"在未来市场经济中的哪些领域将得到保留甚至发扬光大，哪些样式的"关系"将因与市场的不相容而告别历史舞台。因此，我们认为，过渡论的观点，由于其理论预设对社会关系的"简单粗暴"处理，在当前形势下，已经近乎一种误导。相反，对"关系"的不同走向作出充分的估计，从而对"关系"的未来持一种开放的态度，不仅有助于我们吸收最新的市场研究成果，提升我们的理论认识，而且更为重要的是，对社会和文化作用的充分估计，还会让我们在市场经济的道路上走得更为稳健。遗憾的是，笔者的调查资料中，对于"关系"如何促进市场交换，很少涉及。笔者认为，这主要不是由于资料收集的偏差，而是因为房地产市场过多地受到制度环境的干扰，以至于市场机制不够彰显所导致的。有关这方面的情况，今后须结合对其他行业和市场的比较研究，方能得出有价值的结论。当然，分化论并不否认"关系"这种传统文化要想在中国的市场经济中保持其生命力，必须接受市场这种现代社会制度的改造，使其能够为市场机制所包容，从而发挥参与和促进市场交换的作用。显然，关于市场对关系文化的冲击，在未来也是十分有价值的研究课题。

另一方面，在某些活动领域，"关系"仍然保持着强大的生命力。这是笔者的调查资料比较支持的一个研究结论。并且，从房地产市场的情形来看，制度环境的某些特征，恐怕是"关系"在这一场域保持强大生命力的根源所在。房地产市场的特性，使房地产企业普遍较为依赖制度环境。而在当前的中国，这种依赖性更是达到无以复加的地步。制度环境的特殊现实，导致房地产企业为了营造一个有利于自身的微观经营环境，有意识地借助"关系"来操纵各种制度规则。这里"关系"的实质是，作为制度间的桥梁，将政治权力导入市场领域进行交换，从而使"关系"连带地也开始具有某种市场价值。

从过渡论的角度看，这类持久和强劲的"关系"确实属于过渡性现象，随着制度环境的改善，"关系"的作用自然会有所下降。然而，这并不是这一研究所要说明的问题。本书认为，市场具有个殊性，就房地产市场而言，由于其对制度环境的依赖性较高，加上"关系"的制度渗透性较强，因此并不能简单推论，制度环境的改善必然减少或者杜绝"关系"的作用。由于各类市场都与制度和文化在不同程度上相互纠缠，因此未来"关系"的作用会沿不同市场类型而发生分化，这可谓"分化论"的另一层含义。

总之，"关系"的分化论意在表明，在特定的历史时段，市场机制的上升，并不必然导致"关系"地位的下降，两者之间并非是相互排斥的。相反，鉴于市场本身没有固定的模式，我们必须对"关系"同市场之间在经验联系上的多重可能性有所省察。甚至，由于目前很多研究都已经证实，社会网络机制同市场机制之间存在一定程度的契合性，我们有理由对"关系"未来在市场中发挥促进交换的积极功能充满期待。此外，"关系"的分化论还隐含着，在官本位制度、关系文化和市场形态之间存在着微妙的互动关系，它们相互作用、相互纠缠。正因为如此，有关"关系"命运的争论，不应该仅局限于市场与"关系"的单边关系，还应该着眼于这三者之间"关系"的广阔可能性。只有这样，才可能弥合歧见，并真正在"关系"问题的研究上有所进展。

二 市场中"关系"的不同根源

　　本研究着力探讨中国房地产市场的特殊运行机制。基于房地产市场对制度环境的依赖性，把房地产市场标识为深度嵌入型市场。而研究表明，由于中国房地产市场处于一个特殊的制度和文化环境中，它最终发展成为关系密集型市场。从传统的市场理论来看，中国的房地产市场或许不能称为市场，因而不具备作为市场来加以研究的条件。但作为一种特殊类型的深度嵌入型市场，它代表了市场与其制度基础之间关系的一种极端情形：一种与市场要求不相匹配的官本位制度，如何向市场渗透并最终压抑和扭曲了市场机制。这种市场，虽然在其外形上，保持了一种市场的形态，但实际上却早已偏离了市场的轨道，市场的外形只不过是它暗度陈仓的伪装罢了。此前，人们已经获知制度基础对于市场的重要性，但也只是描述了理想的制度应该如何。"由于制度设定了市场的激励机制，那些带来市场效率的制度，一定能把交易成本降到最低限度，同时又能够通过价格和质量来促进竞争。"（North，1998）对于一种完全不合乎理想的制度基础，会导致怎样的市场形态，就没有人去细究了。从这方面来说，本研究填补了一个空白。

　　而本书的一个主要理论贡献在于，它把"关系"的命题，纳入到一种市场构成的理论中去思考。由于市场秩序具有两个层面，一个是宏观上的制度基础，一个是微观上的交易安排，这样，"关系"就可能在不同"生长基"上生长：一个是借助与市场机制的相容性，即由于发挥促进交换的功能而在市场里自发地形成和演变，一个是借助制度环境对市场的影响力，从而被嫁接到市场的交易安排中来。这种"生长基"的不同，是调查中"关系"表现出不同形态和发挥不同作用的根本原因。当然，这也构成笔者对"关系"分化论的一种理论解释。

三 超越强—弱关系的二元对立

这项"关系"研究,也是在整理和批判西方社会网络分析文献之后的再出发。一方面,强调"关系"是中国社会长期以来形成的一种文化传统,从而克服西方社会网络研究过度重视"空疏的社会结构"而忽略其中的文化内容的严重缺陷。另一方面,本研究还着力挖掘制度与社会网络之间的关联机制。虽然受到资料限制,本书对于社会关系与制度基础的联结机制,并没有深刻的领悟,但通过中国房地产市场中的"关系"现象,至少让我们看到,在特定的制度条件与文化脉络中,社会关系具有分解、操纵甚至颠覆制度规则的能量。

本书也试图从西方的社会网络理论出发,尝试对中国的关系文化传统作出结构主义的阐释。一方面,我们承认,西方网络理论有关强弱关系的划分,对于认识中西方的社会生活有着独特的洞察力,我们也赞同强关系和弱关系具有各自的优势和劣势的论断。另一方面,我们也看到,西方制度背景下发展起来的网络理论,未免把弱关系和强关系的二元分立绝对化了。中国文化提供了弱关系和强关系之间的另一种可能性,即提供了一种它们彼此之间相互转化的文化路径。我们提出,"关系"这种主要用于处理弱关系的文化传统,通过旨在强化弱关系的一系列礼仪、规范和认知图式,重塑了整个中国社会的结构面貌。并且我们认为,作为一种悠久的文化传统,"关系"对于社会结构的这种构成性影响,不会轻易地在中国社会消失,因此应该在一种中国社会本体论的高度上来思考其作用。

在中国的房地产市场当中,访谈资料显示,"关系"的强化主要是通过培养感情来实现的。这说明,在当前中国社会,感情因素可能是区别关系纽带之强弱的关键尺度。这使我们相信,"拉关系"不是赤裸裸的利益追求,它是彼此心思和顺基础上的自愿帮助或合作,因而充其量是对利益的曲折表达和追求。当然,我们也看到,"关系"中的信任因素似乎越来越得到强调,只是笔者并不敢肯定,这是"关系"适应市场要求的结果(确实,经济生活节奏的加快,易于改变"关系"的运作模式),还是由于市场结构的变化或者制度环境的偶然变化所导致的一种暂时性现象,抑或信任根本上就是在高收益和高风险并存的情形下"关系"的一种特定内涵,这需要进一步的研究才能作出判断。但有一点可以肯定,由于房地产和其他企业以组织的名义建构"关系",它们把"关系"的费用打入企业的经营成本,很容易抬高"拉关系"的成本。虽然不敢断言"关系"中原有的私人感情内涵会受到削弱,但至少底层的社会成员,由于缺乏经营"关系"的资本,会失去通过"关系"获得一些社会资源的机会,使得基于财富和收入水平的不平等在"关系"的作用下系统地拉大。

四 "关系"黑洞与经济转型

诚然,一旦展开制度建设过程,建立在起初的某种成本优势之上的制度形式迟早会居支配地位,所有其他制度必定会因缺乏竞争力而萎缩。因此,过一段时间后真正的制度选择就会消失。一旦边际成本的优势被确立,一种恶性循环就启动了……事实上,制度变成数学上称之为吸引子(attractor)的东西,或用一个更富有比喻性的说法,我们也许可以称它为一个"交易黑洞"(transactional black hole):它将起初也许漂流在数据场中很遥远部分的交易吸引到其轨道上来,并将它保留在那里,一个也不让它们逃离(布瓦索,2000:393)。

我们看到,在房地产市场中,制度选择的结果,就是市场的优胜劣汰机制被迫退居边缘,一种"关系"秩序逐渐占据主导地位。这或许可称得上是"关系"黑洞(*guanxi* black hole)。"关系"黑洞现象,源于现行的官本位体制与发展市场经济的要求之间存在一些裂隙,而房地产业由于资金短缺等特殊的历史原因,对这些制度空隙的利用较为充分,甚至达到了登峰造极的地步。加之房地产是一个特殊的经济部门,与政府部门的方方面面都要发生工作关系，于是这些制度的缝隙被集中起来，最终扩大为"关系"黑洞。

当然，"关系"黑洞之所以能够形成，与中国的关系文化传统也有很大关系。实际上，"关系"黑洞仿佛文化在官本位体制与市场之间所制造的"短路"，令官本位体制与市场之间失去了相互牵制的动力。在这种情形下，官本位体制即使不是离市场的要求越来越远，至少也被锁定在一种超稳定的状态。而随着市场机制的边缘化，市场本身也逐渐远离了市场的"本质"，蜕变成一种敛财和财富合法化的工具。这种状况，又不断地在教育和选择着它的经济主体，结果是开发商越来越精于"关系"之道，也越来越依赖于来自政府官员的利益合作。事实上，现在可以非常清楚地看出，在房地产市场中，官商勾结，加上媒体和学界中一些分赃者的帮腔，他们已然构成了一个策略性网络，以维护和扩大他们自身的利益。"关系"黑洞把来自市场主体和知识精英的制度变革要求吸附殆尽。

房地产市场的这种状况是否预示着中国市场经济的发展步入了一个怪圈？虽然房地产市场只是中国的一个产业部门，它自身的某些特殊性决定了它的运行机制不能代表中国整个的经济秩序，但种种迹象表明，房地产市场对于中国整个经济体系的影响力是巨大的，并且这种影响还在进一步扩大。于是，我们有些担心，有朝一日，中国的转型经济可能被引入歧途。当然，我们不是彻底的悲观主义者。正如在西方资本主义发展初期，韦伯曾经思考过"要想成为私人企业家群体的有力对手，国家应该具备怎样的制度结构"（Evans，1995：31）一样，现在我们也应该思考：国家应该具备怎样的制度结构，使之与关系主义的文化特质相匹配，才能成为私人企业家群体的有力对手？

五　本研究的局限

本研究是在持续两年多的田野调查的基础上完成的。由于调查内容的敏感性，使得获得访谈许可和资料都十分困难。在多次

第八章 结语

遭到访谈对象的拒绝以后，访谈对象的范围被迫缩小，直至以房地产开发公司的企业家为重点。事后来看，相对于政府官员和银行家的谨言慎行，在房地产市场的主要行动者当中，企业家恐怕是唯一能够向研究者提供点"内幕"的群体了。虽然由于房地产开发商在房地产市场处于特殊的协调者地位，因此对于了解房地产市场的协调机制来说，以这一群体为研究对象是基本适宜的，但访谈对象的单一性，必然影响我们所提供的市场图景的完整性。作为弥补，笔者也访谈了一些房地产领域的从业者，但这些从业者的职业和地位特点，都决定了他们提供的资料只能是细枝末节。

就研究结论之一"关系"的分化论而言，本研究所获得的资料未能给予充分的支持。这一研究只是表明，在房地产市场中，"关系"存在强化和淡化两种不同趋势，却没有发现有力的证据，证实"关系"在促进市场资源配置效率上具有不可替代的作用。相反，从房地产市场所获得的资料，部分地支持了过渡论的观点，而实际上，这一观点却是本书所要极力批驳的。这无疑是一个遗憾。但不能因此而认为，过渡论得到了证实而分化论受到了挑战。相反，笔者认为，只不过是由于目前房地产市场对于制度的特殊依赖性，遮蔽了"关系"在市场协调方面的积极作用。无论怎样，"分化论"在此只能算是一种设想和假定，有待于未来的研究进一步证实。

此外，在理论方面，本研究虽然洞察到伴随弱关系的强化所释放的巨大社会能量，并且发现了情感在弱关系强化过程中所发挥的作用，但情感作用的机制到底是什么，本书尚不能给出合理的解释。情感在何种意义和何种条件下，影响着人们特别是市场经济体制下人们的行为，这无疑是一个新的理论课题。

附　录
主要访谈对象简介

1. 赵春，生于20世纪60年代，民营房地产企业总裁、董事长。大专学历，研究生进修班在读。1994年下海经商，先创办实业公司，后转入房地产行业。
2. 钱夏，生于20世纪60年代，大专学历，研究生进修班毕业。2001年起担任某公司副总裁。
3. 齐杰，生于20世纪50年代，硕士毕业，博士在读，1996年起任某国有房地产企业总经理，该公司于2004年改制为股份公司。
4. 李冬，生于20世纪60年代，大专毕业，后获得本科学位，历任房地产公司科员、科长、副总经理。所在房地产公司为某区房管局下属国有企业，截至2005年底，仍未改制。
5. 周伦，生于20世纪60年代，学历不详，房地产公司总裁。曾经营一家仓储公司，20世纪90年代末期，转而经营房地产。
6. 吴豫，生于20世纪50年代，学历不详，曾在J市房管局任职，1996年下海从事房地产经营，现任某公司主管销售的副总经理。
7. 郑石，生于20世纪60年代，大学毕业，某房地产公司负责建设的副总经理，多年从事房地产项目的建设管理。
8. 王强，生于20世纪60年代，大专毕业，房地产公司总经理。
9. 李季，生于20世纪60年代，大学毕业后入某政府机关工作，后加盟房地产公司任副总经理。
10. 刘群，生于20世纪60年代，大专毕业，曾为大学教师，2001年放弃教职，现任某集团公司房地产项目公司总经理。
11. 潘洋，生于20世纪70年代，大学毕业后进入某国有房地产公司，曾任公司副总经理，2001年独立创业。
12. 许海，生于20世纪60年代，大学毕业，房地产开发公司总经理。

参考文献

奥尔森:《权力与繁荣》,苏长河译,上海人民出版社,2005。

爱德华·陈(Edward Chen)、加里·汉密尔顿(Gary Hamilton):《导论:商业关系网与经济发展》,载于加里·汉密尔顿编《东亚与东南亚的商业网与经济发展》,香港大学亚洲研究中心,1991。

博伊兰、奥戈尔曼(Boylan, T. A. and O'Gorman, P. O.):《经济学方法论新论——超越经济学中的唯名论与唯实论》,夏业良译,北京,经济科学出版社,2002。

成伯清:《另一种精确——齐美尔社会学方法论札记》,载于张一兵、周晓虹、周宪主编《社会理论论丛》,南京,南京大学出版社,2001。

崔之元:《逆取顺守?——俄国私有化研究简述》,《读书》2000年第10期。

马克斯·H. 布瓦索:《信息空间——组织、机构和文化中的学习框架》,王寅通译,上海,上海译文出版社,2000。

戴维·毕瑟姆(David Beetham):《官僚制》,长春,吉林人民出版社,2005。

董仲舒:《春秋繁露·奉本》,上海,上海古籍出版社,1989。

费孝通:《乡土中国 生育制度》,北京,北京大学出版社,1998。

K. E. 福尔索姆:《朋友、客人、同事》,刘悦斌、刘兰芝译,北京,中国社会科学出版社,2002。

甘阳:《甘阳访谈:关于中国的软实力》,2005年12月26日《21世纪经济报道》。

高富平:《略论房地产立法的重整》,载于赵威主编《国际经济法论文专集》,北京,中国政法大学出版社,2000。

郝大为、安乐哲:《汉哲学思维的文化探源》,南京,江苏人民出版社,1999。

华尔德(Andrew G. Walder):《共产党社会的新传统主义:中国工业中的工作环境和权力结构》,龚小夏译,香港,牛津大学出版社,1996。

华康德:《迈向社会实践理论:布迪厄社会学的结构和逻辑》,载于皮埃尔·布迪厄、华康德著《实践与反思——反思社会学导引》,李猛、李康译,北京,中央编译出版社,1998。

黄光国:《论华人的关系主义:理论的建构与方法论的考量》,http://francishsu.sinica.edu.tw/report_htm/paper3.htm。

黄绍伦:《中国的企业家和商业托拉斯》,载于加里·汉密尔顿编《东亚与东南亚的商业网与经济发展》,香港,香港大学亚洲研究中心,1991。

黄宗智:《认识中国——走向从实践出发的社会科学》,《中国社会科学》第1期,2005a。

黄宗智:《悖论社会与现代传统》,《读书》第2期,2005b。

金耀基:《中国社会与文化》,香港,牛津大学出版社,1992。

詹姆斯·科尔曼:《社会理论的基础》,邓方译,北京,社会科学文献出版社,1990。

戈登·雷丁(Gordon Redding):《弱小的机构与强大的联系:管理意识与中国的家庭商业关系网》,载于加里·汉密尔顿编《东亚与东南亚的商业网与经济发展》,香港,香港大学亚洲研究中心,1991。

大卫·雷斯曼:《保守资本主义》,吴敏译,北京,社会科学文献出版社,2003。

李安宅:《〈仪礼〉与〈礼记〉之社会学的研究》,上海,上海人民出版社,2005。

李林艳:《社会空间的另一种想象——社会网络分析述评》,《社会学研究》2004年第3期,第64~75页。

梁漱溟：《中国文化要义》，上海：学林出版社，1987。
梁漱溟：《东西方文化及其哲学》，北京，商务印书馆，1999。
梁漱溟：《这个世界会好吗？——梁漱溟晚年口述》，艾恺采访，梁漱溟口述，上海，东方出版中心，2005。
林南：《中国研究如何为社会学理论做贡献》，载于周晓虹主编《中国社会与中国研究》，北京，社会科学文献出版社，2004，第48~92页。
林耀华：《金翼——中国家族制度的社会学研究》，庄孔韶、林余成译，北京，三联书店，1989。
刘世定：《占有、认知与人际关系：对中国乡村制度变迁的经济社会学分析》，北京，华夏出版社，2003。
龙应台：《八十年代这样走过》，1998年10月20日《岭南文化时报》。
吕大乐：《关系与华人商业行为：文献评论》，《香港社会学学报》2001年第2期，第39~65页。
罗宾斯（Lord Robbins）：《过去和现在的政治经济学——对经济政策中主要理论的考察》，北京，商务印书馆，1997。
列奥·马修（Leon Mayhew）：《凝聚性公众的分立成形》，载于邓正来、亚历山大编《国家与市民社会——一种社会理论的研究路径》，程农译，北京，中央编译出版社，1998，第279~313页。
米塞斯：《私有财产、政府与社会主义的不可行性》，载于詹姆斯·多蒂和德威特·李编著《市场经济——大师们的思考》，林季红等译，南京，江苏人民出版社，2000。
诺斯：《论制度在市场经济发展中的作用》，《经济社会体制比较》1991年第6期。
彭泗清：《信任的建立机制：关系运作与法制手段》，《社会学研究》1999年第2期，第53~66页。
钱颖一、许成钢：《中国非国有经济出现和成长的制度背景》，载于甘阳、崔之元编《中国改革的政治经济学》，香港，牛津大学出版社，1997。

钱文荣：《中国城市土地资源配置中的市场失灵、政府缺陷与用地规模过度扩张》，《经济地理》2001年第4期。

瞿同祖：《中国法律与中国社会》，北京，中华书局，1981。

施路赫特：《理性化与官僚化：对韦伯之研究与诠释》，顾忠华译，桂林，广西师范大学出版社，2004。

彼得·什托姆普卡：《信任：一种社会学理论》，程胜利译，北京，中华书局，2005。

孙立平：《实践社会学与市场转型过程分析》，《中国社会科学》2002年第5期。

孙立平：《社会转型：发展社会学的新议题》，《社会学研究》2005年第1期。

孙隆基：《中国文化的深层结构》，桂林，广西师范大学出版社，2004。

王绍光、胡鞍钢：《中国国家能力报告》，香港，牛津大学出版社，1994。

王亚南：《中国官僚政治研究》，北京，中国社会科学出版社，1981。

汪和建：《人际关系与制度的建构：以〈金翼〉为例证》，《社会理论学报》2003年第2期。

汪辉：《是经济史，还是政治经济学?》，载于许宝强、渠敬东编《反市场的资本主义》，北京，中央编译出版社，2000。

威廉森：《治理机制》，王健等译，北京，中国社会科学出版社，2001。

肖特（A. Schotter）：《社会制度的经济理论》，陆铭、陈钊译，上海，上海财经大学出版社，2003。

伊曼纽尔·沃勒斯坦：《否思社会学：19世纪范式的局限》，载于许宝强、渠敬东编《反市场的资本主义》，北京，中央编译出版社，2000。

阎云翔：《礼物的流动：一个中国村庄中的互惠原则与社会网络》，李放春、刘瑜译，上海，上海人民出版社，2000。

杨善华、侯红蕊：《血缘、姻缘、亲情与利益——现阶段中国农村社会中"差序格局"的理性化趋势》,《宁夏社会科学》1999年第6期,第51~58页。

杨中芳:《如何研究中国人》,台北,桂冠图书公司,1996。

叶启政:《进出"结构——行动"的困境》,台北,三民书局,2000。

易宪容:《中国房地产市场过热与风险预警》,《财贸经济》2005年第5期。

张德胜:《儒家伦理与秩序情结——中国思想的社会学诠释》,台北,巨流图书公司,1989。

翟学伟:《中国人行动的逻辑》,北京,社会科学文献出版社,2001。

郑也夫:《中国的信任危机》,《世纪大讲堂》,海纳音像出版社第7部,2006。

周雪光:《"关系产权":产权制度的一个社会学解释》,《社会学研究》2005年第2期。

Appleby, J., 1978. *Economic Thought and Ideology in Seventeenth-Century England*. Princeton, NJ: Princeton University Press.

Arrow, Kenneth, 1974. *The Limits of Organization*. New York: Norton.

Baker, W., R. Faulkner, and G. Fisher. 1998. "Hazards of the Market: The Continuity and Dissolution of Interorganizational Relationships." *American Sociological Review* 63: pp. 147-177.

Bates, Robert. 1990. "Macropolitical Economy in the Field of Development", in *Perspectives on Positive Political Economy*, ed. by James Alt & Kenneth Shepsle. Cambridge: Cambridge University Press.

Bian, Yanjie. 1997. "Bringing Strong Ties Back In: Indirect Connection, Bridges, and Job Search in China." *American Sociological Review* 62: pp. 266-285.

Biggart, Nicole Woolsey, & Gary G. Hamilton. 1992. "On the Limits of a Firm-Based Theory to Explain Business Networks: The Western Bias of the Neoclassical Economics." In *Networks and*

Organizations, ed. by Nitin Nohria and Robert G. Eccles, pp. 471 - 490. Harvard Business School Press.

Biggart, Nicole Woolsey, & Thomas Beamish. 2003. "The Economic Sociology of Conventions: Habit, Custom, Practice, and Routine in Market Order." *Annual Review of Sociology* 29: pp. 443 - 464.

Blau, Peter, 1981. "Diverse Views of Social Structure and Their Common Denominator," in Blau, Peter M. and R. K. Merton (eds.) *Continuities in Structural Inquiry*. Sage Publications.

Blecher, M., 1991. "Development State, Entrepreneurial State: The Political Economy of Socialist Reform in Xinju Municipality and Guanghan County". In G. White (ed.), *The Chinese State in the Era of Economic Reform*, pp. 265 - 291. London: Macmillan.

Block, Fred, 1991. "Contributions of Self-Regulating Markets.", in Marguerite Mendell & Daniel Salee (eds.) *The Legacy of Karl Polanyi*. NY: St. Martins Press, pp. 86 - 105.

Blanchard, Froot and Sachs, 1994. *The Transition in East Europe*. Chicago, IL: University of Chicago Press.

Bourdieu, Pierre, 1977. *Outline of a Theory of Practice*, translate by Richard Nice. Cambridge: Cambridge University Press.

Braudel, Ferdinand, 1985. *Civilization and Capitalism*, $15^{th} - 18^{th}$ *Century*, Vol. 2: *The Weels of Commerce*. London: Fontana Press.

Burawoy, Michael, 2000. "A Sociology for the Second Great Transformation?" *Annual Review of Sociology* 26: pp. 693 - 695.

Burawoy, Michael, & Katherine Verdery, 1999. "Introduction", in Michael Burawoy, & Katherine Verdery (eds.) *Uncertain Transition: Ethnographies of Change in the Postsocialist World*, pp. 1 - 17. Lanham: Rowan & Littlefield.

Burt, R. S. and Thomas Schott, 1992. "Relational Contents in Multiple Network Systems", in Freeman Linton, Douglas White and Kimball Romney (eds.) *Research Methods in Social Network Analysis*, pp. 185 −213. New Brunswick, N. J.: Transaction Publishers.

Campbell John L. and Leon N. Linberg, 1990. "Property Rights and the Organization of Economic Activity by the State." *American Sociological Review* 55: pp. 634 −647.

Carruthers, Bruce, 1996. *City of Capital: Politics and Markets in the English Financial Revolution.* Princeton, NJ: Princeton University Press.

Carruthers, Bruce G., & Sarah L. Babb, 2000. *Economy/Society: Markets, Meanings, and Social Structure.* Thousand Oaks: Pine Forge Press.

Casson, Mark, 1997. *Culture, Social Norms and Economics* Vol. 1. Edward Elgar.

Chan Kwok Bun, 2000. "State, Economy and Culture: Reflections on the Chinese Business Networks." *In Chinese Business Networks: State, Economy and Culture.* Prentice Hall.

Chandler, Jr. Alfred D. 1977. *The Visible Hand: The Managerial Revolution in American Business.* Cambridge, Mass.: Belknap Press.

Charney, Igal, 2001. "Three Dimensions of Capital Switching within the Real Estate Sector: A Canadian Case Study." *International Journal of Urban and Regional Research* 25 (4): pp. 740 −758.

Cheung, Steven N. S., 1996. "A Simplistic General Equilibrium Theory of Corruption", *Contemporary Economic Policy*, Vol. 14: pp. 1 −5.

Clegg, S. R., 1990. *Modern Organizations: Organization Studies in the Postmodern World.* London: Sage.

Coase, Ronald. 1988. *The Firm, the Market and the Law.* Chicago and London: The University of Chicago Press.

Collins, Randall. 1980. "Weber's Last Theory of Capitalism: A Systematization." *American Sociological Review* 45: pp. 925 −942.

——, 1987. "Interaction Ritual Chains, Power and Property: The Micro − Macro Connection as an Empirically Based Theoretical

Problem." in Jeffrey C. Alexander et al. (editors) *The Micro - Macro Link*. Berkeley: University of California Press.

——, 1990. *Reflections on the Revolution in Europe*. New York: Times Books.

——, 1997. "An Asian Route to Capitalism: Religious Economy and the Origins of Self - Transforming Growth in Japan." *American Sociological Review* 62: pp. 843 -865.

Davis, G. F., and Douglas C. North. *Institutional Change and American Economic Growth*. Cambridge: Cambridge University Press.

David, Paul. 1985. "Clio and the Economics of QWERTY." *American Economic Review* 75: pp. 332 -337.

Dequech, David. 2003. "Cognitive and Cultural Embeddedness: Combining Institutional economics and Economic Sociology." *Journal of Economic Issues* 37.

Dewey, John. 1929. *Experience and Nature*. La Salle, Ill. : Open Court.

Dewey, John, and Arthur F. Bentley. 1949. *Knowing and the Known*. Boston: Beacon Press.

DiMaggio, Paul J. and Walter W. Powell. 1991. "Introduction." In Walter W. Powell and Paul J. DiMaggio (eds.) *The New Institutionalism in Organizational Analysis*, pp. 1 -40. Chicago and London: The University of Chicago Press.

Duckett, Jane. 2001. "Bureaucrats in Business, Chinese - Style: The Lessons of Market Reform and State Entrepreneurialism in the People's Republic of China." *World Development* 29 (1):pp. 23 -37.

——, 1998. *The Entrepreneurial State in China*. London and New York: Routledge.

Durkheim, Emile. 1964. *The Rules of Sociological Method*, New York: Free Press.

Edgerton, R. B. 1985. *Rules, Exceptions, and Social Order*. Berkeley: University of California Press.

Edwards, M. 2000. "Property Markets and the Production of Inequality", in G. Bridge and S. Watson (eds.) *A Companion to the City*. Blackwell, Oxford.

Elias, Norbert. 1978. *What is Sociology?* Translated by Stephen Mennell and Grace Morrissey. New York: Free Press.

Emirbayer, Mustafa. 1997. "Manifesto for a Relational Sociology." *American Journal of Sociology* 103 (2): pp. 282 −317.

Emirbayer, M. and J. Goodwin. 1994. "Network Analysis, Culture, and the Problem of Agency." *American Journal of Sociology* 99: pp. 1411 −1454.

Eisenstadt, S. N. and L. Roniger. 1984. *Patrons, Clients and Friends*. Cambridge: Cambridge University Press.

Evans, Peter. 1995. *Embedded Autonomy: States and Industrial Transformation*. Princeton, New Jersey: Princeton University Press.

Eyal, Gil. 2000. "Anti − politics and the Spirit of Capitalism: Dissidents, Monetarists, and the Czech Transition to Capitalism." *Theory and Society* 29: pp. 49 −92.

Fainstein, S. S. 1994. *The City Builder: Property, Policy and Planning in London and New York*. Blackwell, Cambridge, MA.

Fligstein, N. 1996. "Markets as Politics: A Political − Cultural Approach to Market Institutions." *American Sociological Review* 61: pp. 656 −673.

———, 2002. "Agreements, Disagreements, and Opportunities in the New Sociology of Market.", in Guillen, M., Randall Collins, and Paula England (eds.) *The New Economic Sociology*. New York: Russell Sage.

Fried, Morton. 1953. *The Fabric of Chinese Society*. New York: Praeger, Inc.

Friedland, Roger, and Robert R. Alford. 1991. "Bringing Society Back In: Symbols, Practices, and Institutional Contradictions." In Walter W. Powell and Paul J. DiMaggio (eds.) *The New Institutionalism* in *Organizational Analysis*, pp. 232 – 263. Chicago and London: The University of Chicago Press.

Furubotn, Eirik, and S. Pejovich. 1972. "Property Rights and Economic Theory: A Survey of Recent Literature." *Journal of Economic Literature* 10 (December):pp. 1137 –1162.

Fukuyama, Francis. 2001. "Social Capital, Civil Society and Development." *Third World Quarterly* 22 (1):pp. 7 –20.

Guo, Xuezhi. 2001. "Dimensions of *Guanxi* in Chinese Elite Politics", *The China Journal*, No. 46.

Gerber, Theodore, and Michael Hout. 1998. "More Shock than Therapy: Market Transition, Employment, and Income in Russia, 1991 –1995." *American Journal of Sociology* 104 (1):pp. 1 –50.

Gereffi, Gary. 1994. "The Organization of Buyer –Driven Global Commodity Chains: How U. S. Retail Networks Shape Overseas Production Networks." In *Commodity Chains and Global Capitalism*, ed. by Gary Hamilton and Miguel Korreniewicz. Westport, Coon.: Greenwood Press.

Gereffi, Gary, and Gary Hamilton. 1996. "Commodity Chains and Embedded Networks: The Economic Organization of Global Capitalism." Unpublished paper presented at the Annual Meeting of the American Sociological Association.

Giddens, Anthony. *The Constitution of Society : Outline of the Theory of Structuration.* Berkeley: University of California Press, 1984.

Gold, Thomas B. 1985. "After Comradeship: Personal Relations in China Since the Cultural Revolution." *The China Quarterly* 104, December: pp. 657 –675.

Gold, Thomas, Doug Guthrie, and David Wank. 2002. "An Introduction to the Study of *Guanxi*." In Thomas Gold, Doug Guthrie, and David Wank (eds.) *Social Connections in China*. Cambridge University Press.

Grabher, Gernot, and David Stark. 1998. "Organizing Diversity: Evolutionary Theory, Network Analysis and Post-socialism." In John Pickles and Adrian Smith (eds.) *Theorizing Transition: The Political Economy of Post-Communist Transitions*, pp. 54 – 75. London and New York: Routledge.

Granovetter, M. 1973. "The Strength of Weak Ties." *American Journal of Sociology* 78: pp. 1360 –1380.

——, 1985. "Economic Action and Social Structure: The Problem of Embeddedness." *American Journal of Sociology* 91 (3): pp. 481 –510.

——, 1990. "The Old and the New Economic Sociology: A History and an Agenda." In *Beyond the marketplace: Rethinking Economy and Society*. ed. by Roger Friedland and A. F. Robertson. New York: Aldine de Gruyter. pp. 89 –112.

——, 1992. "Economic Institutions as Social Constructions: A Framework for Analysis." *Acta Sociological* 35 (1): pp. 3 –11.

Green, Gary, Tsz Man Kwong, & Leann Tigges. 1995. "Embeddedness and Capital Markets: Bank Financing of Business." *The Journal of Socio – Economics* 24 (1): pp. 129 –149.

Gregory, C. A. 1982. *Gifts and Commodities*. London: Academic Press.

Gulati, R. 1995. "Social Structure and Alliance Formation Pattern: A Longitudinal Analysis." *Administrative Science Quarterly* 40: pp. 619 –642.

Guthrie, D. 1999. *Dragon in a Three – Pinces Suit: The Emergence of Capitalism in China*. Princeton, New Jersey. Princeton University Press.

Haila, Anne, 1999. "Why is Shanghai Building a Giant Speculative Property Bubble?" *International Journal of Urban & Regional Research* 23 (3).

Hamilton, Gary G., and Kao Cheng –shu. 1990. "The Institutional Foundations of Chinese Business: The Family Firm in Taiwan".

Comparative Social Research 12: pp. 95 -112.

Hamilton, F. E. I. 1999. "Transformation and Space in Central and Eastern Europe." *The Geographical Journal* 163: pp. 135 -144.

Hamilton and Feenstra, 1998. "The Organization of Economies", in *The New Institutionalism in Sociology*, edited by Mary C. Brinton and Victor Nee. New York: Russell Sage Foundation.

Ho, Samuel, P. S. and George C. S. Lin. 2003. "Emerging Land Markets in Rural and Urban China: Policies and Practices." *The China Quarterly*.

Hsu, F. L. K. 1985. "The Self in Cross-cultural Perspective". In A. J. Marsella, G. DeVos, & F. L. K. Hsu (eds.), *Culture and Self: Asian and Western Perspectives*. New York: Tavistock.

Hwang, Kwang - Kuo. 1987. "Face and Favor: The Chinese Power Game". *American Journal of Sociology* 97 (4):pp. 944 -974.

Jacobs, J. Bruce. 1979. "A Preliminary Model of Particularistic Ties in Chinese Political Alliance: Kang - ching and Kuan - hsi in a Rural Taiwanese Township." *China Quarterly* 78 (June):pp. 237 -273.

Jager, Johannes. 2003. "Urban Land Rent Theory: A Regulationist Perspective." *International Journal of Urban and Regional Research* 27 (2):pp. 233 -249.

Keune, Maarten, Janos Peter Kiss, and Andras Toth. 2004. "Innovation, Actors and Institutions: Change and Contiguity in Local Development Policy in Two Hungarian Regions." *International Journal and Regional Research* 28 (3):pp. 586 -600.

King, Ambrose Yeo - chi. 1991. "Kuan - hsi and Network Building: A Sociological Interpretation." *Daedalus* 120 (2): pp. 63 -84.

——, 1977. "A Voluntarist Model of Organization: The Moist Version and Its Critique." *British Journal of Sociology* 28 (3):pp. 363 -374.

Kipnis, Andrew B. 1997. *Producing Guanxi: Sentiment, Self, and Subculture in a North China Village*. Duke University Press.

Krippner, Greta R. 2001. "The Elusive Market: Embeddedness

and the Paradigm of Economic Sociology." *Theory and Society* 30: pp. 775 -810.

Lebaron, Frederic. 2001. "Toward a New Critique of Economic Discourse". *Theory, Culture and Society* 18 (5): pp. 123 -129.

Li, David D. 1998. "Changing Incentives of the Chinese Bureaucracy." *The American Economic Review* 88 (2): pp. 393 -398.

Lie John. 1997. "Sociology of Markets." *Annual Review of Sociology* 23: pp. 341 -360.

Lin, Nan. 1982. "Social Resources and Instrumental Action." In Marsden P. & Nan Lin (eds.) *Social Structure and Network Analysis*, pp. 131 -145. Beverly Hills, CA: Sage.

——, 1994. "Institutional Capital and Work Attainment." Unpublished manuscript, Durham, NC.

——, 1999. "Social Networks and Status Attainment". *Annual Review of Sociology* 25: pp. 467 -487.

——, 2001a. *Social Captial: A Theory of Social Structure and Action*. Cambridge: Cambridge University Press.

——, 2001b. "*Guanxi*: A Conceptual Analysis." pp. 153 -166 in *The Chinese Triangle of Mainland, Taiwan, and Hong Kong: Comparative Institutional Analysis*, edited by Alvin So, Nan Lin and Dudley Poston. Westport, CT: Greenwood.

Lindbolm, C. E. 2001. *The Market System*. New Haven, CT: Yale University Press.

Ledeneva, Alena V. 1998. *Russia's Economy of Favors: Blat, Networking and Informal Exchange*. Cambridge: Cambridge University Press.

Lubasz, Heinz. 1995. "Adam Smith and the 'Free Market'", in *Adam Smith's Wealth of Nations: New Interdisciplinary Essays*, Stephen Copley, Kathryn Sutherland (editors) Manchester University Press.

Macaulay, Stewart. 1963. "Non -Contractual Relations in Business:

A Preliminary Study." *American Sociological Review* 28: pp. 55 -67.

Marshall A. 1920. *Industry and Trade*. London: Macmillan. 3rd ed.

Michels, R. 1962. *Political Parties*. New York: Free Press.

Molotch, Harvey. 1976. "The City as a Growth Machine: Toward a Political Economy of Place." *The American Journal of Sociology* 82 (2):pp. 309 -332.

Nee, Victor. 1989. "A Theory of Market Transition. From Redistribution to Markets in State Socialism." *American Sociological Review* 54: pp. 663 -681.

Needham, Barrie, and George De Kam. 2004. "Understanding How Land is Exchanged: Coordination Mechanisms and Transaction Costs." Urban Studies 41: pp. 2061 -2076.

Nelson, Richard, & S. G. Winter. 1982. *An Evolutionary Theory of Economic Change*. Cambridge, Mass. : Harvard University Press.

North, Douglass, 1990. *Institutions, Institutional Change and Economic Performance*. Cambridge: Cambridge University Press.

——, 1993. "Institutions and Economic Performance," pp. 242 -261 in Uskali Maki, Bo Gustafsson, and Christian Knudsen (eds.), *Rationality, Institutions and Economic Methodology*. London: Routledge.

——, 1998. "The Institutional Foundations of East Asian Development: A Summary Evaluation", in Y. Hayamai and M. Aoki (eds.) *The Institutional Foundations of East Asian Development: Proceedings of the IEA Conference Held in Tokyo, Japan*, pp. 552 -560. London: Macmillan.

Oi, Jean C. 1992. "Fiscal Reform and the Economic Foundation of Local State Corporatism in China." *World Politics* 45 (1): pp. 99 -126.

Odgaard, Ole. 1992. "Entrepreneurs and Elite Formation in Rural China." *Australian Journal of Chinese Affairs* 28: pp. 89 -108.

Parkin, Frank. 1982. *Max Weber*. Chichester : E. Horwood,

Tavistock Publications.

Parsons, Talcott, and Neil J. Smelser. 1956. *Economy and Society*. London: Routledge and Paul.

Perry, Elizabeth, 1994. "Trends in the Study of Chinese Politics", *The China Quarterly* 139.

Pey, Lucian. 1988. *The Mandarin and the Cadre: China's Political Culture*. Ann Arbor: Center for Chinese Studies, University of Michigan.

Piore, Michael and Charles Sabel, 1984. *The Second Industrial Divide: Possibilities for Property*. Basic Books, Inc.

Polanyi, Karl, 1985. *The Great Transformation*. Boston: Beacon Press.

———, 1957. "The Economy as Instituted Process." In Karl Polanyi, Conrad Arensberg, and Harry Pearson (eds.) *Trade and Market in the Early Empires*. Gllencoe, IL.: The Free Press.

Powell, W. W. 1990. "Neither Market nor Hierarchy: Network Forms of Organization," in *Research in Organizational Behavior* 12, pp. 295 –336.

———, 1996. "Commentary on the Nature of Institutional Embeddedness." *Advances in Strategic Management* 13: pp. 293 –300.

Powers, Charles H. 1996. "Bridging the Conceptual Gap between Economics and Sociology". *Journal of Socio – Economics*, Summer 25 (2): pp. 225 –244.

Putnam, R. D. 1995. "Turning In, Turning Out: The Strange Disappearance of Social Capital in America". *Political Science and Politics* (December): pp. 664 –683.

Redding, G. 1990. *The Spirit of Chinese Capitalism*. Berlin: Walter de Gruyter.

Rona – Tas, Akos. 1997. *The Great Surprise of the Small Transformation*. Ann Arbor: The University of Michigan Press.

Ruan, D. 1998. "The Content of the General Social Survey Discussion Network: An Exploration of General Social Survey Discussion Name Generator in a Chinese Context." *Social Networks* 20: pp. 247 −264.

Sachs, J., and K. Pistor. 1997. "Introduction: Progress, Pitfall, Scenarios, and Lost Opportunities.", in J. Sachs and K. Pistor (eds.) *The Rule of Law and Economic Reform in Russia*. Westviews Press.

Sachs, J., Woo, TW. and Yang, X. 2000. "Economic Reforms and Constitutional Transition". *Annals of Economics and Finance* 1: pp. 260 −274.

Sassen, S. 1999. *The Global City*. New York, London, Tokyo. Princeton, NJ.: Princeton University Press.

Sik, Endre. 1994. "Network Capital in Capitalist, Communist and Post-communist Societies." *International Contribution to Labour Studies* 4: pp. 73 −93.

Simmel, 1950. *The Sociology of George Simmel*, translated and edited by Kurt H. Wolf. Glencoe, Ⅲ: Free Press.

Smart, Alan. 1993. "Gifts, Bribes and *Guanxi*: A Reconsideration of Bourdieu's Social Capital." *Cultural Anthropology* 8 (3): pp. 388 −408.

Smelser, Neil J., and Richard Swedberg. 1994. "The Sociological Perspective on the Economy." In Neil J. Smelser and Richard Swedberg (eds.) *The Handbook of Economic Sociology*, pp. 3 −26. Princeton, NJ.: Princeton University Press.

Smith, Adam. 1922. *The Wealth of Nations*. London: J. M. Dent & Sons.

Somers, M. 1994. "Rights, Relationality, and Membership: Rethinking the Making and Meaning of Citizenship." *Law and Social Inquiry* 19: pp. 63 −112.

——, 1998. "'We're No Angles': Realism, Rational Choice, and Relationality in Social Science." *American Journal of Sociology* 104.

Stark, David. 1990. "Privitization in Hungary: From Plan to Market or From Plan to Clan?" *Eastern European Politics and Societies* 4 (3):pp. 351 -392.

——, 1996. "Recombinant Property in East European Capitalism." *American Journal of Sociology* 101 (4); pp. 993 -1027.

Swedberg, Richard. 1987. *Economic Sociology: Past and Present.* Sage Publications.

Swedberg, Richard, and Mark Granovetter. 2001. "Introduction to the Second Edition." In Granovetter Mark and Richard Swedberg (eds.) *The Sociology of Economic Life* (2nd ed.). Westview.

Swidler, Ann. 1986. "Culture in Action: Symbols and Strategies.". *American Sociological Review* 51: pp. 273 -286.

Sztompka, Piotr. 1996. "Looking Back: The Year after 1989 as a Culture and Civilizational Break", *In Communist and Post - Communist Studies* 29 (2):pp. 115 -130.

Telser, L. G. 1980. "A Theory of Self -Enforcing Agreement". *Journal of Business* 53: pp. 27 -44.

Tilly, Charles. 1995. "Durable Inequality." CSSC Working Papers Series No. 224. New School for Social Research.

Tullock, Gordon. 1993. *Rent Seeking.* Brookfield: Edward Elgar.

Tribe, Keith. 1995. "Natural Liberty and Laissze Faire: How Adam Smith Became a Free Trade Ideologue". *Adam Smith's Wealth of Nations: New Interdisciplinary Essays*, Stephen Copley, Kathryn Sutherland (editors) Manchester University Press.

Turner, Bryan S., and Chris Pojek. 2001. *Society and Culture: Principles of Scarcity and Solidarity.* Sage Publications.

Uzzi, Brian. 1997. "Social Structure and Competition in Interfirm Networks: The Paradox of Embeddedness." *Administrative Science Quarterly* 42: pp. 35 -67.

Vogel, Ezra. 1965. "From Friendship to Comradeship: The

Change in Personal Relations in Communist China. " *The China Quarterly* 21: pp. 46 -60.

Walder, Andrew. 1995. "Local Government as Industrial Firms: An Organizational Analysis of China's Transitional Economy. " *The American Journal of Sociology* 101 (2): pp. 263 -301.

Wank, David, 1999. *Commodifying Communism: Business, Trust, and Politics in a Chinese City*. New York: Cambridge University Press.

Weber, Max. 1947. *From Max Weber: Essays in Sociology*, translated, edited, and with an introduction, by H. H. Gerth and C. Wright Mills. London : Kegan Paul, Trench, Trubner & Co. , Ltd.

Weitzman, Martin L. , and Chengguang Xu. 1994. "Chinese Township - Village Enterprises as Vaguely Defined Cooperatives. " *Journal of Comparative Economics* 18: pp. 121 -145.

Wilkinson, Barry. 1996. "Culture, Institutions, and Business in East Asia. " *Organization Studies* 17 (3): pp. 121 -147.

Wong Siu Lun. 1999. "Changing Hong Kong Identities". In Wang Gungwu and John Wong (eds.) , *Hong Kong in China: The Challenges of Transition*, pp. 181 -202. Singapore: Times Academic Press.

Wu Fulong. 1998. "The New Structure of Building Provision and the Transformation of the Urban Landscape in Metropolitan Guangzhou, China. " *Urban Studie* 35 (2): pp. 259 -284.

Wu, Jiemin. 2001. "State Policy and *Guanxi* Network Adaptation in China: A Case Study of Local Bureaucratic Rent - Seeking. " *Issues and Studies* 37 (1): pp. 20 -48.

Yang, Mayfair Mei - hui. 1994. *Gifts, Favors, and Banquets: The Art of Social Relationships in China*. Ithaca: Cornell University Press.

——, 2002. "The Resilience of *Guanxi* and its New Developments: A Critique of Some New *Guanxi* Scholarship. " *The China*

Quarterly: pp. 459 -476.

Zelizer, Viviana A. 1988. "Beyond the Polemics on the Market: Establishing a Theoretical and Empirical Agenda." *Sociological Forum* 3 (4):614 - 634, collected in *Economic Sociology*, edited by Richard Swedberg. Cheltenham, Brookfield: Edward Elgar. 1996.

Zhou, M. and J. Logan 1996. "Market Transition and the Commodification of Housing in Urban China". *International Journal of Urban and Regional Research* 20, pp. 400 -421.

Zhu, Jieming. 1999. "Local Growth Coalition: The Context and Implications of China's Gradualist Urban Land Reforms."

Zucker, Lynne G. 1988. "Where Do Institutional Patterns Come From? Organizations as Actors in Social Systems." *In Institutional Patterns and Organizations: Culture and Environment*, edited by L. G. Zucker. Cambridge, MA. : Ballinger.

Zukin, Sharon. 1980. "A Decade of the New Urban Sociology." *Theory and Society* 9 (4):pp. 575 -601.

Zukin, Sharon, and Paul DiMaggio. 1990. "Introduction", In Sharon Zukin and Paul DiMaggio (eds.), *Structures of Capital: The Social Organization of the Economy*, pp. 1 -36. New York: Cambridge University Press.

后 记

这本小书，原是我的博士论文，它凝聚的不只是我一个人的劳动。此刻，除了忐忑地等待读者的评价之外，最想做的事情，就是借助"后记"这种形式，倾吐内心积聚已久的感激。

从入学到毕业，我断断续续在香港中文大学社会学系度过七年时光。正如费老的题词，这是一个"群贤毕至，老少咸集"的地方。无论是本系的师生还是往来交流的各路名家，营造出一种浓郁的学术氛围，而我一直陶醉于其中。这段难忘的成长经历，无疑会让我受益终生！

师从于张德胜教授，于学术于人生，都是一件幸事。导师以研究儒家见长，在我心中，导师早已把儒家精神贯彻到自己的言行当中，堪称"儒家行动者"的"理想类型"！在学术方面，他的要求无疑是苛严的，对于所认定的事情和目标，他会以各种方式让你心悦诚服地接受。他对文字有一种敬惜感，身上总是带着一支笔，与你交谈的时候，大凡用到一些古雅的词语而你似乎不大明白的时候，他就随时写画在纸上。真可谓是电子时代硕果仅存的"文人"。确实，他对文字完美的追求几近偏执，凡出自他手的东西，不到最后一刻，文字上的推敲和改动就不会停止。而他对于新鲜事物的接受和运用，又颠覆了传统儒生的形象，直可称得上与时俱进！他的课上，ICQ 曾被充当虚拟的导修课堂；MSN 是他与我讨论论文的常规手段；接近退休年龄的他，很快就对手机短信运用自如。在日常生活当中，导师自然而然地践行着儒家的诸多理念。他不仅谦逊平和，温文尔雅，而且处处为人着想，像一团火焰，把关怀与爱心撒播到他周围的每个人身上。或许正是因为他的关心，每一个初到香港中文大学社会学系的内地学子都能感受到温暖，并很快融入这里的生活。

后记

　　如果没有导师在各个方面的高标准和严要求，这本小书肯定会逊色不少。在我离开香港回到内地从事田野调查、撰写初稿的两年多时间当中，虽然我们师生面谈的机会并不多，但频繁的电子邮件和电话，足以打破空间上的距离，使我能从导师那里得到系统的指导。这些通信和通话的内容，不论是关于理论定位、操作策略，还是有关方法、写作，都最终化为本书的章节、段落和词句。

　　对恩师的崇敬和感激是我拙劣的文笔所难以表达的。或许我最易于也最应该做的，是把恩师在学问方面所给予的教诲，留在日后慢慢地去体味和吸收；而把他在为人方面的可贵精神，一点一滴地通过我的言行去传递给更多的人！

　　本书的理论架构，很大程度上源于师从吕大乐教授研读经济社会学和社会网络分析时的积累与领悟。在这两门学问上，吕大乐教授堪称我知识结构的雕刻师。他所开具的要而不烦的书单，让我在第一时间遭遇学术前沿的震撼。每当碰到学术方面的困惑，我总想到去请教他，而每次也都是满载而归，不是茅塞顿开，就是获得解决问题的重要线索。我越来越确信，其实吕大乐教授的敏锐一点也不弱于他的博学，而只是他对博学的发挥，掩盖了他的敏锐！在我的理解当中，选择博学，无疑是对简单学术分工的一种反抗方式。我对吕大乐教授的敬意，还不止于此！从他那里，我深切感受到，一个学者应该从其所处社会当中寻找学术的意义，从而获得人生的圆满。我慢慢地理解了吕大乐教授那种扎根和解读香港社会的胸怀！

　　在读书的七年当中，经常是离开一段时间，再重新回到中大，每次回去，我都要到吕大乐教授书籍堆积如山的办公室小坐。除了学问，偶尔他也会关切地问起我儿子的近况，与我一起分享为人父母的体会，那时深切地感觉到他的亲切和率真，难怪他总能获得学生的拥戴！我的这本小书，有些想法直接来自他的启发，在此谨致以深深的谢意！

　　我对社会网络分析的浓厚兴趣，与在香港科技大学的一段听课经历有关。课程是由边燕杰和阮丹青两位教授合开的，名为社会网络分析研讨课。这门课程，像是有莫大的磁力，让我不仅上课认真听讲和参与讨论，还如小学生一般在课前课后做足了阅读的功课。从中大到科大，需先乘轻轨，然后转地铁，再换小巴，往返车程需两三个小时，但我从不知疲累，一个学期当中，几乎未曾缺课。记得每次上完课回来的长途跋涉中，总是在热烈的讨论当中不知不觉地度过。与我同去的张文宏，原本就是铁杆的网络分析迷，后来周怡、黄玉也加入到我们听课的行列中来，使我们路上的讨论更加丰富有趣。课程的后半段，每次都请来一位这一领域的名家，其中有林南、金耀基、罗家德、Galaskiewicz、Gina Lai等，使得这门课成为一场名副其实的盛宴。这是我平生所知组织得最为成功的一门课！它让我对社会网络研究产生了持久的兴趣。后来我的导师张德胜教授戏称那是社会网络研究的"Bian school"，此言一语双关，亦恰如其分！作为论文指导委员会的成员之一，边教授对我的工作给予了很高的评价，也提出了具体的指点和建议，对此一直心存感激！

在我博士论文写作的中途，协作指导老师彭玉生教授离开中大，前往美国任教，这对于我个人完成论文来说，是极为遗憾的事情。彭玉生教授精于中国研究领域，对我的影响是十分深刻的。从彭玉生教授发表的论文来看，他似乎是一个定量方法炉火纯青、讲求技术至上的学者，但深入了解以后，你会发现，他不仅有着相当的人文关怀和修养，兴趣领域和关注范围非常广泛，而且对理论问题有着良好的直觉。他的高级方法论课程，在给予学生方法上系统训练的同时，也直接把学生带入中国研究的前沿。每次与他交谈，都能感受到他的思维不断地闪烁着灵光，这也许是常人所无法复制的地方。在我的印象当中，与彭教授的交流，不仅使我的思考回归正途、获得理解力的提升，还能听闻诸多学者名流的掌故轶事，实乃求学当中的一大快乐！

我感谢张越华教授对博士论文提出的中肯意见和建议！在我返回内地期间，张越华教授几次通过电子邮件，过问我论文的进展情况。感谢刘创楚教授对我学业的指导，也感谢金耀基教授、陈海文教授在学问上的启发！在毕业后举行的一次学术会议上，

后记

王淑英与蔡玉萍两位教授分别对我的研究工作作出了积极的评价和中肯的建议！虽然是迟来的交流，但仍然让我兴奋不已！

在中大美丽的校园里，结交了一批值得信赖的朋友。与韩晓燕、李艳红、刘欣、卢晖临、周怡、黄玉、张文宏、吴蔚、陈红、许晓东、蒋春燕诸多同学结下的友谊，令人难忘。在港期间，如果没有这个充满友情的社交兼学术圈子，枯燥的读书生涯将何以堪！除此而外，香港同学何翠明的热情率真、冯一冲的淡泊执著、古纬诗的大方爽直都给我留下了深刻印象。

张默雪、薛红两位学妹在我离开香港期间代我打理信件、学费乃至论文打印、装订、交稿等若干琐碎而又重要的事务，让我省去了在香港和内地之间来回奔波的麻烦。由于我经常人不在香港，为系里的行政人员额外增添不少工作，对此心中一直存有歉意！在这里我对陈亮清、黄肖美等人表示衷心的感谢！同时也感谢黄少峰、吴霭仪在电脑技术方面的帮助！

博士论文的田野调查曾受到岭南基金、美国纽约州立大学奥本尼分校"中国城市研究基金"和东南大学"人文社会科学基金"的资助，本书的出版还得到东南大学出版基金的支持，在此谨表谢忱！这些物质上的支持，是本研究能够持久进行并与读者见面的前提条件。其中"中国城市研究基金"还以召开学术会议、创建网络空间的形式，把全球从事中国城市研究的资深学者和青年学子凝聚在一起。这一学术共同体营造的良好学术氛围，使我受益良多！这本书的雏形曾经以论文的形式宣读于这一共同体举办的一次会议当中，评议人香港大学的 George Lin 教授和不少的与会者都对论文给予了充分的肯定，这增强了我把研究继续下去的信心。任教于英国的吴缚龙教授对我的研究表现出浓厚的兴趣，并于会后将他的相关成果寄给我。会上只匆匆交流过几句的周雪光教授后来也电邮自己尚未公开发表的有关"关系"的论文供我参考。谨借此机会向所有曾经鼓励和帮助过我的学术前辈表达谢意！

当然，应该特别感谢的，是那些被访者。由于众所周知的原因，他们在本书中只能是匿名者了。显然是出于对学术工作的理解和支持，他们在百忙之中抽出时间来接受我的访问。我在呈现访谈资料时，除了对人名、地名作必要的技术处理之外，有意地对访谈内容不做加工，以利于感兴趣者的进一步分析。相信他们无私的付出会对理解我们的社会有所贡献！还要感谢为我介绍访谈对象的若干热心朋友，没有他们的帮助，本研究最终只能停留在空想阶段。考虑到多种因素，请恕我在此不列出他们的名字。

我的同事许苏明在我完成学业的过程中帮助甚多，东南大学人文学院樊和平院长和政治学系前系主任张祥浩教授的周到安排，使我能够从容地兼顾教书育人、照顾幼子和撰写论文三项重任。在此深表感谢！

在学业的第三个年头，我休学回家，并享受了做妈妈的巨大喜悦。然而孩子一周岁以后，我却面临着继续学业和照顾孩子之间的两难选择。如果不是我的先生成伯清对我的理解，鼎力承担抚育幼子的责任，我是不可能回到香港继续学业的。照顾幼儿，需要付出非凡的耐心，我至今无法想象，脑袋里总是塞满了理论问题的他，当时是怎样不断地在理论与现实之间穿梭，甚至要经常半夜爬起来抚慰哭闹的儿子。我的婆母，为了让我在香港安心读书，拖着病体代为照顾我的儿子，让我至今感激不尽！当我别离幼子，求学意志几乎被思念和担忧摧垮的时候，哥哥姐姐在精神上源源不断的支持，使我忍住十个月的煎熬，在香港坚持到最后一刻。这期间，好友龚晓峰、闫素萍曾给予我儿子以母爱般的温暖，她们的这份善良，将令我和儿子终生难忘！还有夏梅香，前后帮我照看孩子三年多，她的耐心和辛劳，我们将一直铭记！回想起来，博士课程的后半段可说是在一种极为不利的条件下、凭借意志才得以完成的。很多时候，是坚持还是放弃，唯在一念之间！是回忆中母亲对我的期许，冥冥之中在一些关键的时刻，促使我做出正确选择！愿以这份学业成果，告慰远在天国的母亲！

当我全力投入到论文的撰写之中，已经是儿子三岁半以后的事了。先生再一次放下他手头的学术工作，承担起大量繁杂的家务。在我远离校园和导师、为照顾儿子而不得不困守家中的日子里，他是我主要的学术讨论对象。论文若干思路的形成，都应归功于他不厌其烦的倾听、启发和讨论。但愿这部呕心沥血、一波三折写就的小书,能够对得起先生和儿子的无私付出!

最后,感谢社会科学文献出版社为本书的出版所做出的种种努力。如果没有谢寿光社长和童根兴编辑的协调工作,本书至少不会这么快与读者见面。感谢责任编辑胡涛,他在短时间内承担了繁重的编辑工作,他的耐心细致,为本书增色不少!

作　者
2008 年 5 月 19 日于南京

相关链接

更多信息请查询：www.ssap.com.cn

城市幸福感
——来自六个省会城市的研究报告

邢占军 著
2008年5月出版　35.00元
ISBN 978-7-5097-0182-9/D·0072

　　幸福是一种体验，更源于事实。国内首部采用本土化测量工具、在全国范围内取样、系统研究我国城市幸福感的著作，以主观幸福感测量为切入点，运用翔实的数据资料，对当前我国城市居民的幸福指数及其影响因素进行了分析，不仅深化了对我国城市居民主观幸福感内涵与结构的理解，丰富了体验论主观幸福感研究的思路，还提供了一套量化幸福的研究工具，让幸福可以看得见。

主观生活质量
——指标构建及其评价

周长城 主编
2008年4月出版　32.00元
ISBN 978-7-5097-0138-6/D·0054

　　本书从社会学的角度对生活质量理论进行梳理与完善，在此基础上提出衡量主观生活质量的相关指标，并通过问卷调查验证这些指标的有效性，试图构建一套反映主观生活质量的指标，为建立反映我国社会全面小康建设进程的综合性指标体系提供重要的参考框架，为政府部门了解民情民意、制定相关政策提供理论依据，同时也为以后全国规模的标准式问卷调查和访谈提供技术支撑。

客观生活质量
——现状与评价

周长城 编著
2008 年 3 月出版　28.00 元
ISBN 978-7-5097-0101-0/D·0040

　　作为一本研究客观生活质量方面的书，作者以澳门特区为例，在参照联合国以及国外指标体系的基础上，进行了指标体系的构建，并进行阐述。包括澳门的健康生活质量、教育水平、物质福利、居住质量、生态环境、生活设施、社会保障、闲暇生活、公共安全、社会公正。对于理解我们自身的生活质量以及权利，本书也有一定的参考意义。

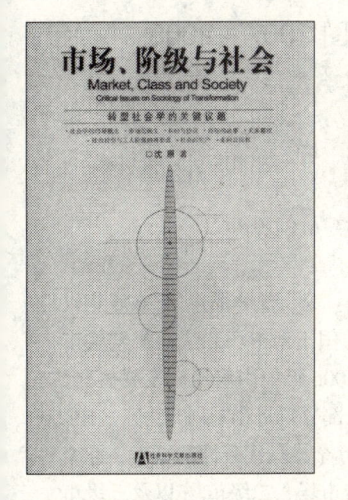

市场、阶级与社会

沈原 著
2007 年 9 月出版　38.00 元
ISBN 978-7-80230-834-3/D·260

　　对我们来说，市场绝不仅仅是学者们在书斋里争论的课题。毋宁说，在转型期，市场更是一个实践的对象。我们正在生产市场，生产市场这件事，使我们占据了一个得天独厚的学术位置：可以亲眼目睹各种各样的市场的生成过程。这就要求我们走出书斋，进入田野，对市场的诞生和发育做实地的、细致的观察和了解。

相关链接

更多信息请查询：www.ssap.com.cn

中国房地产发展报告 NO.5

李景国 牛凤瑞 尚教蔚
李恩平 李 庆 主编
2008年4月出版 49.00元
ISBN 978-7-89480-049-7

本书秉承客观公正、科学中立的宗旨和原则，追踪我国房地产市场最新资讯，深度分析，剖析因果，谋划对策，展望未来。2007年，全国房地产投资持续快速增长，市场需求总体旺盛，部分城市房价上涨较快；存在的主要问题是调控未达预期、土地交易波动过大、保障性住房建设力度不足、中介监管亟待加强等。2008年房地产市场调控力度将进一步加强，住房供给平稳增长，结构改善，价格上涨趋缓，但出现拐点的可能性不大。应该破除垄断，增加有效供给，遏制投机性需求、防范市场风险，构建多层次的住房保障体系，注重政策的衔接性和协调性。

中国房地产产业地图 2007~2008

中国产业地图编委会
中国经济景气监测中心 编
2007年10月出版 90.00元
ISBN 978-7-80230-859-6/F·201

全书共分为三个部分：第一部分描述了2006年以来与房地产息息相关的中国土地市场和房地产金融市场运行状况，并总结了2006年中国房地产发展概况，勾勒出其发展趋势；第二部分则将全国划分为东、中、西三大地区，并筛选出80个最具代表性的城市，详略结合，分别对房地产一级市场、二级市场以及三级市场进行分析；第三部分通过融天资讯独创的方法，选取在沪深和香港上市的房地产企业为样本，对其进行分析，产生中国房地产上市公司10强，并对这些公司的股权结构、经营业绩和区域开发情况进行了介绍。

社会科学文献出版社网站

www.ssap.com.cn

1. 查询最新图书　　2. 分类查询各学科图书
3. 查询新闻发布会、学术研讨会的相关消息
4. 注册会员，网上购书

　　本社网站是一个交流的平台，"读者俱乐部"、"书评书摘"、"论坛"、"在线咨询"等为广大读者、媒体、经销商、作者提供了最充分的交流空间。

　　"读者俱乐部"实行会员制管理，不同级别会员享受不同的购书优惠（最低7.5折），会员购书同时还享受积分赠送、购书免邮费等待遇。"读者俱乐部"将不定期从注册的会员或者反馈信息的读者中抽出一部分幸运读者，免费赠送我社出版的新书或者光盘数据库等产品。

　　"在线商城"的商品覆盖图书、软件、数据库、点卡等多种形式，为读者提供最权威、最全面的产品出版资讯。商城将不定期推出部分特惠产品。

咨询/邮购电话：010-65285539　　　邮箱：duzhe@ssap.cn
网站支持（销售）联系电话：010-65269967　　QQ：168316188　　邮箱：service@ssap.cn
邮购地址：北京市东城区先晓胡同10号　社科文献出版社市场部　邮编：100005
银行户名：社会科学文献出版社发行部　　开户银行：工商银行北京东四南支行　　账号：0200001009066109151

图书在版编目（CIP）数据

关系、权力与市场：中国房地产业的社会学研究/李林艳著.
—北京：社会科学文献出版社，2008.9
　ISBN 978 – 7 – 5097 – 0309 – 0

　Ⅰ.关… Ⅱ.李… Ⅲ.社会关系 – 影响 – 房地产业 – 研究 – 中国　Ⅳ.F299.233

中国版本图书馆 CIP 数据核字（2008）第 116965 号

关系、权力与市场：中国房地产业的社会学研究

著　　者 /	李林艳
出 版 人 /	谢寿光
总 编 辑 /	邹东涛
出 版 者 /	社会科学文献出版社
地　　址 /	北京市东城区先晓胡同 10 号
邮政编码 /	100005
网　　址 /	http://www.ssap.com.cn
网站支持 /	（010）65269967
责任部门 /	社会科学图书事业部（010）65595789
电子信箱 /	shekebu@ssap.cn
项目负责 /	王　绯
责任编辑 /	胡　涛
责任校对 /	贺周慧
责任印制 /	岳　阳
总 经 销 /	社会科学文献出版社发行部
	（010）65139961　65139963
经　　销 /	各地书店
读者服务 /	市场部（010）65285539
排　　版 /	北京鑫联必升文化发展有限公司
印　　刷 /	三河市世纪兴源印刷有限公司
开　　本 /	787×1092 毫米　1/20
印　　张 /	12　　　　　字　数 / 203 千字
版　　次 /	2008 年 9 月第 1 版　印　次 / 2008 年 9 月第 1 次印刷
书　　号 /	ISBN 978 – 7 – 5097 – 0309 – 0/D·0125
定　　价 /	32.00 元

本书如有破损、缺页、装订错误，
请与本社市场部联系更换

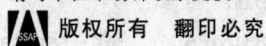

版权所有　翻印必究